大数据背景下高职院校家庭经济困难学生资助体系构建

陈宗霞　任文慧　著

重庆大学出版社

内 容 提 要

本书在大数据背景下,以高职院校家庭经济困难学生的资助体系为研究对象,对高职院校学生资助工作的现状和问题展开研究;通过建立以经济资助为基础、以思想援助为重点、以身心扶助为支撑、以技能辅助为手段、以就业帮助为依托的"五位一体"发展型资助体系,提升高职院校资助工作的时效性,提高高职院校家庭经济困难学生的综合能力,完成从"资助助人"向"资助育人"的转换。

本书适合高职院校的专兼职思想政治辅导员、学生资助中心的资助工作人员使用,也适合招生就业处的工作人员、学校心理咨询中心的工作人员以及高职院校的任课教师使用。

图书在版编目(CIP)数据

大数据背景下高职院校家庭经济困难学生资助体系构建/陈宗霞,任文慧著. -- 重庆:重庆大学出版社,2021.10

ISBN 978-7-5689-2866-3

Ⅰ.①大… Ⅱ.①陈… ②任… Ⅲ.①高等职业教育—助学金—政策体系—研究 Ⅳ.①G719.20

中国版本图书馆 CIP 数据核字(2021)第 134949 号

大数据背景下高职院校家庭经济困难学生资助体系构建
DASHUJU BEIJING XIA GAOZHI YUANXIAO JIATING JINGJI KUNNAN XUESHEG ZIZHU TIXI GOUJIAN

陈宗霞 任文慧 著
策划编辑:周 立
责任编辑:杨育彪 版式设计:周 立
责任校对:邹 忌 责任印制:张 策

*

重庆大学出版社出版发行
出版人:饶帮华
社址:重庆市沙坪坝区大学城西路 21 号
邮编:401331
电话:(023) 88617190 88617185(中小学)
传真:(023) 88617186 88617166
网址:http://www.cqup.com.cn
邮箱:fxk@ cqup.com.cn(营销中心)
全国新华书店经销
重庆天旭印务有限责任公司印刷

*

开本:787mm×1092mm 1/16 印张:14 字数:309千
2021 年 10 月第 1 版 2021 年 10 月第 1 次印刷
ISBN 978-7-5689-2866-3 定价:78.00 元

前　言

2021年2月25日,习近平总书记在全国脱贫攻坚总结表彰大会上的讲话指出:"在迎来中国共产党成立一百周年的重要时刻,我国脱贫攻坚战取得了全面胜利,现行标准下9 899万农村贫困人口全部脱贫,832个贫困县全部摘帽,12.8万个贫困村全部出列,区域性整体贫困得到解决,完成了消除绝对贫困的艰巨任务,创造了又一个彪炳史册的人间奇迹!"高职院校的学生资助工作作为我国脱贫攻坚战的重要组成部分,对我国脱贫攻坚战的全面胜利有着良好的促进作用。

本书共分为十章,第一章至第七章由重庆电子工程职业学院陈宗霞(西南大学马克思主义学院在读博士生)撰写,第八章至第十章由重庆电子工程职业学院任文慧撰写。

第一章,绪论。介绍本书的选题缘由、研究意义、研究方法及数据来源、研究思路与研究创新之处。

第二章,文献综述与理论基础。对目前国内外相关文献进行梳理,揭示高职院校构建发展型资助体系的必然性和必要性。

第三章,高职院校家庭经济困难学生资助体系的历史变迁及现状研究。通过研究高职院校家庭经济困难学生资助体系的历史变迁、发展现状和成效,分析存在问题的原因,找出本课题研究的问题。

第四章,学生资助体系构建的前提:家庭经济困难学生认定。介绍高职院校家庭经济困难学生的认定原则、认定程序和认定方法等。

第五章,大数据背景下高职院校家庭经济困难学生发展型资助体系构建的必要性与可行性。从高职学生特点、目前大数据的发展、信息平台的发展、国内外资助工作的实践以及目前我国政府对思政工作重视的角度,指出构建"五位一体"发展型资助体系的必要性和可行性。

第六章,高职院校家庭经济困难学生发展型资助体系的构建。建立以经济资助为基础、以思想援助为重点、以身心扶助为支撑、以技能辅助为手段、以就业帮助为依托的"五位一体"发展型资助体系。

第七章,高职院校"五位一体"发展型资助体系的绩效评价。在经济、思想、身心、技能和就业五方面一级指标确定的前提下,整理、评价发展型资助体系的二级指标、三级指标及评价方法,并对该体系进行绩效评价。

第八章,高职院校"五位一体"发展型资助体系的认定评价操作流程。通过实地调查和大数据获取指标体系的相关数据,介绍"五位一体"发展型资助体系的具体评价方法和评价操作流程。

第九章,"五位一体"发展型资助体系形成合力提升育人效果的战略与路径。结合实证研究结果,通过国家资助、学校奖助、社会捐助和家庭自助等多种方式形成合力,提升资助育人成效。

第十章,相关附件。介绍本书所涉及的调查问卷、相关问卷数据。

由于编者水平有限,本书在编写过程中难免有错漏之处,敬请广大读者批评指正。

本书系 2020 年重庆市教育科学"十三五"规划重点有经费课题"大数据背景下高职院校'五位一体'发展型资助育人体系构建研究"(立项编号:2020-GX-032),2021 年度教育部人文社会科学研究专项任务项目(高校辅导员研究)"建党百年革命精神融入大学生日常思想政治教育工作研究"(立项编号:21JDSZ3209)的阶段性研究成果。

著　者

2021 年 10 月

目　录

第一章 绪 论

第一节 选题缘由

一、选题背景

我国的资助工作是为了更好地育人,对学生进行资助是育人的前提,育人是对学生进行资助的目的。教育部 2017 年发布的《高校思想政治工作质量提升工程实施纲要》,以及 2019 年发布的《2018 年中国学生资助发展报告》《中国大学生思想政治教育发展报告》都无一例外地提到了资助育人工作的重要性。本书在大数据背景下,利用现代化的信息技术,旨在把"扶困"与"扶智"、"扶困"与"扶志"结合起来,建立对家庭经济困难学生以经济资助为基础、以思想援助为重点、以身心扶助为支撑、以技能辅助为手段、以就业帮助为依托的"五位一体"发展型资助体系,通过国家资助、学校奖助、社会捐助、家庭自助四方形成合力,进一步提升资助育人成果,构建物质帮助、道德浸润、精神激励、能力拓展、就业提升有效融合的资助育人长效机制,实现无偿资助与有偿资助、显性资助与隐性资助的有机融合,形成"解困—育人—成才—回馈"的良性循环,着力培养受助学生自立自强、诚实守信、知恩感恩、勇于担当的良好品质。

二、重点和难点

(一)重点

以学生为本,想学生之所想,急学生之所急,不断提高学生资助工作水平,让学生资助工作变得更加暖心。通过把"扶困"与"扶智"、"扶困"与"扶志"结合起来,紧紧围绕"立德树人"这一根本任务,以培育和践行社会主义核心价值观为核心,重视培养受助学生的创新精神和实践能力,加强励志教育、诚信教育和社会责任感教育,着力构建物质帮助、道德浸润、精神激励、能力拓展、就业提升有效融合的资助育人长效机制,提升资助的育人效果。

(二)难点

在精准认定受助学生贫困等级的基础上,建立对学生以经济资助为基础、以思想援助为重点、以身心扶助为支撑、以技能辅助为手段、以就业帮助为依托的"五位一体"发展型资助体系,通过大数据技术获取构建三级指标体系的相关数据,并通过对该体系的绩效评价进一步完善该体系。通过国家资助、学校奖助、社会捐助、家庭自助四方形成合力,进一步提升资助育人成果,实现无偿资助与有偿资助、显性资助与隐性资助的有机融合。

第二节 研究意义

一、理论意义

在大数据背景下,构建高职院校集经济、思想、身心、技能、就业等五方面于一体的发展型资助体系,有利于通过资助完成育人目标。第一,对学生进行经济资助,有利于落实国家资助政策,实现"两不愁、三保障"目标。第二,对学生进行思想援助,有利于强化"立德树人"根本任务,培育和践行社会主义核心价值观。第三,对学生进行身心扶助,有利于实现扶贫与扶志相结合,塑造学生健康的身心。第四,对学生进行技能辅助,有利于实现扶贫与扶智相结合,完成《中国制造2025》行动纲领赋予职业教育的新的使命,塑造大国工匠精神。第五,对学生进行就业帮助,有利于提高学生的就业创业能力,培育学生树立正确的成才观和就业观,构建"三全育人"的大格局。本书力图在现有研究基础上梳理适合高职院校家庭经济困难学生特点的"五位一体"发展型资助体系及三级评价指标体系,并结合大数据验证该体系的合理性。

二、实践意义

本研究在2019年高职院校扩招100万人的背景下,围绕高职院校双高建设目标,结合《中国制造2025》与职业教育人才培养的新使命,通过文献梳理和访谈调查,对目前高职院校资助体系的现存问题进行分析,通过建立高职院校的"五位一体"发展型资助体系并对其进行绩效评价,可以为进一步完善高职院校发展型资助体系提供一定依据。第一,有利于通过资助促进教育公平,通过育人确保我国高职院校的社会主义办学方向,提高高职院校教育工作者的工作实效性,着力培养家庭经济困难学生自强不息、创新创业的进取精神,帮助高职学生成长成才。第二,"五位一体"发展型资助体系的建立,有利于完善高职院校资助育人体系,全面提高学生的学习、创新、社会实践等方面的能力,并提升其道德品质,培育学生的奋斗精神和感恩意识,培养德智体美劳全面发展的社会主义建设者和接班人。第三,随着高职扩招,学生人数的增加也加大了资助育人工作的难度,通过建立"五位一体"的发展型资助体系,构建物质帮助、道德浸润、精神激励、能力拓展、就业提升有效融合的资助育人长效机制,有助于实现"志智双扶"目标,培养多层次、多类型的高素质、多技能高职人才，为我国制造业强国的建设提供强有力的人力资本支撑。

第三节　研究方法及数据来源

一、研究方法

（一）文献研究法

通过对国内外发展型资助育人的文献综述进行梳理，掌握适合高职院校的"五位一体"发展型资助体系构建的理论体系、目前状况、现存问题、实践操作等的研究内容，为本书研究提供有力的理论支撑。

（二）问卷调查法

本书以重庆市高职院校的受助学生为主要研究对象，通过自制调查问卷，了解目前高职院校资助工作的现状和育人的成效。问卷主要有两种，一是针对辅导员的问卷，二是针对学生的问卷。在匿名的情况下，尽可能客观和充分地了解学生和辅导员对现行资助工作的切身感受和真实想法，以及资助工作存在的不足和改进的建议。

（三）访谈法

通过与部分高职院校家庭经济困难学生代表、负责学生工作的辅导员代表、学校资助中心资助工作人员等人进行访谈，走访部分受资助学生宿舍和家庭所在地的方式，了解贫困学生的家庭情况、生活与学习状态、资助需求等。通过整理、分析访谈素材，以期借助典型案例说明问题，为思考对策提供支撑。

（四）绩效评价法

运用一定的评价方法、量化指标及评价标准对指标体系进行综合绩效评价，分析提升高职院校"五位一体"发展型资助体系育人效果的途径。

二、数据来源

本书的数据主要来源于重庆电子工程职业学院智慧校园平台、后勤处一卡通中心、学校医务室、访谈和问卷调查、二级院系学管科、招生就业处、教务处、学工部学生资助中心、学工部心理咨询中心等，见图1.1。

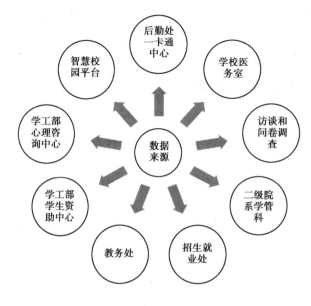

图 1.1　数据来源路径图

第四节　研究思路与研究创新之处

一、研究思路

本书以高职院校贫困学生为主要研究对象,以高职院校扩招为主要研究背景,以国家的资助工作越来越倾向于"育人"目标为政策依据,以"扶贫"与"扶志""扶智"相结合起来为研究对策,在建立涵盖家庭经济困难学生经济、思想、身心、技能和就业的"五位一体"发展型资助体系基础上(图1.2),整理评价发展型资助体系的二级指标、三级指标及评价方法,并对指标体系进行综合绩效评价,以重庆电子工程职业学院为个案进行研究,以期推进资助育人工作成效。本研究的技术路线图见图1.3。

二、研究的创新之处

（一）选题创新

突破目前大数据与学生资助体系结合研究的空白点,在大数据时代运用获取学生资助相关数据的便捷性和高效性,将大数据引入对指标体系的评价中,进一步验证该体系的合理性。

（二）内容创新

突破目前局限于对家庭经济困难学生进行经济资助的范式,从发展型资助的角度,建立以经济资助为基础、以思想援助为重点、以身心扶助为支撑、以技能辅助为手段、以就业

图 1.2 高职院校"五位一体"发展型资助体系

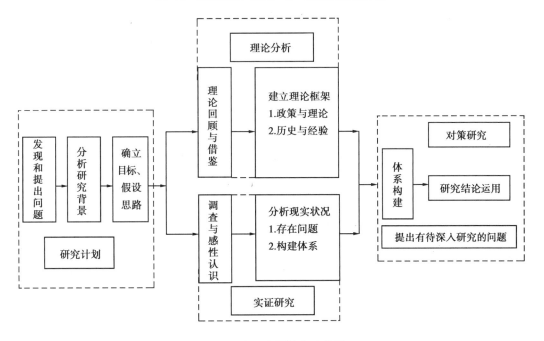

图 1.3 本研究的技术路线图

帮助为依托的"五位一体"发展型资助体系,并构建三级指标的评价体系,对该体系进行绩效评价。

（三）方法创新

突破日前局限于对资助育人的定性研究,通过访谈法和问卷调查法,了解目前高职院校资助育人工作的现状和存在的问题,建立高职院校"五位一体"发展型资助体系,并将实证研究方法引入对发展型资助体系的评价中。

（四）应用创新

将本"五位一体"发展型资助体系运用于高职院校实践中,用绩效评价法验证该体系的合理性,进一步完善该体系,具有一定的应用创新。在高职院校扩招和"双高"建设的背景下,实现"扶贫"与"扶志""扶智"的结合。

第二章 文献综述与理论基础

第一节 文献综述

一、国内研究现状

（一）集中于高校家庭经济困难学生认定指标体系的研究

建立高校家庭经济困难学生认定指标体系，有利于更精准地认定家庭经济困难学生（李从松，2003；赵炳起，李永宁，2006；刘进，沈红，2007；桂富强，成春，任黎立，2007；王晓丽，白华，2012；庞宇宏，2018）。黄鑫磊（2017）提出要运用创新的量化标准和界定模型来确定家庭经济困难学生的"身份"。对于家庭经济困难学生的界定，可以参考学生的家庭情况调查表、平时消费情况以及参照居民最低生活保障线（钟一彪，肖东亮，谢泽钢，2008）。吴丽仙（2015）从生源地、家庭情况、学生情况、辅导员评价和学校五个方面建立评价指标。郑岚（2011），靳京阳等（2013）构建了高校家庭经济困难学生认定指标体系，但是采用的是主观的定性评价指标，对客观的定量评价指标运用较少。杨喆，马静涛，王威（2017）；罗华群（2018）；唐颖（2015）等认为可以结合高校一卡通消费数据展开贫困认定。赵炳起（2006）指出高校可研究与家庭经济相关联的指标，从而完善学生信息，这些指标涵盖了学生家庭的人力资源、社会资源、物力资源等方面的信息。罗华群（2009）和易国平（2010）等利用校园一卡通数据中学生消费行为（消费金额、消费时间、消费次数）和借阅行为（书籍代码、时间、借书时间、还书时间）两个一级指标，对学生的生活和学习进行分析，并验证学生是否属于贫困类别。王秀民（2017）在之前学者研究的基础上加入了个人指标和特殊性指标两部分，个人指标包括学生专业、学杂费等；特殊性指标包括是否为烈士子女、是否为单亲家庭子女、家庭是否遭遇重大变故等。吴丽仙（2019）在王秀民建立的指标体系基础上，加入了两项与家庭背景无关的指标，其一为辅导员评价指标，主要包括学生在校真实消费水平和学校综合表现等；其二为具体反映学生所在学校类型的指标，之后根据资助对象共性指标出现的概率，使用层次分析法确定各指标权重，定性分析各指标的重要程度，通过民意调查确定评判准则，从而建立资助对象认定指标体系。刘超，顾锋，孙军，唐华等（2016）提出了信息化量化积分制下资助资源分配方案，建立评分准则时，选择的指标要涵盖学生的家庭信息和在校期间学业水平、获奖状况等。范玉朋

(2019)提出建立高校学生电子信息管理系统,可从民政部门获取学生的家庭基本信息,包括是否贫困、是否发生重大变故、家庭经济收入来源等;可从学校教务管理信息系统中获取学生在校信息,包括成绩是否合格、是否积极参加学校活动等。这些数据可以为高校资助工作提供重要依据。童睿(2016),李明君(2017),白兰等(2018)根据高校一卡通消费数据中的食堂、超市、开水房、淋浴室、洗衣房等处的生活类消费数据,分析学生的消费水平,分析其与专业成绩之间的相关性。

(二)集中于高校家庭经济困难学生认定方法的研究

目前针对高校家庭经济困难学生认定方法的研究较多集中在"问题—对策"范式(吴泽娟,徐晓军,2004;王峰虎,张宏才,2005;李克明,陈建兵,2012;敖春雨,李雪燕等,2013)。王文娟(2013)根据大学生在校消费数据,利用统计学方法判断学生的真实消费水平,比较其消费差异。费小丹,董新科,张晖(2014)使用聚类算法分析高校学生一卡通消费数据,建立了基于聚类分析方法的家庭经济困难学生认定算法,为高校家庭经济困难学生资助决策工作提出了宝贵的意见。张建民(2015)提出通过数据挖掘方法生成家庭经济困难学生认定模型。盛波(2016)以定性与定量相结合、客观与主观相融合的方式确定学生的贫困指数,并根据不同贫困等级发放相应的助学金。刘超,顾锋,孙军,唐华(2016)以客观的消费记录为标准,利用 K 均值聚类算法,将学生分为5个群体,从接受资助的学生中发掘出非家庭经济困难学生,从未受资助的群体中寻找出家庭经济困难学生,该项研究为精准资助提供了科学方法和决策支持。吴朝文,代劲,孙延楠等(2016)使用数据挖掘技术分析贫困学生在餐厅消费状况,得出贫困标准线,配合学生资助管理部门,将大数据分析的结果应用于家庭经济困难学生资助体系的验证性评估和特殊困难学生群体的预警,对现行的资助体系进行有效补充。王秀民(2017);马洪维(2016);李明君等(2018)采用 K-Means 聚类方法结合高校一卡通消费数据中的食堂、超市、开水房、淋浴室、洗衣房等生活类消费数据分析学生的贫困情况,判断是否存在"虚假家庭经济困难学生",利用 K 近邻算法建立分类预测模型。刘玉霞(2016);陶俊卿(2015);廖述平,张丽红等(2016)应用横向比较界定法、消费水平界定法和最低生活保障线法来进行高校家庭经济困难学生认定。高校实践中可利用的具体方法有:三级证明法、相关困难证件法、班主任和辅导员评判、班委会选举产生、通过家庭经济情况直接认定、消费水平和饭卡监控法、居民最低生活保障线界定、根据贫困程度区分、暑期家访和家庭问卷调研、设定贫困认定组、定期复查和抽查(赵炳起,2006;杨晴,毕鹤霞等,2009)。通过认定信息平台建设,也可通过平台数据对高校家庭经济困难学生进行贫困认定(单菊芬,平莉,邵为爽等,2012;刘海军、周静、雷飞等,2013)。近年来,越来越多的研究学者提倡通过定量的方法进行家庭经济困难学生认定。宋美喆(2016);邹松涛,薛建龙,魏东(2018);胜献利(2019);吕坤,赵杰宏,路海玲(2019)倾向于用模糊评价法来进行定量评定。孙雪飞(2019)提出结合大数据,通过问卷调查,建立结构方程模型,进行实证研究的方法来构建贫困认定体系,提升家庭经济困难学生认定的"精准性"。

（三）集中于高职院校家庭经济困难学生认定主体的研究

从认定主体的视角看，认定主体是推动和完成家庭经济困难学生认定工作的关键力量，从目前的实际情况来看，认定主体基本以生源地和高校为主。认定主体不但享有判定申请者是否贫困以及贫困程度的权利，还担负着确保认定工作正确、合理、有效的责任。在出现虚假认定的情况下，要承担相应的责任。就具体认定主体来讲，在我国高校中，家庭经济困难学生认定工作主要由班主任或辅导员承担。按教育部规定，师生比的比例为1∶200，但在实际的教育管理工作中，实际比例远远不及1∶200，1∶300和1∶500的情况都有，甚至更多，其管理难度极大。如果逐一对申请者的家庭经济情况进行详细的调查，无论采用哪种方法，在人力财力方面的付出，其成本之高、代价之大都是无法想象的。所以刘云博等（2016）认为要实现精准识别和精准帮扶，就要鼓励社会多元主体参与资助工作，加强资助动态管理和责任追究。

二、国外研究现状

（一）集中于高校家庭经济困难学生认定指标的研究

高校家庭经济困难学生判别（identification）的基本任务就是要通过特定方法，把这些家庭经济困难学生的集合特征进行加总，以评判学生贫困程度（Matheus C J，Piatetsky-Shapiro G，Mcneill D，2011）。国外进行家庭经济调查的重要渠道就是收入水平以及能力，用以衡量申请学生的家庭经济支付能力。Comvell（2006）研究发现，家庭经济调查大部分以家庭收入情况为主要参考标准，并结合其他分类指标，如工作种类、住房、交通工具、家庭人数、子女情况等，综合判别家庭经济困难学生资助资格。Jacob P. Gross（2015）认为家庭经济困难学生的判定标准大致有三种：家庭收入指标；家庭财产指标；社会指标和经济需求分析指标。

（二）集中于高校家庭经济困难学生认定方法的研究

国外由于政治、经济、文化等大背景的差异，其对家庭经济困难学生资助从认定到评定以及资助金的发放方法都各有其特点。总体来说，国外主要从两方面来界定家庭经济困难学生，一则通过学生平时的消费水平了解其实际消费状况，二则通过调查学生家庭的财务状况和收入来源分析其家庭经济水平（Johnstone D B，1968）。美国以家庭经济收入作为评定家庭经济困难学生的主要凭据（Tuckey H，1991）。一方面主要源于美国具备较为完善的收入查证和征税体系，另一方面是美国市场经济比较发达，可通过市场监测系统将除家庭收入之外的其他财产转换为具有相同价值的金额，从而以相同的度量衡纳入界定准则中（Ling X U，2018）。此外，为充分监控公民的个税缴纳情况、评价公民个人的家庭基本经济情况和教育支出的承受能力，美国教育部依靠大数据技术平台进行监测（Provost F，2000）。菲律宾主要将资产通报、收入等间接反映家庭经济情况的指标纳入家庭经济困难学生评选标准中（Yoav Freund，Robert E.Schapire，1997）。日本的经济发展状况与完备的收入征税体系与美国类似,但日本的家庭经济困难学生评选主要考虑家庭所有成员的收入状况,全面分析涵盖家庭收入、家庭成员、资产评估等指标的全部信息,进而客观公正地得到学生的家庭信息,最后确定应资助的家庭经济困难学生和相应的等级,实现按需资助(Donoho D L,Tanner J,2010)。

（三）集中于高校家庭经济困难学生认定的效果研究

2010年,Reeves J等从可行动探究模式出发,分析了美国印第安纳州高等教育的认定资助系统,并提出了相应的改进方案。Kim(2004)从不同的种族出发,对学生贫困认定和高等教育选择之间的联系进行分析,得出不同种族在相同的家庭经济困难学生资助条件下,会做出不同的选择。2007年,George Kuh提出了大学生发展影响因素模型。通过回归分析发现,贫困学生的心理压力和行为表现与家庭经济困难是分不开的。Mark Stater(2013)对美国的三所大学的大一新生进行调查,发现经济资助对家庭经济困难学生选择专业具有决定性的作用,家庭经济困难学生更倾向于选择有利于就业的专业。Jacob P. Gross(2015)进行调查研究,发现有75%的受访者认为美国大学学费太贵,希望通过贫困认定得到相应资助。

（四）国外对高校家庭经济困难学生的主要资助方式

第一,英国模式:免费+助学金。英国政府通过的《高等教育法案》,对高等教育学费和资助制度进行了界定。各个高校可以根据本地经济发展状况,自行灵活确定学费标准(学费的涨幅不能超过同时期的通货膨胀率)。高校学生入学之后可以暂时不用缴纳学费,毕业之后也不用立即偿还贷款,可以等到学生毕业就业、年收入达到一定标准之后,再进行偿还。在资助方面,高校的资助对象主要是低收入的家庭经济困难学生,政府每月会为其发放生活补贴,生活补贴与学费呈正向关系,也就是收费越高的大学,补助金额越高。学校也会对家庭经济困难学生提供一定的生活补助和一定金额的学费返还。此外,还有一些社会性资助,比如来自企业、校友以及富裕学生家庭的捐助。第二,美国模式:混合资助模式。美国以教育成本分担理论为基础,不仅可以保护家庭经济困难学生的受教育权利,而且可以拓宽贫困大学生的救助资金来源和资助内容。为了保证资助的公平性,美国政府还推出了具有特色的"资助包"计划(也称为国会计算法)。这比较类似中国的定量资助体系,通过统一的计算方法和测量方式,对学生进行资助认定,不仅可以为资助提供科学的依据,还可以保证资助的公平性,此外,通过公布每所高校的收费情况和资助情况,也有利于社会各界对学校的监督。第三,日本模式:国家助学贷款模式。日本是第一个在全国范围内普遍使用国家助学贷款对家庭经济困难学生进行资助的国家。日本的资助内容主要包括勤工助学制度、国民生活金融公库教育贷款以及日本大学资助政策的核心——育英会贷学金(又称育英会贷学金制度)。

三、国内外研究评述

(1)在高校家庭经济困难学生认定的指标选取上,认定信息的真实性和完整性不够,认定多以间接认定和自我认定为主,主观性认定成分较多。

随着大数据的不断推进,获取学生的各项数据也变得可能。原有的认定体系可以进一步完善,从而建立大数据背景下的高校家庭经济困难学生精准认定指标体系。

(2)当前各高职院校所采用的认定方法还存在主观性较强、贫困等级界定模糊、考核指标单一等诸多不足。

本书通过建立高职院校家庭经济困难学生认定指标体系,将部分定量研究方法应用于家庭经济困难学生认定工作中,通过与大数据结合,实现"精准"认定。

(3)认定技术和方法的效度与信度缺乏具体高校的数据样本检验,推广性不足。

本研究完善了高校资助对象精准认定指标体系,通过对高职院校学生发放问卷和现场访谈的方式,结合高职院校的"智慧校园"相关大数据,获取学生的相关大数据。从数据层面客观、公正、全面地分析学生是否属于贫困类别,是否应该资助,从而精准认定家庭经济困难学生。

第二节　理论基础

一、教育公平理论

在古希腊,教育家柏拉图最早提出了教育公平的思想。而古希腊哲学家亚里士多德通过法律的形式来保障民众的受教育权,这在一定程度上体现了教育公平理论。我国著名教育家孔子提出了"有教无类"的想法,这体现了早期教育公平理论思想。在当前社会背景下,教育公平理论越发深入人心。"公平"二字在《现代汉语词典》(第7版)中是指"处理事情合情合理,不偏袒哪一方面",公平作为一个含有价值判断的"规范性概念",比平等、均等更抽象,更具道德意味、伦理性和历史性。在历史的发展过程中,19世纪80年代,著名思想家马克思指出:教育是人类发展的正常条件和每一个公民的真正利益。这在一定程度上也阐述了教育平等性的内涵。胡森作为我国现代化教育公平理论的代表人物,最先提出了"教育机会均等"的理念。在此理念下他指出教育应当从入学、专业选择到学业完成等各个阶段落实好机会均等的原则,这三个原则分别对应着的是效率、公平以及自我实现这三个价值原则。

在高职院校扩招100万人的背景下,高职学生生源地越来越广泛,家庭经济困难学生人数也随之不断增加,这大大增加了高职院校家庭经济困难学生资助部门的工作难度和工作量。国家、各省市和各高校也相继出台了高校家庭经济困难学生认定工作的相关政策文件,致力于缩小家庭经济困难学生与普通学生的差距,帮助家庭经济困难学生更好地完成学业,实现教育公平,促进社会和谐稳定发展。

二、人力资源理论

在官方的人力资源理论提出之前,著名学者亚当·斯密曾在其撰写的《国富论》一书中提到了"人力资本"的概念。1961年,美国经济学家西多奥·舒尔茨正式提出了"人力资源理论",并提出在社会、政治、经济及文化等各个方面,人力资源均占据主要地位,而提升人力资源素质主要通过教育手段。在我国较早的思想中,"建国君民、教学为先"等体现了对人力资源进行教育的重要性,这体现了在我国古代就有通过发展教育来培养人才、强国富民,并最终实现人才兴邦的愿景。

要实现强国强军之梦,必须依靠教育这一途径,这就需要建立公平公正的教育保障体系,保障每一位学生都能在校平等地享受受教育的权利。对全民进行教育是提高全国人力资源素质的有效手段,有利于推动国家社会、政治、经济及文化的各方面繁荣发展。不仅如此,教育也要受社会、政治、经济和文化的反作用。所以,教育的发展要符合社会经济的发展方向,以促进社会经济为目的。由此可见,对于我国家庭经济困难学生的精准认定,符合人力资源理论,有利于提高国民受教育程度,促进我国人口素质的普遍提升,进而提高国家政治、经济实力。

三、关怀伦理理论

关怀伦理理论起源于20世纪70年代,发展到目前,已经引起了世界范围内学术界的广泛关注和重视,并形成了完善的理论体系。关怀伦理学(Care Ethics)有时被称为女性伦理学,是由心理学家吉利根创立的,她认为男女在做道德决定时的态度有所不同。20世纪80年代,诺丁斯出版《关怀:一个伦理和道德教育的女性主义视角》一书,将道德教育理念的内核定为"关怀"二字,指出关怀要在精神上有责任感,是全身心的投入和倾注于某人某事中的一种状态。同时指出"关怀伦理理论"与"责任感理论"比较类似,关怀伦理理论与功利主义恰巧相反,关怀主要是自然关怀和伦理关怀,自然关怀主要发生在子女、亲友等亲近关系圈中,是本能的真情流露,是对关怀者的自发的、直接的反应。伦理关怀则是通过外在力量来唤醒、激发和培养,主要发生在社会交往中有一定距离的人之间。

在教育领域的关怀伦理理论,要通过暖心教育对高职院校家庭经济困难学生进行精准认定,保护学生隐私,对学生实施物质资助和精神资助,关心、关爱学生,促进学生各方面发展。

四、高等教育成本分担理论

美国的教育经济学家布鲁斯·约翰斯通教授最先提出高等教育成本分担理论,其在著作《高等教育的成本分担:英国、联邦德国、法国、瑞典和美国的学生财政资助》一书中对高等教育成本分担理论进行了全面的解读,提出高校教育成本的主体负责人应该包括学生家长及学生本人、纳税人、学校和慈善机构以及政府等。高等教育成本分担理论意味着高教成本如何在政府、社会、企业团体、个人、家庭等社会各方之间合理分担并最终实现的问题,与"对高等教育进行混合投资""高等教育成本摊还""高等教育筹资多元化"和"高等教育成本补偿"等理论比较类似。该理论的内涵在于高等教育通过社会性行为来平均分配社会资源并推动社会公平的发展。

这一理论投射在高职教育中,需要高职院校对家庭经济困难学生进行精准认定并给予相应的资助,让每位学生都能平等地享受教育的权益。高职学生可以通过贷款、申请助学金、申请勤工助学等方式来享受教育的权利。对高职学生的帮助不局限于政府,还应有来自社会、社区、高校、学生父母和学生本人的劳动所得,进而提高学生素质,促进国家经济繁荣。

五、人的全面发展理论

人的全面发展理论主要是指人的劳动能力的全面发展,即人的智力和体力的充分、统一的发展。构建发展型资助体系,有利于对高职院校家庭经济困难学生的全面培养。2018 年 9 月 10 日召开的全国教育大会,是中国特色社会主义进入新时代召开的第一次教育大会,在中国教育事业发展进程中具有划时代的意义。习近平总书记的重要讲话,站在党和国家事业发展全局的战略高度,深刻回答了培养什么人、怎样培养人、为谁培养人这一教育根本问题。习近平总书记特别强调了坚持走中国特色社会主义教育发展道路的重要性,提出构建德智体美劳全面培养的教育体系和更高水平的人才培养体系的战略任务,是指导新时代教育改革发展的纲领性文献,为高职院校人才培养体系的构建和发展指明了方向。要实现当代高职院校大学生的成长、成才和全面发展,不能只有知识,没有品德。对高职院校家庭经济困难学生的资助,也不能只有经济资助,而不注重其品德的培养、能力的增强。因此,在高职院校的家庭经济困难学生资助工作中,要遵循促进家庭经济困难学生全面成长、成才的宗旨,促进高职院校家庭经济困难学生的全面、可持续发展。

第三节　政策基础

一、普通高等教育学生资助政策

中华人民共和国教育部全国学生资助管理中心 2021 年 5 月 20 日发布了《普通高等教育学生资助政策》,其中提到在本专科阶段建立起国家奖学金、国家励志奖学金、国家助学金、国家助学贷款等多种形式有机结合的高校学生资助政策体系。

二、《财政部 教育部关于调整职业院校奖助学金政策的通知》(财教〔2019〕25 号)

中华人民共和国教育部全国学生资助管理中心 2019 年 7 月 16 日发布了《财政部 教育部关于调整职业院校奖助学金政策的通知》。为贯彻落实党的十九大精神和《2019 年国务院政府工作报告》等有关要求,坚持把立德树人作为教育的根本任务,进一步健全学生资助制度,提升职业教育吸引力,激励职业院校学生勤奋学习、勇于实践、提升技能水平,培养德智体美劳全面发展的社会主义建设者和接班人,经国务院同意,从2019年起扩大高等职业院校(以下简称高职院校)奖助学金覆盖面、提高补助标准,设立中等职业教育国家奖学金。

三、教育部等六部门《关于做好家庭经济困难学生认定工作的指导意见》(教财〔2018〕16号)

中华人民共和国教育部等六部门于2018年10月30日发布了《关于做好家庭经济困难学生认定工作的指导意见》,提到为进一步提高学生资助精准度,现就家庭经济困难学生认定工作提出相关指导。

四、教育部等六部门关于印发《高职扩招专项工作实施方案》的通知

中华人民共和国教育部于2019年9月6日发布了《高职扩招专项工作实施方案》。方案中提到:

为贯彻落实《2019年国务院政府工作报告》关于高职大规模扩招100万人的有关要求,全面深化职业教育改革,统筹做好计划安排、考试组织、招生录取、教育教学、就业服务及政策保障工作,确保稳定有序、高质量完成扩招工作任务,特制定本方案。

五、教育精准扶贫——扶贫扶志扶智

1.习近平总书记在河北省阜平县考察扶贫开发工作时的讲话

治贫先治愚。要把下一代的教育工作做好,特别是要注重山区贫困地区下一代的成长,下一代要过上好生活,首先要有文化,这样将来他们的发展就完全不同。义务教育一定要搞好,让孩子们受到好的教育,不要让孩子们输在起跑线上。古人有"家贫子读书"的传统。把贫困地区孩子培养出来,这才是根本的扶贫之策。

2.2016年全国"两会"

2016年的全国"两会"上,如何实现精准扶贫是代表和委员们热议的话题之一。作为"十三五"时期的一项重大任务,打好精准扶贫攻坚战关系到全面建成小康社会目标的实现。过去,一些地方对扶贫投入力度不小,但成效却不大,主要原因是扶贫方式过于粗放,特别是只注重通过送钱送物改善短期物质生活,没有在根本上形成消除贫困的长效机制。习近平总书记强调:"扶贫必扶智。让贫困地区的孩子们接受良好教育,是扶贫开发的重要任务,也是阻断贫困代际传递的重要途径。"实施精准扶贫,从根本上拔掉贫困地区的穷根,关键要靠教育。

第四节 保障条件分析

一、两不愁,三保障

"两不愁"即不愁吃、不愁穿,"三保障"即义务教育有保障、基本医疗有保障、住房安全有保障。

中共中央总书记、国家主席、中央军委主席习近平2019年4月15日至17日在重庆考察,主持召开解决"两不愁三保障"突出问题座谈会并发表重要讲话。他强调,脱贫攻坚战进入决胜的关键阶段,各地区各部门务必高度重视,统一思想,抓好落实,一鼓作气,顽强作战,越战越勇,着力解决"两不愁三保障"突出问题,扎实做好今明两年脱贫攻坚工作,为如期全面打赢脱贫攻坚战、如期全面建成小康社会作出新的更大贡献。

二、2020年全国学生资助工作要点

2020年2月13日,全国学生资助管理中心发布了《2020年全国学生资助工作要点》,提到:

(1)高度重视做好疫情相关影响的应对工作。

(2)完善学生资助政策。

(3)加强家庭经济困难学生认定工作。

(4)推进精准资助。

(5)大力推进学生资助管理信息系统全面应用。

(6)加强资助育人工作。

(7)加强资助资金管理。

(8)广泛开展学生资助宣传工作。

(9)加强调查研究。

(10)切实加强学生资助机构与队伍建设。

三、有利于强化"立德树人"根本任务

立德树人是高等教育的根本任务,也是学生资助工作的根本任务。"学生资助必须坚持育人导向,将育人作为资助工作的出发点和落脚点,构建物质帮助、道德浸润、能力拓展、精神激励有效融合的长效机制,形成'解困—育人—成才—回馈'的良性循环。"教育部部长陈宝生强调。

打好扶贫攻坚战,在我国是全面建成小康社会的头等大事。通过大数据手段,建立家庭经济困难学生的认定体系,有利于实现精准的教育扶贫。让贫困学子能掌握知识、改变命运、造福家庭,是脱贫攻坚战取得胜利的直接体现。高职院校进行家庭经济困难认定的

目的,就是通过精准认定进而精准扶贫,阻止学生因学致贫,确保家庭经济困难学生都能接受公平有质量的教育,阻断贫困的代际传递,彻底拔穷根、摘穷帽。因此,高职院校对家庭经济困难学生的认定工作能深入贯彻落实共享发展理念,有利于实现从保障型资助向发展型资助的转变,有利于彰显社会主义的本质要求。

立德树人是教育的根本任务,在新时代,对高职学生进行家庭经济困难认定时要融入"立德树人"。对高职学生进行家庭经济困难认定时要坚持"立育人之德"和"树有德之人"的辩证统一。一方面,立德是树人的前提,树人是立德的目的,立德致力于树人;另一方面,树人是立德的途径,立德是树人的追求,树人有利于立德。"以德为先、以才为重"的思想强调了人的主体地位。进行高职学生家庭经济困难认定工作是为了资助,立德是为了树人,可见"资助"和"育人"的根本出发点与落脚点都是人。因此,高职院校的学生家庭经济困难认定工作和资助工作不仅要解决"助困"问题,更要实现"育人"的目的:"助困"是为了更好地"育人","育人"是"助困"的助推器和加速器。因此,高职院校家庭经济困难学生的认定工作是落实"立德树人"根本任务的重要举措。

四、有利于构建"三全育人"的大格局

教育部党组印发的《高校思想政治工作质量提升工程实施纲要》提出了构建"三全育人"即"全员、全过程、全方位"一体化育人格局的要求。"三全育人"是对立德树人特点和规律认识的全面提升和进一步深化,包含"十大育人体系":课程育人、科研育人、实践育人、文化育人、网络育人、心理育人、管理育人、服务育人、资助育人、组织育人。

对家庭经济困难学生进行精准认定,是确保资助育人的前提。在资助育人方面,要加强大数据分析,精准认定家庭经济困难学生,建立家庭经济困难学生档案,实施动态管理。将思想政治素质作为学生资助等评选的重要依据,坚持资助育人导向,推动高校设立大学生"诚信档案"。

帮助家庭经济困难学生有效提升核心竞争力和职业发展力,是资助育人工作的根本目标,是促进学生发展机会公平的重要举措。

在资助工作上,通过坚持"助困与育人"相结合、"资助与励志"相结合,全面提升大学生综合素质,培养家庭经济困难学生发展型能力,实现从"受助到自助,再到助人"的转变。

在对高职学生的家庭经济困难认定工作中,通过融入资助育人工作,有利于塑造受助学生健全的人格、善良的人性和崇高的人品,有利于构建"全员、全过程、全方位"的育人格局。

五、有利于培育和践行社会主义核心价值观

《国家中长期教育改革和发展规划纲要(2010—2020年)》中提出:努力不让一个学生因家庭经济困难而失学。近年来,我国不断加大对高校家庭经济困难学生的资助力度,而且还在不断完善"奖助贷勤减+绿色通道"的新资助政策体系。结合当前高校家庭经济困

难学生认定工作实际,通过对学生家庭经济困难情况进行精准认定,有利于培育和践行社会主义核心价值观,实现资助育人的目标。

高校资助工作是为了让每一个家庭经济困难学生都能成为有用之才,这是建设社会主义和谐社会的要求,也是培育和践行社会主义核心价值观的根本要求。高校家庭经济困难学生作为我国社会主义国家建设过程中必然出现的一个学生群体,虽然他们面对的经济生活和学习成长困难重重,但一直得到了党和国家极大的关怀和支持,这正充分体现了我国社会主义制度的优越性。反之,通过对其进行资助,有利于其成为社会主义建设者和接班人。高校资助工作一直以来是服务于培养社会主义建设者和接班人这一目标的,这就使得高校资助育人工作在使高职家庭经济困难学生顺利完成学业的同时,也助其成为思想道德素质过硬的社会主义建设者和接班人,有利于培育和践行社会主义核心价值观。

第五节　本章小结

我国自 2007 年初步建立高校学生资助政策体系,至今已有十多年的历史,随着社会的不断发展,家庭经济困难学生的认定体系也在不断完善和革新。本文通过梳理近年来国内高校家庭经济困难学生认定和资助政策体系及相关文献,通过历史分析与比较,进一步解读目前的资助政策和资助体系的实施成效,解析目前政策和文件落实面临的困境。在此基础上探索高职院校家庭经济困难学生的精准化认定,以实现对高职院校家庭经济困难学生救助理论的丰富化发展,也在一定程度上推动高职院校家庭经济困难学生资助理论的系统化研究。

高职院校家庭经济困难学生精准认定体系的构建有利于学生救助政策的更好落实,帮助我国高职院校准确理解国家的学生资助政策体系。通过对家庭经济困难学生的精准认定,实现对学生的精准资助,进一步完善学生资助的帮困济贫的价值导向,不仅可以顺应高校精准认定的呼声,起到救助家庭经济困难学生的目的,而且通过精准认定,可以实现救助的准确化,切实保障高职院校的救助政策和学生真实状况相吻合。认真研究高职院校家庭经济困难学生的认定体系还有助于高职院校学生救助任务在制度上的完善。通过精准的体系构建,完善家庭经济困难学生资助制度力图实现扶贫济困的价值导向;在具体实施过程中,在原有资助实施内容与形式上加以创新,设计符合现实状况的资助措施,真正实现资助育人的目的。

第三章 高职院校家庭经济困难学生资助体系的历史变迁及现状研究

第一节 高职院校家庭经济困难学生资助体系的历史变迁

国家资助作为帮助家庭经济困难学生顺利入学和完成学业的重要途径,在我国有着重要的历史。我国由中央政府主导的大学生资助体系始于1950年,从开始至今已有七十余年。对家庭经济困难学生进行资助的这七十余年,是我国社会主义制度全面建立的七十余年,也是我国社会经济建设不断发展完善的七十余年。经过研读我国家庭经济困难学生资助的有关文献了解到,我国家庭经济困难学生资助体系的发展历史主要分为五个发展阶段:第一,初建制度阶段,免学费加人民助学金;第二,逐步探索阶段,人民助学金和奖学金并存;第三,改革发展阶段,奖学金与学生贷款逐步取代人民助学金;第四,初步建成阶段,多元混合资助;第五,完善体系阶段,国家资助体系的完善。

一、初建制度阶段:免学费加人民助学金

在中华人民共和国成立初期,政府非常重视培养新型知识分子来推动经济发展,陆续制定了新的教育制度和教育政策,并通过扩大高等教育规模的方式来增加学生接受高等教育的机会。对于国立和省立的各类高校,通过供给制方式,对学生的学费实行"公费制"。1950年,我国召开"全国第一次高等教育会议",颁发了《关于调整人民助学金的通知以及关于调整人民助学金标准的通知》。1952年,颁布的《关于调整全国高等学校及中等学校学生人民助学金的通知》和《关于调整全国各级各类学校教职员工工资及学生人民助学金标准的通知》规定在全国范围的高校实行人民助学金制度,国家实行免学费加生活补助的政策。1955年、1957年和1964年,我国的人民助学金制度先后做过三次重大的调整,通过调整,我国人民助学金制度在资助标准、资助对象、资助范围和资助方法等方面的各项指标更为清晰。1977年,我国高考制度恢复以后,所有高校大学生均享受人民助学金制度,由学校按月发放人民助学金补贴。人民助学金制度在我国一直持续到20世纪80年代初。

二、逐步探索阶段:人民助学金和奖学金并存

1983年7月,原国家教委和财政部在原有资助政策的基础上进行修订,联合发布了

《普通高等学校本、专科学生人民助学金暂行办法》和《普通高等学校本、专科学生人民奖学金试行办法》，降低了人民助学金比例，提出了增设人民奖学金办法，这标志着我国高校的助学制度从单一的人民助学金制度逐步过渡到人民助学金与人民奖学金并存制度。1986年，我国尝试取消高校人民助学金制度，实行奖学金和学生贷款制度改革试点。自那以后，我国把单一的人民助学金变为多元化助学体制。这种学生资助体系是非常契合当时的时代背景的，不仅对大批品学兼优的贫困学生起到了一定的激励作用，而且与我国培养高层次人才目标相一致，很好地促进了当时的经济发展和教育进步。

三、改革发展阶段：奖学金与学生贷款逐步取代人民助学金

1986年，国家教委试点实行奖学金和学生贷款制度，并取得了显著效果。1987年，国家又对资助政策进行了创新，财政部、教委发布了关于助学贷款和奖学金的办法，我国开始对全日制普通高校入校新生全面实施奖学金和校内无息贷款政策。1993年国家开始对高校设立特困补助，补助群体主要来自收入水平低于当地居民最低生活标准的家庭。1994年，国家教委规定高校需要设立勤工助学岗位，为在校大学生提供减轻家庭经济负担的机会，并设定了勤工助学基金。可以看出，1987—1994年，我国高等教育在招生和收费两方面进行"双轨制"改革探索，"免费上大学"的学生资助政策逐步被改变，奖、助、贷体系逐步形成。

四、初步建成阶段：多元混合资助

1995年，我国开始对国家教委直属院校试行新的学生贷款办法，通过对高校家庭经济困难学生实行减免学杂费政策来帮助贫困大学生，建立国家助学贷款新制度。1997年，我国本科高校开始全面推行收费制度。1999年，我国开始开办国家助学贷款。2002年，我国设立国家奖学金，对家庭经济困难且品学兼优的学生可以提供无偿资助。2004年，我国建立了以风险补偿机制为核心的国家助学贷款新制度。2005年，教育部向各地相关教育部门、各高校发出了《关于切实做好2005年高等学校新生入学"绿色通道"工作的紧急通知》，并设立了国家助学奖学金制度。1995—2006年，我国初步建立起"奖、贷、助、补、减"的多元化资助体系。

五、完善体系阶段：国家资助体系的完善

2007年，在理论结合实践的基础上，国务院下发了《国务院关于建立健全普通本科高校高等职业学校和中等职业学校家庭经济困难学生资助政策体系的意见》（国发〔2007〕13号）及其配套办法，我国高校大学生资助政策体系得到进一步完善。一是对原有国家奖学金制度进行改革，设立了国家奖学金和国家励志奖学金。国家奖学金主要奖励给品学兼优的本专科阶段学生，每生每年8 000元，这可以说是本专科学生在资助方面的最高荣誉。国家励志奖学金主要奖励给家庭经济困难而且品学兼优的大学生，每生每年5 000元。二是进一步完善国家助学金制度，扩大资助范围。三是进一步完善、落实国家助学贷

款政策和实施"绿色通道"制度。通过开展生源地助学贷款的方式,实施国家助学贷款代偿资助政策。四是规定高校从事业收入中足额提取4%～6%的经费用于高校的大学生资助。五是进一步落实和完善鼓励社会捐资助学的优惠政策等。六是在教育部所属六所师范大学实行免费师范生教育试点。七是在教育部所属高校实施学费代偿和贷款代偿政策。

2018年,教育部等六部门发布《关于做好家庭经济困难学生认定工作的指导意见》(教财〔2018〕16号),提出要不断健全学生资助制度,进一步提高学生资助精准度,进一步对家庭经济困难学生的认定工作提出指导。2019年,在教育部等六部门关于印发《高职扩招专项工作实施方案》的通知中,提出为应对高职扩招要加大财政投入,同时对高职院校奖助学金名额进行增加。经过多年努力和实践,国家目前在高等教育本专科阶段建立起国家奖学金、国家励志奖学金、国家助学金、国家助学贷款等多种形式有机结合的高校学生资助政策体系,不仅扩大了资助范围,也增强了资助力度。

第二节　高职院校家庭经济困难学生资助体系的发展现状

一、我国学生资助工作发展现状

我国《中国学生资助发展报告(2018)》内容显示,2018年,在财政部、教育部等中央有关部门和各级地方政府,以及各级各类学校的共同努力下,我国学生资助政策体系更加完善,资金投入力度不断加大,资助管理水平进一步提档升级,为保障不让一个学生因家庭经济困难而失学,奠定了坚实的基础。

(1)国家学生资助政策不断完善。主要体现在:精准认定机制完善有新进展;勤工助学育人导向进一步强化;学前教育家庭经济困难儿童保障力度明显加大;国家资助政策体系更加健全。

(2)资助工作提档升级。主要体现在:不断推进资助育人;全面加强规范管理;推动助学贷款工作标准化。

(3)学生资助工作更加暖心。各地各校以学生为本,想学生之所想,急学生之所急,不断提高学生资助工作水平。通过正面宣传,努力做到资助政策家喻户晓;发出负面预警,提醒广大学生在利益陷阱面前保持清醒、提高警惕;改进资助工作方式方法,"让信息多跑路、让学生少跑路";在奖助学金评审公示环节,注重保护学生个人信息和隐私,使学生资助工作更加有温度。主要体现在:资助预警前移;宣传时间前移;热线电话开通时间前移;助学贷款办理窗口前移;"绿色通道"前移。

(4)资助资金持续增长。主要体现在:资助资金突破2 040亿元;免费教科书投入资金206.78亿元;营养膳食补助投入资金322.20亿元。

(5)财政资金占主导地位。主要体现在:财政投入近1 300亿元,增幅6.56%;高校学生国家助学贷款325.54亿元,增幅14.55%;学校资助资金超过290亿元,增幅13.32%;社会资助资金超过130亿元,增幅4.37%。

(6)各项资助政策全面落实。2018年,政府、高校及社会设立的各项高校学生资助政策共资助全国普通高等学校学生4 387.89万人次,资助资金1 150.30亿元。对于高校学生的资助主要包括以下几类:

①奖学金。

2018年,各类奖学金共奖励全国普通高校学生916.84万人次;奖励金额250.47亿元,占高校资助资金总额的21.77%。

其中,国家奖学金共奖励本专科生5万人,奖励金额4亿元;奖励硕士研究生3.5万人,奖励金额7亿元;奖励博士研究生1万人,奖励金额3亿元。

国家励志奖学金奖励本专科生82.51万人,奖励金额41.26亿元。

研究生学业奖学金奖励研究生154.56万人,奖励金额113.59亿元。

其他各类奖学金共奖励高校学生670.27万人次,奖励金额81.62亿元。

②助学金。

2018年,各类助学金共资助全国普通高校学生965.19万人次,资助金额328.39亿元,占高校资助资金总额的28.55%。其中,国家助学金资助本专科生576.92万人,资助金额166.96亿元;资助研究生194.64万人,资助金额129.18亿元;其他各类助学金共资助高校学生193.63万人次,资助金额32.25亿元。

③国家助学贷款。

全国发放国家助学贷款446.94万人,发放金额325.54亿元,占高校资助资金总额的28.30%。其中,发放生源地信用助学贷款428.59万人,发放金额311.67亿元。国家财政为国家助学贷款支付贴息32.20亿元,其中,中央财政贴息10.49亿元,地方财政贴息21.71亿元。

④高校学生应征入伍服兵役国家资助(含直招士官)。

全国15.64万高校学生应征入伍服兵役享受国家资助,资助金额20.72亿元。

⑤高校学生基层就业学费补偿贷款代偿。

全国7.95万高校毕业生赴基层就业,享受学费补偿、贷款代偿,资助金额6.61亿元。

⑥师范生公费教育。

中央部属六所师范大学师范生公费教育政策资助2.89万人,资助金额4.20亿元。

⑦退役士兵学费资助。

退役士兵考入普通高校享受学费资助1.07万人,资助金额6 037万元。

⑧大学新生入学资助。

大学新生入学资助15.40万人,资助金额1.00亿元。

⑨研究生"三助"岗位津贴。

研究生"三助"岗位津贴资助138.07万人次,资助金额64.22亿元。

⑩勤工助学。

普通高校学生参与勤工助学 396.80 万人次,资助金额 31.00 亿元。

⑪其他资助。

特殊困难补助 146.17 万人次,资助金额 8.62 亿元。

伙食补贴发放 592.37 万人次,资助金额 12.92 亿元。

学费减免资助 22.50 万人,减免金额 13.82 亿元。

校内无息借款资助 4.49 万人,借款金额 2.96 亿元。

其他项目资助 325.62 万人次,资助金额 47.03 亿元。

此外,2018 年秋季学期,通过"绿色通道"入学的家庭经济困难学生 125.80 万人,占当年新生报到总人数的 14.70%。

二、我国家庭经济困难学生资助体系发展现状

(一)从资助的主体来看

图 3.1   从资助主体划分
学生资助体系

我国的学生资助体系经过了多年的发展。从资助主体来看,现行高校学生资助体系主要体现为国家层面的资助、社会层面的资助和各个高校层面的资助,如图 3.1 所示。

(1)国家层面的资助。国家层面的资助主要是国家奖学金;国家励志奖学金;国家助学金;助学贷款;学费、贷款代偿;部分师范生免费教育以及其他临时性补助。国家层面的资助主要是通过国家资助政策的方式对家庭经济困难学生给予资助,以保证家庭经济困难学生的基本生活、学习需求。

(2)社会层面的资助。社会层面的资助主要指社会企事业单位、校友企业和单位以及个人通过奉献爱心,向贫困学生捐资助学。社会资助是对国家资助政策体系以及学校资助制度的完善和补充,其不仅扩大了受资助学生的比例和受资助金额,而且推动了我国高校资助事业的发展。社会层面的学生资助主要包括社会奖学金、社会助学金、社会扶贫基金、学习用品及生活用品的资助。

(3)学校层面的资助。学校层面的资助主要是根据《国务院关于建立健全普通本科高校高等职业学校和中等职业学校家庭经济困难学生资助政策体系的意见》(国发〔2007〕13 号)文件精神,通过从事业收入中足额提取 4%~6% 的经费用于资助学生开支。目前,除了各个高校有专门针对贫困学生的学校资助中心的资助,还有来自各个二级学院的资助,可以说目前各个高校都非常重视学生的资助工作。总体来看,学校层面的资助主要包括校内奖学金;校内助学金;学校提供的勤工助学岗位;特殊(临时)困难补助制度;减免学杂费制度;"绿色通道"制度;冬季及夏季生活补助;以及具有各个高校特色的资助方式,比如学生寒暑假家访慰问、学生返乡路费资助等。

（二）从资助的方式来看

我国的学生资助体系经过多年的发展,目前已经形成了以"奖、助、贷、勤、补、减、偿"为主体的高校学生资助体系。随着最近这几年对资助育人工作重视程度的不断增强,我国的学生资助工作逐渐形成了以经济资助为主体,其他多种资助方式并存的资助体系。经阅读众多文献,以及结合高校学生资助工作经验,笔者整理了以下几类学生资助方式。

（1）经济资助:对家庭经济困难学生进行经济资助是我国资助体系中最早,也是最常用的一种方式,是主要通过对学生提供直接性的经济帮扶的资助方式。比如以国家奖学金、国家励志奖学金和国家助学金的方式,对学生进行直接的帮扶。

图3.2　从资助方式划分学生资助体系

（2）其他资助方式:在对学生进行扶贫的同时,更加注重"扶志、扶智",见图3.2。近年来我国高职院校对家庭经济困难学生的资助方式中也逐渐融入了除经济资助以外的资助方式,比如就业帮扶、心理帮扶、学业帮扶等。通过构建以经济资助为主体,其他多种资助方式并存的资助体系,构建物质帮助、道德浸润、精神激励、能力拓展、就业提升有效融合的资助育人长效机制,实现无偿资助与有偿资助、显性资助与隐性资助的有机融合,实现物质资助与精神鼓励、一般补助与特别奖励、经济资助与能力提升双管齐下,形成"解困—育人—成才—回馈"的良性循环,着力培养受助学生自立自强、诚实守信、知恩感恩、勇于担当的良好品质。

第三节　高职院校家庭经济困难学生资助体系取得的成效

在党中央关于高校家庭经济困难学生资助的重要文件精神指导下,各高校结合学校特色,对高职院校家庭经济困难学生的资助体系进行了不断探索和实践,有了一定理论成果和实践经验,成果比较显著,主要体现在以下四个方面。

一、形成以经济资助为基础的多元资助理念

近年来,我国对家庭经济困难学生的资助不仅帮助学生解决学习和生活困难,而且还以提升家庭经济困难学生的能力为目标。因此,目前各高职院校在对家庭经济困难学生进行具体的资助实践探索中,形成了以经济资助为基础的多元资助理念。

第一,高职院校在对学生进行经济资助的基础上,也对学生进行心理疏导、学业帮扶和就业创业指导等其他方式的资助,比如重庆电子工程职业学院根据高职院校学生特征和内在需求,建立在校家庭经济困难学生数据库。在学生大三的求职阶段,会提供专门针对家庭经济困难学生的就业帮扶和求职补助。通过经济资助与就业帮扶相结合,实现对学生的多元资助。

第二,无偿资助与有偿资助相结合的理念。目前,各高职院校除了为家庭经济困难学

生提供国家和学校的奖、助学金资助之外,各高职院校学生资助中心以及各二级学院的学管科还通过为部分家庭经济困难学生提供勤工助学岗位等方式,让部分家庭经济困难学生通过利用自身知识和劳动合法获取相关的物质报酬。

第三,显性资助与隐性资助相结合的理念。为了保证资助资金能够公开、公平、公正地到达家庭经济困难学生手中,各高职院校往往会让家庭经济困难学生提交申请表、证明材料来详述家庭状况、贫困原因,甚至还会安排公开演讲、审核公示等环节。这样的做法虽然能在一定程度上避免暗箱操作,确保资助资金不会"所托非人",但是这种做法却会或多或少地增加家庭经济困难学生的心理压力和负担。"隐性资助"采取的大数据筛选机制,通过大数据获取学生的贫困数据,通过对学生私下发放资助资金的方式来帮扶学生,这样不仅可以帮助寒门学子解决生活上的难题,更能以这种低调的方式照亮他们的内心,使他们可以更自信、更平等地与他人交往。"隐性资助"不仅传递自信、自尊、自强的生活态度,更彰显人性的温度。显性资助与隐性资助相结合,可以以润物细无声的方式启迪贫困学生的心灵、健全他们的人格。

第四,可持续发展理念。实现高职院校学生的可持续发展即是保证学生在校期间以及毕业之后都能不断提升个人能力和水平,从而实现学生的永续发展。多元资助理念通过提升贫困学生的能力和素质,使其成为对社会有用之才,这就需要学生具备可持续发展的能力。因此,各高职院校在实践探索中,以可持续发展理念为方针,倡导扶贫与"扶志""扶智"的结合,倡导理论学习与实践训练的结合,在为家庭经济困难学生提供资金和发展的基础上,激发学生树立自强精神和发展意识。

二、注重对学生的发展型资助

近年来,随着国家对学生综合素质的重视和培养,各高职院校也越来越重视对学生的发展型资助。第一,在学生的思想道德素质培养方面,各高职院校注重提升家庭经济困难学生的素质能力,通过为贫困学生搭建了解社会、回馈社会、提升个人能力的平台,帮助学生树立正确的三观,开发学生的学习潜能,提升学生的综合能力,引导高职院校家庭经济困难学生树立为社会服务的意识。第二,在学生的科学文化素质培养方面,重庆电子工程职业学院通过实施"丰润励志奖学金""华润励志奖学金"等资助计划,鼓励学生通过自己的努力实现发展目标。一方面指导学生做好职业生涯规划,引导和培养学生学习兴趣,提高学生的实践能力、人文素养等;另一方面通过学校的各个社团和各个校友资助项目,对学校家庭经济困难学生某一领域的能力或素质进行更深刻的培养,提升学生的科学文化素质,实现扶贫与扶智的结合。第三,在学生的身心健康素质培养方面,各高职院校资助体系直接体现的是帮助学生解决入学困难和发展困难问题,此资助体系根据学生志向远大同时压力也大的实际,采取经济支持与能力提升并重的措施。一方面,以经济资助为基石,解决学生的入学资格问题;另一方面,关注学生的身心健康和能力发展,尤其是关注高职学生由于家庭经济困难引发的系列心理问题,从经济、思想、技能、素质和就业等方面形成系统化的资助措施,帮助学生健康成长成才。如重庆电子工程职业学院在给予学生物质帮助的基础上,通过班级心理委员和学校、学院的心理健康部门对学生开展有针对性的心理教育,引导学生了解心理问题、解决心理问题,使其身心健康发展。第四,在学生的专业创新素质培养方面,这种资助方式通过突破简单的经济援助,将资助的最终目的指向学生个人的全面发展,为学生的成长成才拓展平台以及奠定基石。比如重庆电子工程职业学院对家庭经济困难学生创业能力的培养主要通过具体实践和项目化研究,引导家庭经济困难学生以个人或团体形式参加相关的实践和研究项目,从而增加其对社会和国家的了解,进而提升这部分学生的社会适应能力和社会服务能力。在重庆电子工程职业学院2020年的校级课题申报通知中,明确提出为了提高学生的科研能力,课题要有学生参与研究。

三、丰富技能培训途径

各高职院校在对家庭经济困难学生进行资助的实践中,基于经济资助的基础,不断丰富对家庭经济困难学生的技能培训途径。第一,重视对学生的实践技能培训。在"1+X"证书的制度实施背景下,部分高职院校为困难学生开设技能培训的绿色通道,比如为困难学生提供相应的技能培训,促进学生专项能力或综合素质的提升,提升学生的实践技能。第二,重视提升学生的学习技能。部分高职院校通过资金自筹的方式,聘请校内外优秀教师和专家针对家庭经济困难学生开展各种技能培训,如英语等级考试培训、特殊技能培训、计算机等级考试培训、专升本入学考试培训、职业能力考试培训、创新创业培训等。

四、通过资助提升育人效果

为大力推进资助育人工作,全面构建资助育人质量体系,充分发挥高职院校学生资助在打赢脱贫攻坚战上的重要作用,部分高职院校通过将资助育人工作与高职学生思想政治教育相结合,与诚信、感恩、励志教育相结合,与维护校园稳定相结合,精心组织、创新活动形式促进学生成长成才。第一,开展诚信教育系列主题活动。通过在全校范围内开展诚信科普知识竞赛和辩论赛等,开展"资助育人"诚信教育主题班会等,引导高职院校家庭经济困难学生践行社会主义核心价值观,明礼诚信、一诺千金。第二,开展励志、感恩主题教育活动。高职院校充分发挥各类奖助学金的激励导向作用,大力宣传国家资助政策及育人成效。通过资助资金获得者的事迹及经历介绍,传播正能量,引导高职院校家庭经济困难学生坚定理想信念、涵养奋斗品行,鞭策全校学生在大学期间发奋图强、艰苦奋斗,以感恩为舵,自强为帆,砥砺前行。第三,为学生创造义务劳动机会,加强学生的奉献意识。通过鼓励高职学生积极参加志愿服务和公益活动,教育受助学生树立社会责任感,感恩回馈,勇于担当,并以此为契机,全面推进高职院校的资助育人工作。通过打造高职院校贫困学生的资助新形象,鼓励学生在最美的青春年华,通过自己的拼搏奋斗,成为感恩回报的积极传播者和模范践行者。第四,搭建高职院校的资助育人工作平台。结合国家的资助育人要求,在做好高职院校家庭经济困难学生经济资助的同时,还需采取更加有效的"扶学""扶志"等帮扶措施,通过对学生开展学习技能提升、心理素质帮扶、思想政治塑造、就业能力培育等育人工程,帮助学生有效解决学习、心理、思想、就业等方面的问题和实际困难,提升高职院校家庭经济困难学生的综合素质与能力。

第四章 学生资助体系构建的前提：
家庭经济困难学生认定

第一节 高职院校家庭经济困难学生认定原则及认定依据

一、高职院校家庭经济困难学生的认定原则

高职院校家庭经济困难学生认定的基本原则：坚持公开、公平、公正的原则，坚持德、智、体、美、劳全面发展的标准。对于家庭经济困难学生的认定原则，教育部、各省市教委以及各高校学工部都颁发了相应的认定文件。根据2018年教育部等六部门发布的《关于做好家庭经济困难学生认定工作的指导意见》（教财〔2018〕16号）以及重庆市教育委员会、重庆市财政局、重庆市民政局、重庆市人力资源和社会保障局、重庆市扶贫开发办公室、重庆市退役军人事务局、重庆市残疾人联合会关于印发《重庆市家庭经济困难学生认定办法》的通知（渝教财发〔2019〕10号）的文件精神，并结合各高职院校对于家庭经济困难学生的认定实际，特将高职院校家庭经济困难学生的认定原则整理如下。

（1）坚持实事求是和客观公平的原则。高职院校认定家庭经济困难学生时要坚持一切从客观实际出发，在认定时主要依据为学生家庭经济状况，认定标准和尺度要统一，确保公平公正。

（2）坚持定量评价与定性评价相结合的原则。对学生的家庭经济情况既要建立科学合理的量化指标体系，进行定量评价，也要通过定性分析修正量化结果，更加准确、全面地了解学生的实际情况。

（3）坚持公开透明与保护隐私相结合的原则。在认定过程中既要做到认定内容、程序、方法等透明，确保认定公正，也要尊重和保护学生隐私，严禁让学生当众诉苦、互相比困。

（4）坚持积极引导与自愿申请相结合的原则。既要引导学生如实反映家庭经济困难情况，主动利用国家资助完成学业，也要充分尊重学生的个人意愿，遵循自愿申请的原则。

二、高职院校家庭经济困难学生的认定依据

对于家庭经济困难学生的认定依据，教育部、各省市教委以及各高校学工部都颁发了相应的认定文件。根据2018年教育部等六部门发布的《关于做好家庭经济困难学生认定

工作的指导意见》(教财〔2018〕16号);重庆市教育委员会、重庆市财政局、重庆市民政局、重庆市人力资源和社会保障局、重庆市扶贫开发办公室、重庆市退役军人事务局、重庆市残疾人联合会关于印发《重庆市家庭经济困难学生认定办法》的通知(渝教财发〔2019〕10号)的文件精神,并结合各高职院校对于家庭经济困难学生的认定实际,本书特将高职院校家庭经济困难学生的认定依据整理如下。

(1)家庭经济因素。主要包括家庭经济收入、家庭支出、家庭现有财产、家庭存在债务、家庭成员中的劳动力人口及职业状况、家庭成员上学人数、家庭成员健康状况等情况。对家庭因购(建)房、购车、证券性投资等形成的负债不作为认定困难的因素。

(2)特殊群体因素。主要指是否属于扶贫部门认定的建档立卡贫困家庭学生,民政部门认定的最低生活保障家庭学生、特困救助供养学生、孤儿,退役军人事务管理部门认定的烈士子女和残疾军人子女,残联认定的残疾学生及残疾人子女(需同时符合家庭经济困难条件)。

(3)地区经济社会发展水平因素。主要指学生所在高职院校校园地、生源地经济发展水平、城乡居民最低生活保障标准,学生家庭所在的地域、城乡因素等情况。

(4)学生支出与消费因素。主要指学生消费金额与来源、学生消费类别与结构、学校收费标准、学校伙食一般标准、学生本人身心状况、学习生活其他必要支出等情况。

(5)突发状况因素。主要指家庭遭受重大自然灾害、家庭成员遭受重大疾病或意外伤害、重大突发意外事件造成经济困难等情况。

(6)其他影响家庭经济状况的有关因素。包括有关部门认定的优抚对象子女,因见义勇为牺牲、丧失劳动能力人员子女,工会组织认定的困难职工家庭子女等情况。

第二节　高职院校家庭经济困难学生认定程序分析

对于高职院校的家庭经济困难学生认定工作原则上每学年进行一次,一般每学年秋季学期开学后30日内完成家庭经济困难学生申请认定工作。工作人员每学期要按照家庭经济困难学生实际情况进行动态调整。学生家庭经济情况无明显变化时,次年认定可沿用上年认定结果。工作程序一般应包括提前告知、个人申请、学校认定、结果公示、建档备案等环节。

一、提前告知——政策宣讲到位,保障机会公平

(1)每年春季学期放假前,学校资助工作人员和辅导员等要通过召开班会、家长会、书面通知等多种途径和方式,提前向学生或监护人告知家庭经济困难学生认定工作事项,并做好资助政策宣传工作。辅导员也可将相关政策文件发至班级QQ群或者微信群,在平时走访学生寝室、利用寒暑假走访家庭经济困难学生的过程中也进行相关政策文件的

宣传及解答,通过多种途径将国家相关资助政策文件周知到每位学生。

(2)辅导员要向在校学生发放《高等学校学生及家庭情况调查表》(新生随录取通知书寄送),并告知需要认定家庭经济困难的新生及在校生,暑假期间如实填写《高等学校学生及家庭情况调查表》,并持该表到家庭所在地乡、镇或街道民政部门加盖公章。已获得生源地助学贷款的学生,可用生源地助学贷款合同回执替代《高等学校学生及家庭情况调查表》。上学年已被学校认定为家庭经济困难的学生,如家庭经济状况无显著改善,在本学年再次申请、资格认定时,只需提交《高等学校家庭经济困难学生认定申请表》。

(3)提前将政策宣讲到位,让每位学生知晓个人权利并清楚相关规定,避免学生因为对相关政策不了解而错失机会,做到机会公平。

二、个人申请——学生根据要求申请,保证流程公平

(1)每年秋季开学第一、二周,学生本人或监护人自愿提出申请,上交《高等学校学生及家庭情况调查表》,并如实填报综合反映学生家庭经济情况的认定申请表。

(2)如果学生本人或监护人申请认定不需村社、街道和有关单位开具证明,学校不得要求学生本人或监护人开具证明,但学生本人或监护人可自愿主动提交适当佐证资料,如医疗单据复印件等。学生或监护人应对所填信息的真实性负责并书面承诺。

(3)辅导员要召集所有申请国家资助的同学召开"国家资助评定主题班会",通过会议向同学们解读评定国家资助的依据、原则、流程、方法等,并通过回答学生疑问的方式保证最大限度的公开、公平、公正。

三、学校认定——精心准备与组织,确保过程公平

(1)辅导员要做好贫困认定和资助工作的提前准备工作,提前阅读及查看所有同学个人档案,《高等学校学生及家庭情况调查表》及《高等学校家庭经济困难学生认定申请表》,并结合寝室走访观察同学们个人物品的大概消费档次,全方位了解所有申请国家奖、助学金同学的家庭情况和个人消费情况,并将学生的各项信息通过表格的方式进行汇总,具体见表4.1。

表 4.1 学生家庭经济情况汇总表

序　号	1	2	…
班　级	营销 1901	营销 1902	
姓　名	张三	李四	
是否有贫困佐证材料(市内外建卡、低保、伤残、单亲、孤儿等)	建卡、低保		

续表

序　号	1	2	…
家庭成员是否有特殊情况(父母高龄、家有老人、多子女、家人有重病等) 家中是否遭遇意外(天灾人祸等)	家里子女三人,且来自××贫困县,今年遭遇旱灾		
家庭收入来源(务农、经商、务工、政府补贴)	务工		
家庭月总收入,人均月收入	月总收入 5 000 元,人均月收入 1 000 元		
消费(来自家庭的月生活费)	800 元		
手机价格	1 200 元		
是否有电脑,电脑价格	笔记本电脑 3 400 元		
是否有高档消费(高档用品、经常旅游、医美、高档电子商品等)	2018 年 1 月曾购买一个 500 元的包		
备注	本人经常生病		
本人确认签字	张三		

(2)每年秋季开学第三周,各班级形成由辅导员担任组长,班级民主推选,产生班级民主评议小组成员的方式,成立各班民主评议小组。民主评议小组需要根据班级学生提交的《高等学校学生及家庭情况调查表》和《高等学校家庭经济困难学生认定申请表》,对照家庭经济困难学生的等级认定标准,认真进行评议。民主评议小组提前可采取家访、个别访谈、大数据分析、信函索证、量化评估、民主评议等方式提高家庭经济困难学生认定精准度。

(3)在进行贫困认定和资助工作时,辅导员要亲自参与每个班级的民主评议,根据学生或监护人提交的申请材料,对申请贫困认定的学生日常消费特征、家庭经济状况以及学生本人是否有个人收入来源等相关材料进行审核,并建立《家庭经济困难学生认定指标体系表》,具体见表 4.2。根据《家庭经济困难学生认定指标体系表》中的各项内容,结合学生的实际情况,通过各班民主评议小组的共同探讨,初步确定家庭经济困难学生的资助档次。各班民主评议小组成员在初步认定等级结果现场签字确认。

(4)核实参评人员的基本资料与情况,明确评价标准,是保障评选过程公平、公正的重要环节;辅导员领导下的班级民主评议小组的组建,集体组织评议,保障了评选过程公开、透明;辅导员的亲自参与,各民主评议小组成员的相互监督,保障了评选过程的公正。

表 4.2　家庭经济困难学生认定指标体系表

	一级指标	二级指标
高职院校家庭经济困难学生认定指标体系	个人消费特征	校内整体消费
		校内餐厅消费
		校内日常开销
		校外消费
	家庭情况	家庭人口
		特殊家庭
		家庭意外
		家庭欠债
	学生个人收入情况	校内勤工助学
		校外兼职打工
		创业收入

辅导员将通过初审及确定各等级的家庭经济困难学生资格，报学院学生认定工作组审核。

四、结果公示——评议结果公示监督，最大限度保障结果公平

（1）在班级层面，将初步民主评议结果在班级 QQ 群或者微信群进行公示，公示期为 5 个工作日。同时通过班会和班级 QQ 群或者微信群传达的方式告知所有同学，若公示期内同学有异议，应在征求班级民主评议小组意见后予以更正。如果在班级公示期无任何同学有异议，让班级每位同学在确认无误的家庭经济情况困难学生认定名单上签字确认（表 4.3）。

（2）在学院和学校层面，学校要将家庭经济困难学生认定的名单及档次，在适当范围内以适当方式予以公示，公示时间不少于 3 日（公示期结束后及时去除公示信息）。公示时，严禁涉及学生个人敏感信息及隐私。学生如有异议，在公示期内可向所在学院认定工作组提出复议。学校资助中心应在接到复议提请材料后的 3 个工作日内予以答复，如情况属实，应作出调整。公示结束后，各学院认定工作组负责建立本学院家庭经济困难学生信息档案，同时报学校资助中心汇总。

（3）通过评议结果的公开公示，保障所有参与学生的知情权。如果有合理的异议，采取复议程序，最大限度避免程序组织中的不公平。让全体同学对结果进行确认，避免不按规定维权损害其他同学利益的行为，保障整个工作成果的合规公平。学校应建立家庭经济困难学生认定结果复核和动态调整机制，及时回应有关认定结果的异议，经复核属实的，应及时作出调整。

表 4.3　家庭经济困难学生认定结果公示表

20××—20××学年
家庭经济困难学生认定结果公示表

一、评定时间：　　年　月　日
二、班级名称：
三、评议小组：

评议小组	组长：辅导员	
	组员：	

四、贫困评定结果：共　　人

特别困难	
比较困难	
一般困难	

五、对以上评定结果无异议请全班同学本人签字（共　　　人）

五、建档备案——资助过程中的所有资料归档留存，以备工作查询

（1）学校资助中心对各学院学生认定工作组审核通过的全校家庭经济困难学生的汇总名单及等级进行复核，及时将审定的最终结果反馈至各二级学院，并建立家庭经济困难学生信息档案数据库。经公示无异议后，汇总名单连同学生或监护人提交的《家庭经济困难学生认定申请表》等资料按学年整理装订，建立家庭经济困难学生信息档案，并按要求录入全国学生资助管理信息系统。同时，建立学生资助过程管理档案，鼓励有条件的学校实施档案信息化管理。

（2）资助过程中的所有资料归档留存，以备工作查询。同时可以根据留档资料，不断总结、改进国家资助评议办法，将评议标准进一步合理化，从而解决准入不公和标准不公带来的结果不公问题。

第三节　高职院校家庭经济困难学生认定方法分析

目前,各高职院校在家庭经济困难学生认定工作中用得较多的方法是身份识别、大数据分析、家访、个别访谈、信函索证、资助档案分析、量化评估、定量指标认定、民主评议、家庭经济困难学生证明等。这些认定方法可以提高家庭经济困难学生认定精准度,评估、研判学生本人及其家庭的经济能力是否满足在校期间的学习、生活基本支出。总的来说,目前高职院校采取的家庭经济困难学生认定方法主要分为定性认定方法和定量认定方法。

一、定性认定方法

(1)身份识别法。主要是指高职院校对由政府、民政部等有关部门认定管理的特殊经济困难家庭,比如农村建档立卡贫困家庭学生、最低生活保障家庭学生、特困供养学生、孤儿学生、烈士子女、残疾军人子女等,原则上应直接将这部分同学认定为家庭经济困难学生。

(2)家访法。主要指学校资助工作人员、班主任、辅导员等教职工通过实地走访家庭经济困难的学生家庭,了解掌握学生家庭经济困难情况。

(3)访谈法。主要指通过与学生本人、学生家长以及与学生身边师生访谈,了解掌握学生的日常开销情况以及学生的家庭经济困难情况。

(4)信函索证法。主要指学校资助管理人员和学生辅导员、班主任就学生申请提供的资料和相关佐证材料向有关部门进行函证确认。

(5)资助档案分析法。主要指学校资助管理人员和学生辅导员、班主任利用学生以前年度在本校或以前学段获得资助情况以及所提交的相关材料进行分析。

(6)民主评议法。在进行民主评议时,学校资助工作人员、学生的班主任或辅导员、民主评议学生代表、家长代表等组成评议小组认真核查学生提交的申请材料,并进行客观比较评议。首先,要深入到提交材料的学生群体中去,通过与学生密切接触的人员进行访谈,了解学生的家庭经济情况以及个人消费情况;通过民主评议小组成员的共同评议,最终认定申请学生的资助资格和资助等级。其次,民主评议要基于学生申请材料和其他认定方法了解掌握的学生家庭经济情况的相关数据。最后,对于学生的日常消费情况,可以通过学生的饮食支出、衣着、拥有物品的现实价值和物品来源等方面逐一考察、认定。

(7)家庭经济困难学生证明法。该方法通过学生在其生源地基层政府、街道、民政部门开具的《高等学校学生及家庭情况调查表》《高等学校家庭经济困难学生认定申请表》以及加盖公章的相关家庭经济困难佐证材料,学生需要将这些佐证材料上交到学校。对于家庭经济困难材料中的部分内容,可自愿提供对应的佐证材料。如学生家庭成员的佐证材料:父母工作单位证明、父母银行卡收支账单、学生兄弟姐妹的在校证明等。对于学生自己消费的佐证材料,学生可提供本人的支付宝账单、微信账单、学生及家庭收支账单等。

二、定量认定方法

(1)大数据分析法。主要是指通过与残联、工会、财政、民政等相关部门协调,合法合规获取残疾、困难职工子女、财政供养等人员信息,合法合规利用学校后勤系统、智慧校园和学生信息管理系统等掌握的学生相关信息,进行数据比对、分析,通过建立相关实证模型,直接得出家庭经济困难学生认定结果。

(2)量化评估法。主要指学校资助管理人员和学生辅导员、班主任根据认定依据设定多维指标或者建立评定结构模型,进行分项量化和综合评分的方式得出结论,量化评估需要定性分析修正。

近年来,各高职院校在进行家庭经济困难学生认定工作时,往往会根据不同类别困难群体采取不同的认定办法。也可混合利用多种认定方法,以达到对学生贫困认定的精准性。

(3)定量指标认定法。此种方法需要各高职院校根据本校具体实际,制订合理实用的定量指标,并对定量指标赋予恰当的权重。

学校所在的校园环境以及周边环境的差异,会直接或间接地对学生的日常消费情况产生影响。比如:高职院校 A 所在地附近可供学生消费的场所比较少,这使学生会将大部分日常消费集中在校园内进行,这种情况下,学生的一卡通消费数据就能作为学生日常消费能力的重要参考依据,对于此项指标也可给予较高的权重。反之,学生所在校园周边若存在众多消费场所,那么学生的一卡通消费数据就不能作为学生日常消费能力的重要标准,这种情况下,需要在对学生消费情况做出全面调查的基础上,得出每项指标的对应数据,再根据具体指标的重要程度给予相应的权重。而不同情况下的不同判定指标的权重,需要学校结合实际,通过构建认定指标体系并进行多次验证,才能取得准确的指标权重。

第四节　高职院校家庭经济困难学生认定的指标体系构建

要想对学生的家庭经济情况进行精准认定,首先就要建立能够反映学生精准认定的量化指标体系。在指标体系中,学生的个人消费指标和家庭经济情况指标是对学生进行家庭经济困难认定的关键性指标,学生个人收入来源指标是对学生进行家庭经济困难认定的参考性指标,见表4.4。

表4.4   家庭经济困难学生认定指标体系表

一级指标		二级指标	三级指标
高校家庭经济困难学生认定指标	个人消费特征	校内整体消费	一卡通消费总额、消费次数、消费均值、消费最大值等
		校内餐厅消费	餐厅消费次数、用餐总额、平均用餐金额、餐厅单次消费最大金额、餐厅单次消费最小金额等
		校内日常开销	超市消费次数、超市消费总值、超市消费均值、淋浴消费等
		校外消费	出行交通工具、是否经常出入高档消费场所及娱乐场所、是否持有医美消费及其他美容美体消费、是否经常出去旅游、是否存在奢侈品及高端电子品消费等
	家庭情况	家庭人口	家庭人口总数、家庭人口劳动力数量、家庭是否多子女入学、家庭老人数量、家庭成员是否有重大疾病、是否来自贫困地区等
		特殊家庭	建卡贫困户、低保、特困人员供养家庭、伤残、烈士子女、单亲、孤儿等
		家庭意外	家庭成员是否遭遇重大意外事故、家中是否遭遇重大自然灾害、学生家庭成员是否遭逢巨大变故等
		家庭欠债	家庭存在债务情况[对于家庭因购（建）房、购车、证券性投资等形成的负债不作为认定困难因素]
	学生个人收入情况	校内勤工助学	学生通过在学工部及二级学院勤工助学中心提供的勤工助学岗位中获取部分收入
		校外兼职打工	学生通过在校外机构或企业做兼职、微商、直播等方式获取收入
		创业收入	学生通过学校众创空间提供的创业机会或校外进行创业获取收入

一、学生的个人消费指标

（一）学生的校内整体消费情况

学生的校内整体消费情况和数据可以从学校智慧校园以及学生一卡通的数据获得，学生的校内整体消费情况主要包括以下几种。

（1）学生的一卡通消费总额：主要包括学生一卡通的每天使用总额、月使用总额以及年使用总额。

（2）学生的一卡通消费次数：学生的一卡通消费总额能够体现学生在校消费总额，学生的一卡通消费次数能够体现学生的在校消费次数。如果学生的一卡通消费次数较少，可以说明两种情况:第一种是学生的消费水平较高,消费场地主要是校外;第二种是学生的家庭经济贫困,通过减少校内消费的频率来控制支出。

(3)学生的一卡通消费均值:通过学生的一卡通消费总额除以学生的一卡通消费次数,能够获取学生的一卡通消费均值。一卡通消费均值数据能够很好地体现学生的平均消费水平,对于学生的家庭经济困难认定工作,是一个很好的参考依据。

(4)学生的一卡通消费最大值:通过学生的一卡通消费最大值,能够很好地体现学生的消费观念。

（二）学生的校内餐厅消费情况

学生的校内餐厅消费情况和数据可以从学生的一卡通数据获得,学生的校内餐厅消费情况主要包括以下几种。

(1)学生校内餐厅消费次数:学生在校内餐厅的消费次数能够很好地反映学生的消费情况,据调查,个别同学在大学三年里的校内餐厅消费次数居然为零。经过与一名从未在校内餐厅消费的同学单独访谈了解到,该名同学中餐和晚餐都在校外吃,早饭视情况而定:如果当天有早课,就不吃早饭,直接下课后在校外早中餐一起吃;如果当天没有早课,就直接去校外吃早餐。这种在校内餐厅消费次数很少甚至为零的同学,家庭经济情况应该不会太差,因为校外餐饮的消费水平肯定高于校内餐厅的消费水平。

(2)学生校内消费的用餐总额:学生的消费用餐总额可以折射出学生的部分消费情况。学生校内消费用餐总额低,一方面表示学生在校内餐厅消费次数少;另外一方面表示学生虽然在校内餐厅消费次数多,但是每次金额较小,所以校内用餐总额较少。

(3)平均用餐金额:如果说学生的校内消费用餐总额只能折射出学生的部分消费情况,那么学生的平均用餐金额则能很好地反映学生的平均用餐消费水平。

(4)学生餐厅单次消费最大金额:此数据能够看出学生能够承受的最大单次消费金额,如果金额过于巨大,那么则表示学生存在校内餐厅聚餐或者宴请的情况。

(5)学生餐厅单次消费最小金额:如果学生在校内餐厅大部分消费较少,且消费最少金额较小,则说明学生消费水平较低。

（三）学生的校内日常开销情况

(1)超市消费次数:学生的校内超市消费次数能够看出学生的生活用品购买的渠道主要是校内还是校外。

(2)超市消费总值:此数据可以看出学生在校内超市的消费水平及消费金额。

(3)超市消费均值:此数据可以看出学生在校内超市消费的大致情况,进而可以分析学生的校内日常开销情况。

(4)淋浴消费:目前各高职院校大多采取插入一卡通取水的方式进行淋浴,通过此数据可以看出学生的消费习惯。

（四）学生的校外消费情况

(1)学生出行的交通方式选择:乘坐火车、飞机、轮船、公共汽车,自驾等,这些交通方式中,从目前我国的经济发展水平和大众的消费习惯可以看出,比较廉价的交通方式主要是乘坐火车、轮船及公共汽车等,比较昂贵的交通方式主要是乘坐飞机,如果学生经常采取自驾的出行方式,那么也能折射出学生的家庭经济情况应该不差。

(2)是否经常出入高档消费场所及娱乐场所:如果学生经常自己或者跟随他人出入高档消费场所及娱乐场所如酒吧、KTV、咖啡厅等,并有吸烟、酗酒及赌博等嗜好,那么在进行贫困认定时需要着重考察。

(3)是否存在医美消费及其他美容美体消费:随着社会的发展,目前社会上存在众多美容、美体及医美等场所,如果学生经常出入这些场所,并长期在这些场所消费,比如长期进行美容、美发、染发、整容等行为,那么这些行为都将成为学生贫困认定的扣分项。

(4)是否购买奢侈品及高端电子产品等:如果申请家庭经济困难的学生经常购买超过学生正常消费的高端产品,比如高档手机、高档电脑、高档单反相机、高档化妆品、高档首饰、高档衣物等,那么在进行贫困认定的时候应该多考虑其他贫困学生。

(5)是否经常出去旅游:如果学生寒暑假经常自驾或者跟团出去旅游,尤其是经常出国旅游,那么可以看出这类学生应该不存在基本的生活困难。

二、学生的家庭经济情况指标

(一)学生家庭人口情况

(1)学生的家庭人口总数:申请家庭经济困难的学生家庭人口数与其家庭经济状况是直接关联的。有一项针对高职院校学生的调查结果显示,高职院校中有八成的贫困学生来自农村,且双亲收入来源均依靠务农。出于我国特殊的地理和历史原因,目前我国大部分农村家庭学生的父母受教育水平较低,只有依靠务农为生,且我国人多地少的现实环境,使这部分学生的家庭收入较低。

(2)家庭人口中的劳动力数量:家庭人口中的劳动力数量能够看出学生的家庭收入来源途径与宽度,在其他同等条件下,家庭人口劳动力数量越多,家庭的负担越轻。

(3)家庭中是否多子女入学:目前在校学生都出生于 2 000 年前后,虽然 2 000 年前后我国已经实行计划生育政策,但是在少数地区尤其是偏远山区,还是存在多子女家庭。在多子女家庭中,由于子女上学人数多,这部分子女不仅不能增加家庭收入,反而会增加家庭支出。尤其是近年来随着社会经济的飞速发展,物价水平不断上涨,相应地引起了高校学费的上调,且通货膨胀的速度远远高于农村、城镇的居民家庭收入的增长速度。对于一般家庭来说,他们需要提供额外的家庭支出才能支持多子女同时入学。因此,多子女家庭会无形地增加其家庭经济负担。家庭经济困难使这部分家庭的子女难以接受更高层次的教育,与低文化水平对应的是较低经济收入的职业,长此以往,形成了一种恶性循环。

(4)家庭中老人数量:老龄人口一直是我国关心的人群,虽然国家目前有众多对老龄人口各方面的帮扶措施和保障政策,但是由于老龄人口易生病、需要人照顾等特点,所以家庭老人数量与家庭经济负担往往成正比关系。

（5）家庭成员是否有重大疾病：在我国，教育支出和医疗支出是家庭（尤其是对于经济困难的家庭）支出中较大的项目。近几年，虽然我国的医保、社保和各种商业保险已经非常健全，但是家庭成员如果患有重大疾病，不仅会因各项医疗开支增加家庭开支，而且还会由于重大疾病导致劳动力减少，加剧家庭负担。对于一般的家庭而言，一旦家庭中有成员患有重大疾病，就会加剧整个家庭的经济负担，不仅会耗空家庭积蓄，甚至会令整个家庭背负巨债。尤其是如果家庭成员患有癌症、慢性肾病和精神疾病等，巨额的医疗费用往往会超过一般家庭可以承受的程度；此外，由于患病会导致该家庭成员不同程度上丧失劳动能力，不仅会增加家庭消费，同时还会减少家庭收入。因此，家庭成员是否有重大疾病是判断学生家庭经济是否困难的指标之一。

（6）家庭是否来自贫困地区：目前，虽然我国的脱贫攻坚战取得全面胜利，但在少部分边远山区和贫困地区，还是存在部分家庭经济困难学生，对于这部分学生，学校需要对其开展持续性帮扶，帮助学生及家庭尽快脱贫。

（二）学生是否来自特殊困难家庭

（1）建档立卡贫困户：建档立卡贫困户是各省（自治区、直辖市）在已有工作基础上，坚持扶贫开发和农村最低生活保障制度有效衔接，按照县为单位、规模控制、分级负责、精准识别、动态管理的原则，对每个贫困户建档立卡，建设全国扶贫信息网络系统。高职院校在进行家庭经济困难学生的认定工作时要与贫困识别结果相衔接，集中力量对建卡学生予以扶持，切实做到扶真贫、真扶贫。

（2）低保家庭：学生家庭成员存在重度残疾或因疾病丧失劳动力，享受最低生活保障补助的家庭。低保家庭的收入明显低于当地正常标准的居（村）民。城市低保家庭是在城市已经建立了国有企业下岗职工基本生活保障、失业保险和城市居民最低生活保障等"三条保障线"制度的基础上，建立实行的最低生活保障的制度。

（3）特困人员供养家庭：城乡老年人、残疾人以及未满16周岁的未成年人，且这三类群体同时又无劳动能力，无生活来源，无法定赡养、抚养、扶养义务人或者其法定义务人无履行义务能力的，可以依法纳入特困人员救助供养范围。另外，特困人员中未满16周岁的未成年人，同时符合特困人员救助供养条件和孤儿认定条件的，应当纳入孤儿基本生活保障范围，不再认定为特困人员。

（4）伤残家庭：家中至少有一个持有有效残疾证的残疾人（或者是精神未办理残疾证的）的家庭。

（5）烈士子女：那些在革命斗争、保卫祖国、社会主义现代化建设事业中以及为争取大多数人的合法正当利益而壮烈牺牲人员的子女。根据《革命烈士褒扬条例》的规定，对烈士家属由民政部颁发《革命烈士证明书》。烈士的家属为烈属，包括烈士的父母、配偶、子女和未满16周岁的弟妹和抚养烈士成长的其他亲属。

（6）单亲家庭子女：单亲家庭这一由来已久的社会问题早已成为普遍现象，一般人直觉认为单亲家庭就是指离异家庭。但是随着家庭以及社会结构的逐渐多元化，单亲家庭的形成因素逐渐增多,如离婚、配偶死亡甚至未婚先孕等,这些都可能导致学生成为单亲家庭子女。

(7)孤儿:丧失父母的不满14周岁的未成年人。虽然进入高职阶段学习的学生都已经年满14周岁,但是尽管如此,也需要对孤儿学生进行资助,以保证其能够正常学习和生活。

（三）学生的家庭是否遭受意外

(1)家庭成员是否遭遇重大意外事故:家庭成员曾经尤其是在近期内遭受了巨大变故,比如车祸、工伤等,这不仅会造成巨大的医药开支,而且会使家庭成员在短期内甚至终身丧失劳动力,导致家庭失去部分或全部经济收入,使家庭陷入巨大的困境,导致学生家庭经济状况迅速恶化。目前,我国建立急救资助资金的高职院校比较少,部分建立了急救资助资金的院校,也有可能因为资助金有限而无法满足学生的生活和学习支出。因此,在对学生进行贫困认定时,要将家庭成员遭受意外事件的情况作为认定标准之一,对学生的困难程度进行如实评价。

(2)家中是否遭遇重大自然灾害:如果说学生家庭成员遭受重大意外事故是人祸,那么家中遭遇重大自然灾害则可以说是天灾。近年来我国范围内发生的各类自然灾害严重影响了我国经济的发展,比如地震、洪灾、旱灾和其他地质灾害等都会对学生家庭尤其是农村地区以务农为家庭经济收入主要来源的家庭产生重要的不利影响。对于部分靠天吃饭的农村家庭来说,有的重大自然灾害可以说是灭顶之灾,自然灾害情况不严重的会使农作物歉收,导致家庭一年的辛苦和汗水付之东流;比较严重的自然灾害会使学生家庭居无定所,家徒四壁。因此,近年来国家财政、各级地方政府、各高职院校也加大了对因灾致贫、返贫家庭学生的补贴力度。因此,将家中遭受自然灾害作为判定学生家庭经济困难的指标之一,对反映学生家庭经济的真实状况很有借鉴意义。

(3)学生家庭成员是否遭逢巨大变故:学生家庭成员遭逢巨大变故对学生家庭来说也是一个不小的打击,比如,2020年,突发的新型冠状病毒肺炎对部分学生家庭产生了不利影响。受本次疫情冲击,家庭经济来源受影响会新增部分家庭经济困难学生。为应对本次疫情,企业停工停产导致部分家庭经济收入减少或丧失。第一,部分学生家庭经济收入来源于家庭经商,疫情期间停工停产,可能会导致部分学生由小康家庭直接变成贫困家庭。第二,部分学生家庭收入来源于外出务工或企业上班,由于疫情期间停工停产使这部分学生家庭成员收入减少或失去收入来源,甚至失业。来自疫情严重地区或疫情家庭也会新增家庭经济困难学生。虽然目前国家医保局已会同有关部门为新冠肺炎确诊和疑似患者这一特殊群体建立起费用减免政策,为疫情防控提供保障。但是只要学生家庭出现了新冠肺炎患者,或多或少会产生部分自费治疗费用,而且受疾病影响,也可能会导致患病家庭成员暂时或永久丧失劳动能力,使家庭收入减少。在这种支出增加、收入减少的情况下,可能会使原本经济条件正常的家庭趋向贫困。

（四）学生所在家庭是否存在家庭债务

对于高职院校家庭经济困难学生认定中认可的家庭债务主要包括学生及家庭成员由

于生病、自然灾害、学习生活、突发事件而导致的欠债情况。

三、学生个人收入来源指标

大部分家庭经济困难学生在校期间会通过各种途径获取部分收入来减轻家庭经济负担，也有部分同学由于缺乏途径，在校期间没有任何个人收入来源。对于学生没有任何个人收入来源的情况，学校在进行贫困认定时要多加考虑。通过对目前高职院校学生在校期间存在的个人收入来源进行归类汇总，发现主要包括以下三类情况。

（一）校内勤工助学

各个高校的学生管理部门会设有相应的学生资助管理中心，专门负责为校内家庭经济困难学生提供勤工助学岗位；二级学院的学管科也会针对本学院的部分家庭经济困难学生提供部分勤工助学岗位。勤工助学，主要是指学生在学校的组织下利用课余时间，通过劳动取得合法报酬，用于改善学习和生活条件的实践活动。勤工助学是学校学生资助工作的重要组成部分和重要体现，也是提高高职学生综合素质和资助家庭经济困难学生的有效方式和途径。

（二）校外兼职打工

除了校内的勤工助学岗位之外，社会上也有众多家庭经济困难学生可胜任的岗位，比如发传单、销售、电话客服、微商、直播等。

（三）创业收入

在国家"大众创业、万众创新"的时代背景下，个别家庭经济困难学生会在大学期间选择通过创业来增加自己的收入来源。在校高职学生的创业方式主要有以下两种。

（1）通过学校众创空间提供的创业机会：一般高校的众创空间会为学生提供工作场地，有专门的教室或者楼层，还有专门的指导老师和一些其他的资源扶持。

（2）通过在校外进行创业：除了校内众创空间提供的创业机会外，学生还可以通过在校外摆地摊、通过注册成立小微企业的方式进行创业，以此增加自己的收入来源，减轻家庭的经济负担。

第五节　高职院校家庭经济困难学生认定的实现路径

一、深化思想引导机制

（一）树立资助育人的思想引领机制

高职院校家庭经济困难学生的认定工作是高职院校学生资助工作的组成部分，而高职院校进行学生资助的目的在于育人，在于促进高职学生德智体美劳等方面的全面发展，因此对于学生的贫困认定工作需要进行正确的思想引领，实现资助育人的功能。

（1）加大有偿资助的比例。

在对家庭经济困难学生进行经济资助时要将有偿资助纳入进来，并通过以有偿为主的方式，降低无偿资助贫困学生的比例。众所周知，无偿资助是通过以福利的形式免费对家庭经济困难学生赠予助学金。资助的有偿化是一种通过给予对方劳动报酬或者推迟缴费来资助的一种新型资助模式。在高职院校中的直接、具体的体现就是针对高职家庭经济困难学生设置勤工助学岗位，并对其发放助学贷款。从我国的资助历史中可以看出，我国的资助方式是以无偿资助为主，但是这会产生一些系列问题。例如无偿资助方式会导致学生争相申请，由此引发的无序性和随意性是主要问题，学生及其监护人为了争夺无偿资助的资源，会使得部分学生开具虚假家庭经济困难证明。

通过对高职院校学生进行问卷调查，显示目前在高职院校学生群体中比较受欢迎的资助方式就是有偿资助方式。经访谈了解到，部分高职院校的学生认为，有偿资助是通过自己的努力而获取应得报酬的一种方式，不是不劳而获。为了顺应学生群体对资助方式的新需求，也为了进一步提高学生资助的效果，在对学生进行资助时就需要融入有偿资助的理念。有偿资助主要是通过学生自身的努力而获取的相应资助，这种有偿资助方式既让贫困学生享有了获得资助的权利，同时也使贫困学生履行了获得资助的义务。例如，勤工助学这一有偿资助方式，会让学生在获得资助资金的同时，提升自己的社会实践经验和人际交往能力，可以加强学生的实践能力。不仅如此，学生在积累经验的同时，会明白通过付出自己的劳动可以改善自身的困境，获得相应的报酬，这就是精神上的扶贫，这符合习近平总书记所提的将扶贫与扶志、扶智相结合。有偿资助这种深受学生欢迎的资助方式，不仅可以体现出高职学生的自身价值，还可以帮助学生自主创业。高职院校通过为学生提供政策上的优惠措施，鼓励学生自主创业，以创业促进就业。通过学生自己的能力解决贫困问题的同时，还帮助了身边的其他贫困同学。家庭经济困难学生结合自身所学专业知识与自己所掌握的专业技能进行创业，可提早接触社会，积累一定的经验。

由此可见，创建加大高职院校有偿资助的学生资助模式，不仅顺应了学生的资助需求，而且可以更大化地发挥勤工助学及自主创业的帮扶功效，在一定程度上可以很好地解决学生所面临的贫困问题。

（2）通过发展型资助方式落实资助育人理念。

高职院校的最终目的是培养德智体美劳全面发展的社会主义建设者和接班人，家庭经济困难学生的认定工作是学生管理工作的重要构成部分，学生资助工作中，资助是手段，而育人是目的。因此，在做好家庭经济困难学生认定工作的同时，还需要注重资助的育人功能，需要将育人理念融入学生的资助工作中。不难发现，现行的学生资助工作中，或多或少存在着无形的阻碍育人成效的部分因素。例如，无偿性的助学贷款制度可能会导致部分学生以伪造家庭经济困难证明的方式来获取无偿资助的资源，以致最终的资助资金可能没有用在学生基本的学习和生活上，而是用在了其他方面，这严重违背了资助育人的初衷。不仅如此，这些做法还可能导致学生产生"等、靠、要"的懒惰思想，存在"天上掉馅饼"的依赖心理。此外，由于各个班级的资助名额和资助资金受到客观条件限制，可能会导致班级同学为了争夺有限的资助资金而产生矛盾,影响同学之间的情谊,同时也会破坏学校资助育人的校园氛围。

所以,为了提高高职院校学生资助工作的育人效果,必须创新资助工作的理念与方法,让学生可以自行抉择有偿性的救助方案,并让学生牢记作为社会主义建设者和接班人的责任与义务,立志通过自身努力成才。因此,助学自助、资助育人应该成为高职院校思想政治教育的主要内容,通过对学生进行物质和精神上的双资助来培养高职学生的自信心、责任感和感恩意识。

（二）加强对学生的诚信教育

高校与中学相比,社会性更强一些。因此,进入高校之后,部分学生容易被一些社会化、拜金享乐主义思想侵蚀,部分高职学生也因此出现社会责任感缺失、感恩意识缺失以及诚信缺乏等问题。因此,高职院校在进行学生资助工作的同时,需要进一步强化学生的诚信教育。

（1）开展诚信教育校园活动。

各高职院校在每学期均要开展加强学生诚信教育的团学活动,通过讲座、比赛、宣讲会、辩论赛和座谈会等形式对在校学生进行诚信教育,培养学生的诚信意识。充分利用各种团学活动,可以营造浓厚的感恩和诚信氛围。此外,各高职院校团学活动中还要注意打造诚信教育的典型,通过轮回宣讲的方式,传播正能量,通过学生身边的真人真事来潜移默化地影响学生,进而达到诚信教育的目的。

（2）借助学校开设的思修课和政治课程强化诚信教育。

重视思政课程与课程思政的相互融合,提高学校思想政治教育的第一课堂成效。首先要结合目前我国的国情、各高校的校情及广大学生的特点,思政教师和辅导员在对学生进行思想政治教育时要以一种喜闻乐见的形式进行。其次,学校的教育工作者尤其是思想政治教育教师和思想政治辅导员更要以身作则,在校内校外起好模范带头作用,用自己高尚的思想和如一的言行去影响、感染学生。最后,还要通过思政课、团课和班会等激励学生有困难的时候要乐观面对,主动申请,当经济条件有所好转时主动提出,让资助资金能够资助更多更需要的学生。

（3）创建学生诚信档案机制。

在家庭经济困难学生认定的工作中,要增加诚信体系的完成度。对于申请材料和佐证材料存在虚假情况,并在班级甚至全校范围造成恶劣影响的学生,一经查处,要立即取消此类学生的参评资格,停止后期资助资金的发放,并记录进学生的诚信档案。对于造成特别恶劣影响的行为还需要进行全院通报批评。

二、优化精准认定机制

（一）强化认定制度,规范认定程序

高职院校家庭经济困难学生的认定工作是一项系统而复杂的工作,且是一项关系到我国脱贫攻坚的工作,为了保证家庭经济困难学生认定工作的顺利开展和认定对象的精准性,需要进一步强化家庭经济困难学生认定制度,规范家庭经济困难学生认定程序。

(1)完善认定制度。要形成系统的认定体系,应将高职院校内部的家庭经济认定制度和地方政府部门的认定办法和制度结合起来,进一步强化各部门、各机构的认定对接,建立健全高职院校家庭经济困难学生认定的校内外制度体系。通过多角度、多途径方式完善认定制度体现家庭经济困难学生认定,通过搭建各省(市)政府和高职院校的互通平台降低造假的可能性。

(2)规范认定程序。资助认定结果公示无异议后,应将学校的家庭经济困难认定情况、结果以及学生所受资助情况,及时反馈给学生生源地所在的地方政府和民政部门,完成地方的家庭经济困难认定的闭环。要综合运用电话回访、实地走访等方式,来确保贫困认定的精准度。此外,丰富家庭经济困难学生认定的形式,通过扩宽渠道确保学生家庭经济认定材料的充实性;确保班级民主反映情况的全面性;确保家庭经济困难学生信息核实的准确性。通过规范认定程序,拓宽认定渠道,全方位为精准认定工作提供丰富的材料支撑。

(二)明确贫困认定标准

在对高职院校家庭经济困难学生进行贫困认定时,往往存在着认定标准的可操作性低,认定标准缺少科学性等问题,尤其是在选择定性认定方法时,通过定性的文字表述来对学生的家庭经济困难情况进行认定缺乏实际操作性。《中华人民共和国行政区划》资料显示,我国省级行政区划分情况为23个省、5个自治区、4个直辖市、2个特别行政区,合计34个省级行政区;地级行政区划分情况为293个地级市、7个地区、30个自治州、3个盟,合计333个地级区划;县级行政区划分情况为965个市辖区、387个县级市、1 323个县、117个自治县、49个旗、3个自治旗、1个特区、1个林区,合计2 846个县级区划;乡级行政区划分情况为8 516个街道、20 975个镇、8 122个乡、966个民族乡、153个苏木、1个民族苏木、1个县辖区,合计38 734个乡级区划。而我国不同行政区的经济发展水平、居民家庭经济情况等差异较大。就算是在同样行政级别的高职院校,也会由于所处的地域不同,比如发达与不发达行政区域的区别,省会城市与非省会城市的区别,导致不同地区的收费水平和生活成本存在着较大区别。在这种情况下,就需要进一步明确贫困认定标准来进行家庭经济困难学生的认定工作。

我国对高校家庭经济困难学生的定义是:普通高校中学生因其家庭经济状况困难,不足以维持学生在校期间的学费、生活费以及必需的相关费用,导致学生难以按时按量完成学业的情况。但是,经过仔细研究会发现,此定义虽然含义清晰,但是从定量的角度进行认定的话,会使实操性较低。第一,通过此定义,难以对高职院校的家庭经济困难学生的类别和困难档次进行界定。第二,定义中需要学生提供其家庭经济状况的相关佐证材料,缺乏确保其真实性和准确性的机制。尤其是学生在校期间的学费、生活费以及其他相关费用需要明确的定量数据进行支撑。因此,在对家庭经济困难学生进行认定的实际工作中,需要根据实际情况制定明确的认定标准,而这些认定标准和相关数据要能如实反映学生真实的家庭经济状况及个人的消费情况。

（三）改进认定方法,规范认定流程

高职院校家庭经济困难学生的认定,要根据实际情况选择合适的方法,并进一步规范家庭经济困难学生认定的流程。在成立班级民主评议小组时,要成立以辅导员为评议小组组长,各班班长、团支书、生活委员、权益委员以及每个宿舍推选出的代表（如上述人员中有参与的认定者,则必须由其他人代表）为主要群体的民主评议小组。班级民主评议小组成员的人数需要大于等于班级总人数的30%。在民主评议的过程中,需要由评议认定小组成员对本班所有申请资助的学生进行民主认定,并对认定的全过程作出详细的认定意见和记录,以待备查。班级民主评议小组完成对本班的评议之后,要将认定结果在班级公示至少3天,公示期无异议之后,报年级家庭经济困难学生认定小组。各个年级的民主评议认定小组由该年级的所有辅导员、班主任以及各班的民主代表组成,年级的民主评议小组主要负责审核各个班级的民主评议记录,核实各个班级的认定结果,协调整个年级的资助名额,受理有异议同学对认定结果的想法和质疑。年级民主评议认定小组工作完成之后,需要将认定结果提交至二级学院的认定小组处。二级学院的民主认定小组由二级学院分管学管工作的党总支副书记、学管科长、团总支书记和辅导员、班主任老师共同组成,其中二级学院分管学生工作的党总支副书记任组长,学管科长和团总支书记任副组长,辅导员和班主任老师任组员。二级学院民主评议认定小组将各年级的认定结果进行汇总后公示7天,在公示期内如有同学有异议,二级学院民主评议小组成员需要集中调查问题,并及时解决和反馈。最后二级学院学管科需要将学院的认定结果上报学校学工部资助管理中心并进行汇总后公示,学工部的贫困认定结果最终将以文件的形式下发。

三、完善认定保障机制

（一）建立家庭经济困难学生动态电子档案

（1）掌握高职院校家庭经济困难学生的系列数据,建立贫困学生动态更新的贫困数据信息档案。通过学生的高考档案、学生的生源地信息、学校的学生管理信息系统、一卡通信息系统和智慧校园等数据系统获取学生的实时、真实定量数据指标,通过班主任（辅导员）对家庭经济困难学生的日常观察、家庭经济困难学生周围同学的评价、学生的日常消费表现、学生的申请材料等方式获取学生的实时真实定性数据指标,建立家庭经济困难学生动态的电子档案。

（2）对于家庭经济困难学生电子档案需要实施动态化管理。由于学生的家庭经济情况是一个动态的、变化的过程,因此在对在家庭经济困难学生电子档案进行管理时也需要采取动态发展的管理原则。尤其要对学生致贫因素进行分类,以便更进一步预测学生的脱贫时期,划分学生家庭处于贫困状态的时间长短。因此,建立全面、稳定、动态的高职院校家庭经济困难学生的电子数据档案,有利于更好地了解学生的家庭经济状况,并有针对性地对学生进行分类管理,有利于档案内的受资助学生有退有进,确保精准扶贫。

(3)创建高职院校自己的资助信息管理系统。各高职院校不仅要利用好内部数据,还要与校外各个部门进行数据联动。学生个人消费特征的校外消费情况可以与校外交通部门、金融部门等联系,获取学生的校外消费数据。学生的家庭情况数据可以通过与学生生源地的民政、扶贫办、当地社区等进行沟通来获取。学生的个人收入来源数据可以通过工商部门数据和金融部门数据获取。尤其是最近几年,特殊学生家庭经济情况数据会直接从各省市反馈到各个高校,比如重庆市学生资助中心,每年都会提供在校大学生家庭情况调查分类统计表,建卡贫困户、低保户、残疾家庭子女等一目了然,这些数据都达到了给基层老师和学生减负的目的。学生生源地政府部门完善并及时更新学生的家庭经济数据库,并将数据库内容在各高校内部范围进行共享,可以让各高校资助工作人员更精准地掌握申请资助学生全方位家庭经济数据信息,便于各高校资助中心切实落实资助目标,真正做到提高资助资金在各高职院校的使用效率。

(二)成立专业的资助工作队伍

近年来,由于高职院校家庭经济困难学生的认定工作受众面逐年增加,资助金额逐年增大,工作细节逐年细化,认定过程逐年透明化,学校中家庭经济困难学生认定工作人员的工作压力也逐年增加。因此,在条件允许的情况下,应组建专业的学生资助工作队伍,对现有在岗在职学生资助工作人员进行培训,让他们了解大数据在认定学生家庭经济情况时的重要性,为基层学生资助工作人员减负。

高职院校学生资助工作队伍的建立不仅包括校内资助队伍,还包括学生生源所在地的政府和民政部门等。一是高职院校内部资助工作队伍的建立。高职院校内部资助工作队伍是影响学生资助工作成败的重要部分,这主要是指在高职院校学工部以及二级学院学管科成立专门的资助工作队伍。高职院校家庭经济困难学生的认定工作是高职院校学生管理工作的重要环节,也属于高职院校思想政治教育的重要阵地。因此,加强对学生资助工作队伍的管理、培养和培训,可以大大提高现阶段高职院校家庭经济困难学生认定工作的效率和精准度。二是高职院校学生生源所在地的资助工作队伍的建立。这支队伍是由生源地基层政府设立的针对高校学生的资助工作部门,其工作部门的主要职责是调查并核实学生所提交家庭经济困难佐证材料的真实性,尤其是申请者佐证材料中的学生家庭经济收入、家庭成员工作情况、家庭目前在读子女情况、家庭是否存在特殊困难情况,通过生源所在地的资助工作队伍对学生的申请材料和佐证材料进行初步审核,有利于在源头上确保高职学生申请内容的准确性。

1.加强专业的资助工作队伍管理

(1)构建院校四级资助机构体系,明确每一级别机构体系的职权责。通过从学校到二级学院从上到下构建四级资助机构体系,见图4.1,有利于高职院校的资助工作更加有序、科学、系统。院校四级资助机构体系主要包括学校学生资助管理部、学校领导资助工作组、二级学院学生资助领导小组和班级民主评议小组。为了更好地完成学生资助工作,需要明确界定每一层级工作人员的岗位、职责以及权利,督促每一层级的资助工作队伍完成资助工作。

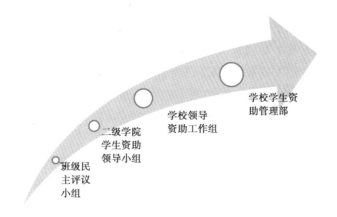

图 4.1　院校四级资助机构体系

(2)知人善任,选聘学生资助工作人员。由于高职院校的学生资助工作内容较多,不仅需要对以申请为前提的学生资格进行判定,还要实施资助,最后完成对学生的后期追踪。学生资助整个环节涉及的工作内容繁多,不仅涉及学生资助的政策体系、认定体系和资助体系,而且还涉及后期的材料整理以及存档,整个工作环节对学生资助工作人员的能力、思想政治素质和道德情操的要求比较高。因此,必须知人善任,按照学生资助工作人员的工作能力匹配相应的岗位。第一,建立院校级别学生资助研究工作小组,通过校内外邀请在学生资助认定领域有一定研究成果和实践经验的专家,结合本高职院校工作实际,制定符合本高职院校家庭经济困难学生的认定量化认定体系。认定体系需要进行反复验证,并不断净化,最终形成《家庭经济困难学生认定体系表》需要符合本校家庭经济困难学生的工作实际。《家庭经济困难学生认定体系表》的形成不仅有利于减轻学工部资助管理中心、辅导员、班主任和学生代表的负担,而且有利于确保学生资助认定工作的精准度。第二,在条件允许的情况下,需要在二级学院设置专职的资助工作人员,专职的资助工作管理人员不仅需要具备过硬的专业技能、理论知识以及思想政治素质,而且需要全面理解国家教育部、各省市教育机构颁发的学生资助政策和文件;不仅要熟练掌握学生资助认定的流程,而且要能够随机应变,结合院系学生资助工作的实际情况,采取恰当有效的认定办法。

(3)适当激励资助工作队伍。第一,对学生资助工作人员进行物质激励。学生资助工作队伍可以实施专门的学生资助工作考核,工作成果显著的学生资助专员,通过绩效工资、岗位津贴、奖金等形式对其进行适当的物质奖励。而学生资助工作未达到考核标准的专员,可以减少奖励或者不奖励。由于学生资助专员的工作失误,导致学生资助工作被投诉,或者出现学生资助资金被挪用的情况的,年底考核可以降低档次。通过降低工资和津贴标准来体现,要确保惩罚力度适中,以保障学生资助工作人员的日常生活为基本原则。第二,对学生资助工作人员进行精神动力激励。根据马斯洛的需求层次理论的要求,任何人在满足生理、安全需求后，会追求社交、尊重以及自我实现等精神层面的需求，因此对学生资助工作人员进行精神动力方面的激励也异常重要。可以通过对学生资助工作人员进行精神鼓舞，如职称评定加分、加强职业精神培训、荣誉称号以及学生尊敬等方式来实现其人生价值。第三，对学生资助工作人员进行信息动力。对于任何岗位来说，员工掌握的专业技能和信息越多，其工作成就感就越强，工作动力也就越大，工作效果也就越显著。因此，对于学生资助工作人员来说，学校可通过定期对学生资助工作人员开展工作技能培训、讲座、短期学习班的方式，让学生资助工作人员及时掌握各级政府以及院校出台的各项资助政策、文件、信息和办法，以便他们能及时将这些信息运用到实际的学生资助认定工作过程中。

（4）提高资助工作队伍的科学研究能力。要及时鼓励学生资助工作人员在实际工作中积累工作经验，并及时将实践与理论结合起来，将工作经验和理论基石转化为行之有效的科研成果。在提供工作能力的同时，也可提高自身的科研能力。工作实践是科学研究的前提，而科学研究是工作实践的进一步升华。各高职院校要鼓励学生资助工作人员在工作之余进行学生资助工作的相关研究，通过发表学术期刊、出版著作、申请项目、参加各级各类学术交流会和座谈会等方式，进一步创新学生资助工作实践。

2.注重资助工作兼职人员的培养

目前，由于受到资金、人员、设施等各方面的条件限制，高职院校专门的学生资助工作人员设置较少，为了更好地进行学生资助工作，需要在建立专业学生资助队伍的基础上，培养一定数量的资助工作兼职人员以保证学生资助工作的顺利开展，提高学生资助工作的成效。

（1）设立学生校务管理助理队伍。通过设立校领导助理岗位、学工部学生资助工作部助理岗位、二级学院的学生资助领导小组助理岗位，进一步完善学生校务管理助理队伍。通过对助理队伍开展针对性的学生资助工作培训，让他们能够全力协助学生资助工作人员的工作。当然，对于校务管理助理队伍的成员，也需要根据成员的工作年限、工作成就、工作熟练程度等，定期对其进行考核，并按照对资助工作人员的激励措施，对学生校务管理助理进行适当的物质激励、精神激励以及信息激励。

（2）组建院系民主评议小组。二级学院民主评议小组的建立，可以模仿学生会或学生社团的成立模式，通过从历届团委学生会选拔成员的方式，构建一个院团委下属的民主评议小组，这个民主评议小组与其他学生社团类似，可以给予学生适当的综合素质学分，便于激励优秀学生主动加入到该组织。此外院校民主评议小组的人员构成，要协调好普通学生与班委的比例、家庭经济困难学生与非困难学生的比例、各个年级学生的比例，这样可以使民主评议小组成员之间相互监督、相互交流、相互促进。基于学生资助工作的重要性，院系民主评议小组的选拔要满足以下几点：首先，需要小组成员思想政治素质过硬，公平公正，诚信坦诚，这样能够确保他们在实际工作中降低凭关系认定、错误认定事件的发生。其次，小组成员还要能主动、认真地学习国家教育部、省市教育厅和本院校制定的资助认定政策及文件，熟练掌握资助认定的程序和方法。最后，要及时对院系民主评议小组进行有针对性的培训,并根据工作实际,不断完善院系资助认定工作的方式方法。

（三）优化家庭经济困难学生认定机制

构成高职院校家庭经济困难学生认定机制的基本要素有:为家庭经济困难学生认定提供保障和监督的相关法律法规和政策文件;指导家庭经济困难学生认定的科学、合理的认定标准;完善家庭经济困难学生认定的相关制度;提供家庭经济困难学生认定需要的各种数据和信息平台。优化高职院校家庭经济困难学生的认定机制就要求将相关法律法规和政策文件、相关制度、认定标准以及各种数据和信息平台进行整合,并按照一定方式方法进行机制运行,全面发挥各构成要素的功能,实现1+1>2的效果。

（1）通过国家教育部、各省市教育部门和各高职院校制定的相关法律法规及家庭经济困难学生认定相关办法,保障高职院校贫困认定机制的顺利实施。约束功能是高职院校家庭经济困难学生认定机制中的基本功能之一,约束功能分为限制功能和保障功能。限制功能通过给受资助的学生划分一定的权力和义务范围,受资助学生在此权力和义务范围之内,在行使权利的同时,还需要严格履行自己的义务,其权利和义务范围不能突破此范围。保障功能就是通过进一步明确受助者的权利,尤其是受助者在履行义务时所享有的权利,避免受助者的权利受到损坏。国家教育部、各省市教育部门和各高职院校制定相关的法律法规及学生认定相关办法,可以从制度上保护受助者的权利和义务,从法律上杜绝并打击一切违规的资助认定现象,从而保证高职院校家庭经济困难学生认定工作的顺利开展,保障高职院校家庭经济困难学生的合法、合理、合规的受资助权利。

（2）健全高职院校家庭经济困难学生的相关认定制度。制度具有引导、规范作用,可规范高职院校受资助学生的权利和义务,并能明确地引导学生资助工作。制度具有强制作用,在制度范围内所有符合制度规范的成员都需要在范围内遵守制度规定。制度还具有稳定作用,此稳定作用能够保证它在短时间内不会因为个人的主观变化而发生改变。因此,建立高职院校家庭经济困难学生认定相关制度和完善有利于进一步完善和优化家庭经济困难学生的认定机制。

（3）完善高职院校家庭经济困难学生认定调查制度的建设。由于目前我国对家庭经济困难学生情况调查结果是学生及所在家庭经济情况的直接反映,调查结果也是学生是否被认定为家庭经济困难学生以及是否给予资助、给予多少资助的直接参考,因此,高职院校学生家庭经济状况调查的真实性是直接关系到我国高职院校家庭经济困难学生认定工作成败的关键环节。但是,由于学生的家庭经济情况调查具有很大的人为操作性和主观性,而且我国目前在学生家庭经济情况调查方面的相关制度还不完善,因此仅凭目前的学生认定调查制度还不能全方位如实反映学生及家庭的所有经济状况。所以,我国高校学生的家庭经济情况调查的制度建设刻不容缓。目前,我国通常使用的方式是根据学生提供的《高等学校学生及家庭情况调查表》、生源地政府相关部门出具的学生及家庭经济状况的贫困证明以及相关佐证材料来反映学生及家庭的经济状况。但部分工作人员不负责任的态度,以及制度的缺陷,使得目前学生贫困证明不能如实地反映其家庭经济状况,这给高职院校家庭经济困难学生的认定工作造成了很大的难度和阻碍。因此,进一步完善高职院校家庭经济困难学生认定调查制度的建设,明确生源地相关政府部门的职责范围,并及时对其工作进行监督和管理,有利于提升我国高职院校学生资助工作成效。

(4)建立高职院校家庭经济困难学生认定的信息化平台。在大数据背景下,应该以政府为主导,政府财政部门、民政部门和银行等金融机构为辅助、各高职院校内部的各种信息系统为主要阵地构建高职院校家庭经济困难学生认定信息化平台。在信息化平台中,能够全面、清晰地了解到学生真实的家庭经济信息和数据。并且,通过平台上信息和数据对相关部门和高职院校进行共享,可以进一步为高校在平台上获取所需要的学生相关数据和信息提供便利,进而掌握学生家庭经济情况的真实、有效、动态的数据,并对家庭经济困难学生进行有效的贫困认定和跟踪管理。需要特别提出的是,高职院校家庭经济困难认定信息化平台的建立必须由相关部门专人专职负责,以便最大限度地防止学生个人及家庭信息泄露,使得学生困难认定工作和资助工作更加暖心,通过保护学生的隐私,体现对学生本人和家庭的尊重和负责。

四、确保认定监督机制

(一)明确核查监察方式

目前在各个高职院校的家庭经济困难学生认定工作中监察和复查的对象主要是申请资助的家庭经济困难学生本人及其父母、家庭经济困难学生生源地的村乡居委会、街道办事处、乡镇政府以及学生的街坊邻居,通过向以上对象采取合适的核查方式来了解受资助学生的家庭经济真实情况。而目前比较常用的监察和复查的方式主要是实地考察、信件核实、致电了解、网上信息平台核实等。在这些核查方式中,最直接最原始的核查方式就是实地走访学生的家庭所在地,通过实际访谈和调查获得学生家庭经济状况的第一手资料。实地走访的优点是真实度较高,缺点是人力、物力、财力和时间的投入较大,尤其是高职院校的家庭经济困难学生数据较大,如果针对家庭经济困难学生均采取实地走访的方式,则会无形之间增加走访成本,这些走访成本高职院校难以负担。因此,为了降低成本,但又不降低资助工作的质量,目前绝大多数高职院校均采用抽样的方式对少部分家庭经济特别困难的学生或者对处于同一贫困地区的该校的贫困学生进行实地走访。此外,由于高职院校的师生寒暑假自由时间较多,所以目前众多高职院校会通过寒暑假对学生表示慰问、寒暑假社会实践、暑期三下乡等方式进行学生资助认定的复查工作。利用寒暑假进行走访的方式不仅可以提升师生的社会调研能力和科研学术能力,还可以按时、保质保量地完成高职院校对家庭经济困难学生认定和学生资助工作的监察和复查。

(二)拓宽高职院校内部民主监督渠道

高职院校家庭经济困难学生的认定结果直接跟学生受资助资金挂钩,为确保国家、社会和学校的每一笔资助资金都能够帮助到真正需要的同学,为了保证家庭经济困难学生认定过程的公平性以及家庭经济困难学生认定结果的准确性,需要进一步拓宽高职院校内部民主监督渠道。学生之间也需要通过互相监督的方式，通过建立并拓宽反馈意见的渠道，搜集各方面意见，消除部分学生在贫困认定过程中的疑心，消除民主评议小组成员与申请贫困认定的学生之间的误会，化解学生之间的矛盾。当代高职学生普遍存在着民主意识强烈，追求公正、公平、公开的心理，因此，只要高职院校在拓宽民主监督渠道时，管理得当、方法正确、渠道合理，就能广开言路，让学生们真实表达对家庭经济困难学生认定结果的想法和建议，让学校资助工作者能够更快更准确地了解学生的真实家庭经济情况，掌握学生的切实资助需求。目前，中国高职院校在学校主要楼栋、学工部学生资助中心以及二级学院学管科办公室门口均设立了学生资助工作意见信箱，方便学生及时发现问题，并提出建议，在学校学生资助认定办法文件上面以及意见信箱上面也附有学生资助工作举报电子邮箱地址以及学生资助工作举报电话。在大数据背景下，随着网络的快速发展以及网络在学生群体中的普及，可以利用网络力量对高职院校的学生资助工作进行监督，例如利用在学生群体中广泛使用的 QQ、微信、小程序、App、微博、校园贴吧等网络方式，增加资助工作的举报和监督途径。

拓宽监督途径可以让更多的学生参与学校的资助工作。因为在高职院校中，最了解学生群体的日常消费情况的是与其朝夕相处的同学特别是室友，他们相互之间的了解程度也是非常深刻的，对于申请家庭经济困难认定同学平时穿什么档次的衣服，用什么品牌和价位的手机，所使用的电脑是什么价位的，有无高档消费品及奢侈品，日常消费情况怎么样，是否经常出入高档消费场所等情况，通过班级和寝室同学的日常观察都可以得出直接准确的结论。学生通过对申报资助同学的日常消费情况和学校认定公示结果进行比对，认定结果是否反映了学生平时的真实消费情况就一目了然。如果有同学在公示期间发现认定结果档次不能真实反映申报学生平时的消费情况，他们可以通过多种反馈渠道，对贫困认定工作进行民主监督。学校学工部资助管理中心可以在每年的家庭经济困难学生认定公示期，通过畅通并拓宽反馈渠道，让学生将意见直接反馈给对应的负责老师，并做好工作记录以便进行复查。为防止个别同学无理取闹刻意扰乱学生资助工作或者学生的无效意见过多、反馈过杂，学生反馈意见需要经过辅导员的初审和许可，并上报至二级学院学管科，二级学院学管科通过初步调查后，证实学生反馈意见属实，再由学生将意见反馈至学校学工部资助管理中心。对于学生反映的情况和意见，学生资助工作人员要认真听取、仔细核查、严格核实，既要相信广大学生，又要在事实基础上认真分析调查；既要相信，但又不能盲信，要避免偏听偏信而影响学生资助工作。对于所有学生的实名信件反映的问题，要及时反馈给班级的辅导员，并及时进行调查处理，保障学生的切身利益不受侵犯。同时，还要注意加强对反馈同学的个人信息以及反馈意见的保密措施，以便维护监督学生的正当利益。对于经过事实查实的部分伪造虚假贫困材料、提供虚假申报材料的学生，要及时进行认定结果的更正工作，并公示虚假家庭经济困难学生的处罚公告。通过广大学生群体对学生资助工作的民主监督，不仅可以提高学生资助的效能，还可以实现高校学生帮扶公开、公正运行，确保资助育人目标的实现。

（三）建立家庭经济困难学生生源地认定监督和问责机制

在整个家庭经济困难学生的认定过程中,最直接接触、最了解学生本人及其家庭经济情况的莫过于学生生源地所在当地居委会和政府。但是,由于在实际对学生家庭经济情况进行认定的过程中,学生生源地所在居委会和乡镇政府主要承担的是学生家庭经济困难材料的开具和盖章环节,他们不直接进行认定,最后的审核部门、发放资助资金部门不是他们,因此会出现对学生自己写的佐证材料和申请材料照单全收情况,甚至有时候内容都不看,就直接进行盖章签字的情况,最终导致高职院校难以全部掌握和认可学生申请材料和佐证材料的可信度。如果能够在家庭经济困难学生生源地建立起较为完善的认定监督和相关的问责制度及操作规范,就能从源头上确保生源地认定材料的可靠性、准确性和真实性,这能使生源地在学生家庭经济困难学生认定工作中发挥应有的作用,减少生源地在学生家庭经济困难学生认定工作中产生的不必要的阻碍。当然,想要进一步完善家庭经济困难学生生源地认定的监督和问责机制的制度和法律法规,还离不开高职院校这一认定主体的共同参与,只有这样,才能使高职院校的家庭经济困难学生认定工作真正发挥其最大功效。相关的监督和问责机制的制度主要包括:生源地的家庭经济困难学生认定主体的确定——要从政府、社会、学生、高校等各个层面进行;建立完整的家庭经济困难学生生源地主体监督管理机制——做到责任追究、信息公开、随时监督、及时问责。

五、畅通反馈复查机制

（一）建立对家庭经济困难学生的调查和公示制度

由于目前我国在家庭经济困难学生的调查和公示环节的制度还不太健全,部分家庭经济条件并不差,但是企图通过钻政策的空子而占有国家家庭经济困难学生资助资金的现象屡见不鲜。因此,为了杜绝这种通过不正当手段而获取国家资助资金现象的发生,就需要建立对家庭经济困难学生的调查和公示制度。为了公平、公正、公开地开展高职院校家庭经济困难学生认定工作,需要对申请资助的学生家庭做好充分的调查工作,还要对被认定学生的名单和档次在全校范围进行公示,接受全校师生的有效监督。通过公示,部分企图占用国家家庭经济困难学生资助资金的学生及其家庭被暴露出来,并被及时清除、替换。综上所述,建立健全对高职院校家庭经济困难学生的调查和公示制度,不仅可以保证家庭经济困难学生认定工作的实际效果,而且可以把贫困资助发放到真正需要帮助的家庭经济困难学生手中,有利于提高我国贫困资助资源的使用效率。此外,公示反面教材,有利于通过案例教育来告诫部分伪"家庭经济困难学生"们,通过弄虚作假的手段来骗取贫困资助资源的行为是可耻的是要承担后果的。

（二）建立对家庭经济困难学生的定期监督反馈和沟通机制

除了建立对家庭经济困难学生的调查和公示制度之外,还要建立对家庭经济困难学生的定期监督反馈和沟通机制。家庭经济困难学生认定工作不会随着认定结果公示的结束而结束,家庭经济困难学生认定工作是一个永无止尽的过程,在资助资金发放之后,还需继续对被认定的家庭经济困难学生所获得资助资金的使用情况、适用范围及其生活情况进行定期或不定期的调查，并及时将调查结果反馈至相关部门。如在调查中发现学生存在弄虚作假、谎报、虚报、瞒报自己家庭经济情况而骗取国家资助资金的行为，要及时进行处理。不仅要停止发放后期的资助资金，对于前期已经发放的资助资金也要设法及时追回。如通过调查发现部分学生对国家资助资金存在使用不当，肆意挥霍，购买高档用品，大肆宴请班级同学尤其是班级民主评议小组成员等行为的，立即制止、纠正并进行批评教育，对于情节严重、态度恶劣、屡教不改的学生要追回资助资金，对于宴请班级民主评议小组成员，被查实学生本人和班级民主评议小组成员共同弄虚作假的，不仅要对该学生进行追究，还要追究班级民主评议小组成员的责任。建立对家庭经济困难学生的定期监督反馈和沟通机制，不仅可以通过资助工作的稳定来促进学校的稳定和健康发展，而且可以通过在学生中推行民主制度推进民主治校，维护资助资源使用的公平、公正性。对家庭经济困难学生的定期监督反馈和沟通机制在学生中一旦建立实施，高职院校在学生管理和资助管理工作中的"立德树人"根本任务便得以体现。此外，相关工作人员通过定期与学生进行沟通、了解，不仅可以充分了解学生群体对学校资助工作的意见和想法，让全校学生更加了解国家、学校的资助政策、资助条件、资助管理的相关问题，而且可以通过问题解答的方式更好地解决高职学生在学生资助申请方面遇到的实际困难，提高学生资助工作的精准性，进而对推动整个学校管理的质量都具有一定的意义。

（三）改善贫困认定的复查机制

在学生的资助工作中，家庭经济困难学生档案信息库的建立非常重要。要根据实际情况，对家庭经济困难学生档案信息库及时更新，并及时进行复查，以便能够最全面、最真实地掌握家庭经济困难学生的档案信息，保障家庭经济困难学生认定工作的顺利进行。高职院校家庭经济困难学生认定的复查机制建立，是高职院校关心和帮助家庭经济困难学生的重要体现，是我国打赢脱贫攻坚战的重要环节。根据各高职院校的实际工作，目前家庭经济困难学生认定的复查工作往往通过书面报告、口头交流或是学生生源地民政部门出具的贫困证明进行，但是缺乏深入实地地调查了解。造成复查机制停留在书面材料的原因之一是高职贫困学生众多、人多量大，大面积实地走访调查复查的难度较大；原因之二是高职院校在此方面的配套经费较少，缺乏人力、物力、财力和时间的支持。因此，各高职院校要改善贫困认定的复查机制，通过争取经费支持的方式，为贫困认定的实地调查和复查创造条件。在各项条件支持的情况下，可以通过随机抽选家庭经济困难学生的方式对其进行家访复查，通过实地走访，往往能发现一些学生实际家庭经济情况与其在校困难生数据库建档情况不相符的问题，如：学生在校贫困认定的等级低于学生实际的家庭经济困难情况，学校可以适当提高学生贫困认定等级，加大对特困学生的资助力度；对于学校贫困认定等级高于学生实际家庭经济困难的情况，学校也可通过降低其贫困认定等级的方式将资助给予更有需要的学生；对于部分学生家庭并不贫困，但为了获得国家和学校的资源而提供虚假贫困材料和虚假证明的情况，要及时进行严厉的批评教育，结束其后期资助,并及时追回前期已发放资助资金。可见,实地走访不但能够更全面地了解学生家庭的实际经济情况,促进学生资助工作的更好开展,而且可以实现"家校互动",促使学校管理与家庭教育双管齐下形成合力,促进学生资助工作的效果。相关工作人员通过对学生家庭经济状况的实地走访复查,不仅可以了解学生资助工作的成效,还可以获取学生家庭经济状况的最新数据,对那些通过弄虚作假骗取资助资金的行为,也可以有效遏制。

六、开设诚信追究机制

(一)对申请资助的家庭经济困难学生进行诚信追究

目前,各个高职院校的家庭经济困难学生认定工作由学生、学生所在班级民主评议小组、辅导员、学生所在二级学院、学生工作部等相关人员和相关部门共同参与而完成,通过各部门和各人员的通力合作,可以最大程度地保证高职院校家庭经济困难学生认定工作的公开、公平、公正。在这个过程中,也存在着不少弊端,比如职责不清、推诿责任、诚信缺失、互相争权等。例如,在家庭经济困难学生认定的过程中经常发生个别学生的家庭经济状况并不符合认定为家庭经济困难学生的标准,但是部分学生存在国家资助资金不要白不要、不争白不争的心理,为了能够获得学校资助资金而通过找相关领导进行哭诉,或者通过向学校以及省市级资助中心进行投诉的方式获取资助,这无形中给高职院校的家庭经济困难学生认定工作带来了很大的负面影响。其他学生认为学生资助不是看学生的家庭经济状况,而是看学生的无理取闹途径、向上投诉的渠道,这样不可厚非地会降低学校贫困认定结果的公信力。因此,为保证高职院校学生资助工作的顺利开展,必须建立健全学生诚信追究的相关政策和措施,明确各主体之间的权利和义务。家庭经济困难学生的申请工作由学生自己完成;家庭经济困难学生的推荐工作可由班级其他同学和班级成员共同完成;家庭经济困难学生的初步认定工作可由各班班委、民主评议小组以及辅导员(班主任)共同完成;最后的审批工作由学生所在二级学院的家庭经济困难学生认定小组(包括:二级学院党总支副书记、学管科长、团总支书记及各班辅导员、班主任)和学生工作部共同完成,在整个高职院校的家庭经济困难学生认定工作的各环节中需要由学生、班级同学、家长、老师、高校相关部门共同监督,还需要建立健全高职院校家庭经济困难学生认定工作的诚信责任追究制度,以加强监督的有效性。

诚信追究机制是高职院校对学生开展诚信教育的一部分,对学生的诚信教育隶属于高职院校资助育人工作的重要组成部分。通过建立高职院校家庭经济困难学生的诚信追究机制,不仅可以提高高职院校资助育人工作的成效,还可以将有限的资助资源发放到最需要的学生手中,以保证国家教育资源的正确分配。因此,严惩在家庭经济困难申请材料和佐证材料上面弄虚作假的行为,与对学生开展诚信教育有着同等重要作用。根据对个别高职院校的问卷调查和访问,发现在现行的家庭经济困难学生认定机制下,为了金钱利益而谋取国家、社会和学校资助资源的情况并非个别高职院校的个别现象。通过开具虚假贫困证明、编造家庭经济困难情况来欺骗学校辅导员和身边同学的情况也屡见不鲜。

如果不对这种缺失诚信的行为进行严惩教育,则会助长更多不正之风,严重阻碍高职院校学生资助工作的开展。因此各高职院校的学工部及二级学院学管科需要制定相应的规章制度和纪律守则,加强对学生的诚信教育,以教育为主、制度为辅的方式对学生进行道德感化。对于个别冥顽不灵,坚持继续对家庭经济困难材料弄虚做假的学生,一经查实,则需立即处理。通过思想教育为主、制度约束为辅的方式,刹歪风,树正气,创造高职院校良好的资助育人环境。

（二）对学生生源地政府工作人员进行诚信追究

高职院校对家庭经济困难学生认定最原始的依据就是学生提供的《高等学校学生及家庭情况调查表》《高等学校家庭经济困难学生认定申请表》以及当地基层政府开具的家庭经济困难佐证材料。关于高校困难生界定标准和概念,要基于政府单位的规定和执行办法,并结合具体高职院校实际,但是我国幅员辽阔,东中西部地区发展水平不一,使得来自不同省市、不同地区的同学开具的贫困佐证材料以及认定标准存在着很大的差距。况且,生源地政府只负责材料盖章,不负责资助资金的发放,使得部分生源地政府在对本地区学生进行认定时,本着送人情的心态,对材料不加核实,随意加盖政府公章。在这种情况下,高职院校的学生资助工作人员往往难以核实学生材料的真假。因此,要对学生生源地政府工作人员进行诚信追究机制,要求学生生源地政府工作人员熟知家庭经济困难学生的判定标准、相关制度文件和认定办法,并按照规定进行材料的审核、盖章。学生生源地政府工作人员应了解公务人员的执行权利以及需要担负的责任,人权责需要一一对应,如果发现学生生源地政府工作人员由于工作失职而加盖虚假贫困证明情况,需追责到个人。其次,对于为了霸占资助资源而虚假提供家庭经济困难材料的学生,高职院校要建立伪家庭经济困难学生的相关惩罚机制。不仅要取缔伪家庭经济困难学生的资助资格,而且要将这一行为记录进学生个人的诚信档案。此外,对于包庇、动员学生在贫困材料上面弄虚作假的学生家长也要给予惩罚,记入其家庭不诚信记录,并通报到学生生源地所在基层政府以及学生家长所在工作单位,如果情节特别严重,造成后果特别严重的,还需要进行罚款处置。综上,通过制定学生生源地基层政府、学生及家长的诚信处罚措施,对各认定主体责任的明确,有利于从源头上降低伪家庭经济困难学生出现在高职院校的概率,减少暗箱操作的现象,通过资助公平来促进教育公平的实现。

第五章 大数据背景下高职院校家庭经济困难学生发展型资助体系构建的必要性与可行性

随着经济全球化的深入发展,各国之间综合国力的较量也愈加激烈,人才在各国综合国力的竞争中扮演着重要的角色。要推进国家综合国力的发展,必须推进教育的进一步发展,不断提升我国高职院校的人才培养任务,实现我国从教育大国向教育强国的蜕变。实现我国教育的进一步发展,保证教育的公平性非常重要,而我国现行的资助政策恰是为了促进教育的公平性。因此,在现行教育资助下,在资助育人目标的要求下,推进高职院校家庭经济困难学生资助体系构建,有利于培养适合我国国情的、全面发展的技能型高职人才,有利于促进我国教育的进一步发展。在大数据背景下,推进我国高职院校家庭经济困难学生资助体系构建既是刻不容缓的一项任务,又是符合我国教育决策的一项举措。

第一节 高职院校学生的发展需求为资助体系的构建提供了现实基础

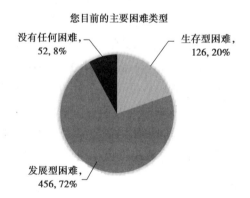

您目前的主要困难类型

没有任何困难,
52,8%

生存型困难,
126,20%

发展型困难,
456,72%

图 5.1 高职院校家庭经济困难学生
目前的主要困难类型

在我国经济飞速发展,人们生活水平不断提高的背景下,在我国目前比较完善的资助体系的前提下,高职院校学生目前关注的重点并不是生存型困难,而是呈现出多种多样的发展型需求,学生越来越渴望解决目前存在的发展型困难。如图 5.1 所示,通过对高职院校的 634 名家庭经济困难学生发放调查问卷,问卷结果显示,接受调查的高职院校家庭经济困难学生中,有 456 名同学认为目前的主要困难类型是发展型困难,占比 72%;有 126 名同学认为自己目前的主要困难类型是生存型困难,占比 20%;而仅有 8% 的同学认为目前自己没有任何困难。从调查结果可以看出,在高职院校学生群体中,大家反馈得较多的困难为发展型困难。因此,现阶段高职院校学生的发展需求为建立促进学生全面发展的资助体系构建提供了现实基础。学生目前存在的发展型困难,主要通过解决学生目前的经济需求、思想道德需求、心理需求、技能需求和就业需求来实现。

一、高职院校家庭经济困难学生的经济需求

（一）家庭经济困难学生产生经济需求的原因

满足学生经济需求是学生资助工作的初始目标和基本目标,经济需求也是家庭经济困难学生的基础需要。从目前我国高职院校的资助力度和资助效果来看,大部分高职家庭经济困难学生的基本生活和学习需求能得到保障。如图 5.2 所示,通过对高职院校的634 名家庭经济困难学生发放调查问卷,问卷结果显示,接受调查的高职院校家庭经济困难学生中,超过半数的同学认为目前国家的资助体系已经部分解决自己所存在的经济问题;90 名同学认为现行的资助体系已经能够完全解决自己的经济困难;而还有极少部分同学认为目前还存在经济需求。这说明我国的资助体系和资助政策虽然取得了一定成效,但还需要继续执行,需要持续性地帮扶部分特困学生,以便继续巩固目前对学生的经济资助成果。通过对个别家庭经济困难学生沟通交流,笔者了解到部分同学仍存在家庭经济困难的主要原因是家庭中正在上学的孩子较多;其次是家庭成员的身体健康状况直接与家庭经济状况相关;最后,来自个别欠发达地区的贫困学生,由于生源地所在地区环境闭塞,交通不便,也造成了当地经济的落后,使家庭经济负担较重。

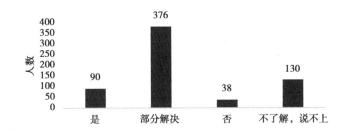

图 5.2　现行的资助政策对家庭经济困难学生经济问题的解决程度

（二）满足家庭经济困难学生经济需求的措施

根据马斯洛需求层次理论,人的需求从低到高依次分别为生理需求、安全需求、社交需求、尊重需求和自我实现需求五种。家庭经济困难学生的经济需求属于马斯洛需求层次的低级别需求,属于比较容易满足的需求,在时间上来说属于暂时性、短期的需求类别,可以通过外力来满足学生的经济需求,例如可以通过加大对学生的经济资助,为学生发放学习和生活用品,为学生购买往返学校的车票,为学生提供勤工助学岗位等方式进行开源,通过助学贷款减轻学生家庭压力等方式满足学生的经济需求。此外,事实证明,目前我国高校的各项资助政策和措施对缓解学生及家庭的经济困难有着重要作用,对满足学生的经济需求有着重要意义。因此针对部分仍然存在经济困难和经济需求的家庭经济困难学生,要继续向其宣传国家的资助政策,做到帮扶的持续性和有效性。

二、高职院校家庭经济困难学生的思想需求

(一)家庭经济困难学生产生思想道德需求的原因

1.传统教育思想的束缚

在孔子时代,我国的教育模式就确定了以"以德主教、以德统智"为准的基调。我国的传统教育思想最初并长期把学生视为是被动接受教育的身份,这种传统教育思想使学生在学习过程中缺乏自主性、主动性以及学习选择权。而在 1949—1976 年,我国教育主要服务于我国政治。此时期我国教育思想受到苏联"一边倒"方案的影响,过于片面强调教育要以学科为中心,教育要以课堂为中心,教育要以教师为中心的三个中心模式,仍然没有重视学生自我的主体性发展。1978 年的十一届三中全会,党中央提出"以经济建设为中心实现现代化"的方针。虽然这个时期我国逐渐引入西方先进的教育思想和经验,并在教育改革中强调注重学生主体性和自觉性的发挥,重视学生的能动性功能,但在实际教学活动中仍然摆脱不了传统灌输式教学方法的影响。

1985 年,《中共中央关于教育体制改革的决定》的颁布标志着我国的教育事业逐渐步入正常轨道。《中共中央关于教育体制改革的决定》提出"教育必须为社会主义建设服务,社会主义建设必须依靠教育",也预示着我国教育价值观的重大变化。2002 年,中国共产党第十六次全国代表大会在北京召开,会议提出"以人为本"的教育思想,我国的教育逐渐开始重视学生的自我发展需求。目前,经过几十年的改革开放,中国特色社会主义经济建设也取得了举世瞩目的成就,我国的教育制度也逐渐与世界教育思想和制度接轨,但是家庭经济困难学生追求自由民主的思想道德需求与当前社会的部分传统僵化的伦理道德和思想观念逐渐产生矛盾,学生亟须解放思想,形成与当代社会经济发展相一致的道德思想。

2.高校道德教育创新力度不够

由于我国社会发展的重心长期以经济建设为中心,而高职院校的主要任务是为社会主义现代化建设事业培养高素质技能人才,因此在以经济建设为中心的大环境下,我国教育制度的发展也是基于经济建设而制定相关教育方针和措施,高职院校的重点工作也围绕着提高学生的技能水平、专业知识以及专业储备,这使我国高职院校弱化了甚至忽视了学生的思想道德教育。近几十年来,虽然我国的经济发展水平有了很大的进步与发展,但是高职学生的思想道德水平却没有跟上经济的同步发展速度。近年来,虽然我国教育方针逐渐将高职院校的思想政治教育提上日程,也树立了"立德树人"的根本任务,但是目前部分高职院校对学生的思想政治教育还流于表面。部分高职院校对思想政治教育教师和思想政治辅导员的重视不够,使学生道德教育教师的工作激情较低。甚至在部分高职院校,思想政治辅导员的地位非常低下,目前的主要工作还集中在对学生生活、寝室的管理上,部分学生直接将思想政治辅导员等同于宿舍管理员,这严重挫伤了高职院校思想政治辅导员的工作积极性和工作动力。可见,高职院校在对学生思想道德教育方面的科研

投入、师资培训、教师重视程度、课程改革、工作方式、工作重要性、技术革新及环境营造等方面认识不够,投入和创新力度严重缺乏,使我国高职院校对学生的思想道德教育缺乏针对性、实效性,使我国高职院校对学生的道德教育工作流于形式,使我国高职院校思想道德教育效果差强人意,难以满足高职学生在思想政治教育和道德素质方面的发展需求。

3.对高职学生的思想道德需求了解不到位

高职学生是我国思想道德教育的主体之一,而高职院校的家庭经济困难学生又是高职院校学生的重要组成部分。因此,对大学生的思想道德需求的正确把握有利于我国高职院校针对学生特点而制订有针对性的教育教学计划和对应的思想政治方案,以提高我国思想道德教育的效果。高职阶段对学生独立健全人格的形成,专业知识和能力的提高,从学生到"社会人"的转换都有着特别重要的意义。在学生高职学习阶段这一特殊时期,在大数据背景下,学生在思想道德方面的需求主要体现在技能比赛和学术道德、网络道德、专业和职业伦理道德以及婚恋道德方面。

(1)高职院校学生在校的首要身份是学生,学生有着自我发展和实现的需求,而在学校范围内,学生主要通过专业知识学习、职业技能比赛以及学术能力等方面体现其作为学生的特殊价值。随着我国大数据的快速发展,高职学生可以非常方便快捷地了解本专业相关的最前沿的学术信息和动态,大数据的发展也为高职学生进行学术科研和技能比赛提供了极大方便。从辩证的角度来看,大数据的发展为高职学生学习、技能提升、科研提升等方面带来便利的同时,也为其通过网络进行学术剽窃、技能窃取等提供了可乘之机。而窃取他人技能比赛成果、学术剽窃、盗用数据等现象侧面体现出当前高职学生思想道德缺失,也体现出高职院校在思想道德教育方面的教育未能及时、有效地满足学生的当前需求。

(2)大数据背景下高职学生的网络思想道德需求强烈。当今社会,通过大数据熟练使用网络已成为高职学生常见的生活方式。而部分高职学生在大数据背景下通过网络进行一些不道德不理智行为,比如传播虚假信息、浏览色情暴力网站、公开他人隐私等事件,这些均表明部分高职学生的网络思想道德观念和意识薄弱,这将影响高职学生身心的进一步健康发展,影响我国的下一代。

(3)职业伦理思想道德缺失。高职学生毕业之后将步入社会,并在社会各行各业任职。在任职期间,除了专业知识有着重要作用之外,学生在高职院校所学的伦理思想道德也发挥着不可比拟的作用。但是,追根溯源,目前高职院校开设的课程数量、课程门数却没有与学生在社会岗位上的需求成正比。目前我国高职院校的课程开设存在着重技能轻思想、重专业轻道德的问题。这种职业伦理思想道德的缺失,使学生在工作岗位中容易产生自私自利的想法。

(4)婚恋道德观混乱。经过我国四十多年的改革开放,我国传统的婚恋观逐渐融入国外自由的婚恋观,而对国外自由婚恋观接受最快、受影响最大的则是现在的大学生群体。近年来,高职院校女大学生怀孕生子、在校堕胎等现象屡见不鲜。因此,我国高职教育亟须通过全方位了解目前学生对思想道德的需求与定位,进行有针对性的婚恋道德观教育。综上所述,在大数据背景下,我国高职院校对学生目前的思想道德需求把握不准,学生思想道德需求与学校的思想道德供给方面存在着不一致。因此,只有全面、全方位了解学生的思想道德需求并开展针对性教育,才能从源头上提升高职学生的思想道德水平。

(5)重理论轻实践观念的影响。高职学生思想道德教育的最终目的是让学生将在校所学的思想道德理论知识如实消化,从内而外提升学生的思想道德素质,并将学生的思想道德素质转化为学生的高尚情操和文明行为,通过学生的实践行动来检验学生的所知所学,从而促进社会的进步。但是由于受传统应试教育思想的部分传统观念影响,学生的思想道德教育并不理想。比如传统观念注重理论知识的灌输但轻视教育实践,这使高职院校的思想道德教育难以摆脱理论知识灌输的传统思维;比如目前大多数高职院校的公共课采取大班教学,专业课采取小班教学,而提升学生思想道德素质的公共必修课程,通过大班教学的方式,对学生的教育教学成果大打折扣,不能起到其应有的作用。除此之外,目前,在高职院校中,几乎百分之百的学生都有专业知识和专业技能提升的实训课程,但是提升学生思想政治素质的课程,却没有任何实践课程或者实践行为的体现。部分高职院校学校团委、二级学院团总支以及学生辅导员会安排一些团课、团组织生活、志愿服务活动、暑期"三下乡"、素质拓展活动来提升学生的思想道德素质。但是,这些都存在着活动量小、宣传力度不够、参与人数不多、学生自愿参与等特点,参与此项活动的永远是部分班委和部分学生会干部,难以对大部分普通学生产生效果,使这些活动在很大程度上只是一种形式化的实践,不能对高职院校的全体学生的思想道德素养起到提升作用,因此根本不能满足高职学生对思想道德提升的需求。

(6)忽视高职学生的主体地位。我国高校的教育尤其是思想道德教育,一直以来非常重视教师在教学活动中的"教"的重要性,并长期以来将老师视为唯一的教育教学活动主体。然而,真正接受思想道德教育的对象是学生,所以高职学生思想道德中的主体应该是接受教育的学生。只有将学生的主体作用体现出来,才能让我们看到学校思想道德教育的效果;只有充分调动学生在思想道德教育学习过程中的积极性、主动性,才能让我们看到学校思想道德教育的缺陷。如果高职学生在思想道德教育中的主体地位被忽视,就容易造成我国高职院校的思想道德教育呈现"一条腿走路"的现象,从而导致高职学生思想道德教育效果缺乏针对性,实效性差,难以完成我国的教育事业。因此,忽视高职学生在思想道德教育过程中的主体地位,会直接造成我国高职学生思想道德教育缺乏实效性。

(二)满足家庭经济困难学生思想道德发展需求的措施

高职教育属于我国高等教育的一部分,高职院校学生群体属于社会的高学历人才,其思想道德素质的提高,能对身边的其他群体产生辐射带动作用,有助于提高我国国民整体素质。高职学生对我国教育事业的发展有着重要的意义,高职教育的目标是培养学生在某一特定职业或职业群所需技能和知识等实际能力,培养社会发展需要的技术应用型人才以及高素质技能型人才,以促进社会进步。高职院校所培养的人才是要与世界一流发展接轨的人才,其思想道德的发展,有利于其在工作岗位上终身学习和终身奉献。但是,高职学生的思想道德素质并不是一时半刻能够培养的,十年树木,百年树人,学生思想道德素质的提高需要经过多年的强化教育。因此,高职院校对学生的思想道德素质的培养必须满足社会制造业对人才的需求,必须在教学过程中强化对学生的思想道德素质教育。换句话说,高职院校学生在学习专业知识和技能环节时,就需要加强思想道德素质教育。高职院校对学生的思想道德素质教育需要日日提、周周教、月月教,在教学过程中通过老师有趣的讲解来强化学生的思想道德素质,培养学生乐于奉献的优秀品德。在大数据时代,家庭经济困难学生有着多样化的发展需求,通过满足高职院校家庭经济困难学生对思想道德发展的需求,可以提高贫困学生道德素质水平,树立贫困学生群体更好的国民素质形象,有利于培养发展型高职学生,实现资助育人的目标。

(1)促进高职学生思想道德观念的切实转变。

拥有与时俱进的教育观念和思想道德观念对高职院校的质量提升以及我国教育的长远发展都具有重要意义。高职学生的思想道德教育是我国教育系统文化软实力的重要部分,要促进整个教育系统的不断发展,就需要跟上教育事业的发展步伐,就需要适应时代的发展要求,持续更新并转换道德教育观念。随着近几年的不断改革发展,我国高职院校学生的思想道德水平得到了一定程度的提高和发展,但是总的来说,目前我国高职院校的思想道德教育水平还处于比较滞后的水平,这对我国大数据时代高职院校学生思想道德水平的进一步发展起着一定的阻碍作用。在高职院校的思想道德教学工作中,可以通过实现灌输性教育向共享性教育的转换、实现控制性教育向自主性教育的转换、实现单向性教育向双向性教育的转换、实现课堂教育向实践教育的转换等方式来促进高职院校思想道德观念的逐步转变。因此,相关工作人员通过以上措施,尤其是注重对高职院校家庭经济困难学生的思想道德观念教育,可以促进高职家庭经济困难学生的思想道德观念的切实转变,有利于提高大数据时代下高职院校家庭经济困难学生的思想道德教育的效果,进一步通过资助实现育人。

(2)促进思想道德资源在大数据时代的有效融合。

在大数据时代,我国思想道德教育的资源和信息都倾向于海量和碎片化特点,这些特点对我国思想道德教育提出新的要求。为了解决大数据时代信息碎片化的弊端,需要运用大数据平台,借助思想道德手段,促进思想道德资源的有效融合。高职院校可以通过建立属于自己院校的道德教育大数据平台;通过用好学校内部的学生信息管理数据系统等方式,将自己院校内部的教学资源和贫困学生数据库相互结合,提升高职院校对贫困学生思想道德教育的成效,促进高职院校对家庭经济困难学生道德教育的有效性。思想道德教育始终是高校思政工作的重要部分,在大数据时代,通过大数据平台以及大数据信息系统提升家庭经济困难学生的思想道德水平,通过大数据技术促进思想教育资源在高职院校的内部融合,是时代发展的必然要求。

(3)有效改进思想道德教育方式、方法。

灵活多样、与时俱进、学生喜闻乐见的教育方式、方法可以增强学生的学习兴趣,使教育全程充满趣味和活力,增加思想道德教育内容对学生的吸引力和影响力,提升思想教育的效果。在大数据时代,随着教育资源的丰富性,高职学生可以在海量数据库中选择适合自己的教育资源和信息内容。改进道德教育方式、方法的措施主要包括:在大数据背景下要借助一定的网络课堂和线上教学方式;注重价值观辨析法在教育实践中的运用;将全堂灌输的方式转变为学生自由讨论的方式。我国目前正处于经济、社会和教育等方面的改革发展期,在社会转型过程中,来自国际的意识形态以及外来文化的影响,阻碍了我国的思想教育进程。因此,各高职院校在对家庭经济困难学生进行思想道德教育的过程中,教育教学方法的使用更需要提高预见性和前瞻性,以应对国际、国内复杂形势的变化。此外,在教学实践活动中,还可将各类学科知识及学生的实训活动进行有机融合,通过最大限度地发挥各方面学科优势,形成合力,以便通过不同的角度来培养高职院校家庭经济困难学生的思想道德品质。例如将艺术、计算机以及思想政治理论等学科知识进行整合,合力创造、制作具有正向价值导向的动漫和影视片,通过大数据平台等信息渠道进行传播,以促进高职家庭经济困难学生的健康发展。因此,在教学实践过程中,高职院校的教育工作者只有不断改进和创新思想道德教育的方式和方法,才能在教育实践中提升家庭经济困难学生的注意力和兴趣度,最后达到提高家庭经济困难学生道德教育效率和效果的目的。

(4)促进思想道德传播者的素质提高。

一个国家教育事业的发展水平往往关系着国家的发展前途和民族振兴的百年大计,而教师作为思想政治教育的传播者,在整个高职学生道德教育的过程中发挥着重要作用,其素质的提高关系着我国教育大计的根本。在大数据时代,高职学生获取道德教育的方式方法、主要内容、技术途径和教育环境都产生了翻天覆地的变化,作为高职学生思想道德教育传播者之一的教师,必须紧跟时代发展的步伐,并及时更新自己的教育理念,通过专业知识和专业技能的提升,促进高职院校家庭经济困难学生思想道德教育的提升。习近平总书记曾经指出:"长期以来,高校思想政治工作队伍兢兢业业、甘于奉献、奋发有为,为高等教育事业发展作出了重要贡献。"习近平总书记还强调:"要拓展选拔视野,抓好教育培训,强化实践锻炼,健全激励机制,整体推进高校党政干部和共青团干部、思想政治理论课教师和哲学社会科学课教师、辅导员班主任和心理咨询教师等队伍建设……教师是人类灵魂的工程师,承担着神圣使命。传道者自己首先要明道、信道。"因此,作为高职院校思想道德传播者的教师需要做到:"坚持教书和育人相统一,坚持言传和身教相统一,坚持潜心问道和关注社会相统一,坚持学术自由和学术规范相统一,引导广大教师以德立身、以德立学、以德施教。"教师在高职学生思想道德的提升中扮演着"领路人"角色,通过"领路人"自身素质的提高,促进高职学生道德素养和专业素质的提升,这些都有利于在大数据时代提高高职院校学生思想道德教育的时代性和有效性。

(5)加强高职学生的自我道德教育。

人是社会道德价值的绝对依据,社会道德是人类为自己立法,是自我意志自觉自律的重要体现。而自律是人类高尚道德的外在体现,高职院校的家庭经济困难学生是我国的青年精英的重要群体之一,其思想道德水平直接关系我国的国民素质水平的提高,在大数据时代要提升高职院校家庭经济困难学生的自律意识和自我道德教育。助人自助——作为社会工作的最基本原则,高职院校家庭经济困难学生的资助工作,也要遵循此原则。只有通过提升贫困学生的自我道德修养,提升其思想政治素质,才能增强家庭经济困难学生的独立性,而非增强其依赖性。破除学生"等、靠、要"的依赖思想,使家庭经济困难学生能够在日后遇到类似的生活挫折和困难时独立解决。

(6)创造有助于提升学生思想道德水平的环境。

蓬生麻中,不扶而直,白沙在涅,与之俱黑。孟母三迁的故事深刻地说明了环境对个人成长发展的重要性。对家庭经济困难的学生来说,由于家庭环境不好,其学习、生活受到了一定影响,但是在国家大好的资助政策和教育体系之下,这部分贫困学生又可以通过国家和学校的资助政策获得通过学习而改善自己及下一辈生活环境的机会。同理,良好的道德教育环境也可以对高职院校的家庭经济困难学生思想道德素质的提高起一定的促进作用。

三、高职院校家庭经济困难学生的心理提升需求

在高职院校的家庭经济困难学生中,有部分贫困学生会由于自己家庭经济条件不好,产生一系列消极心理,导致其出现自卑心理,造成这些家庭经济困难学生产生心理贫困的现象,这严重影响着这部分家庭经济困难学生的身心健康发展。高职院校为了帮助家庭经济困难学生更好地缓解心理贫困,顺利圆满地完成学业,需要认真分析这部分家庭经济困难学生产生心理贫困的原因,并结合这些原因来寻找缓解其身心贫困的方法。其他信心十足、积极乐观对待生活的家庭经济困难学生,高职院校也需要继续加强对他们的心理关怀,让他们积极健康的心理状况感染身边的其他同学,起到模范带头作用。

(一)家庭经济困难学生产生心理贫困的原因

1.家庭经济困难学生自我的非理性认知对家庭经济困难学生心理产生的影响

高职院校家庭经济困难学生由于自己不合理的自我认知会造成其出现心理贫困的现象。自我认知是指个体在日常生活、学习和工作中所产生的对自己的身体、心理、行为及与其相关的人、物、事的认知。自我认知是个体心理的主要内容,自我认知对个人的成长与发展起着直接影响作用。

(1)高职院校家庭经济困难学生的个人认知失调。家庭经济困难学生的家庭经济条件不好,使部分家庭经济困难学生从小容易被其他同学孤立,不能融入其他同学的社交圈中,由于自己的认知失调,容易导致这部分家庭经济困难学生出现自卑、焦虑等心理贫困问题。

第一,部分高职院校家庭经济困难学生存在自我认知的失调。这部分学生具有很强的自卑感,不能正确看待自我,以偏概全,认为自己的家庭经济条件比不上别人,那么自己

什么都没人家好,即使自己再努力也无济于事。这种认知就是典型自我认知失调的表现,导致其对自我做出不合理的评价。在日常的学习、生活和工作中,通过否定自我,丧失对生活、学习和工作的信心,埋没了自己的各方面才能。虽然学校会给予这部分学生各种经济上的帮助,但是由于个人认知失调,部分学生会在其他学生和老师面前感到更加自卑、忧虑,害怕由于家庭经济困难而被自己的老师和同学们看不起,造成学生敏感、多疑、焦虑等性格,影响学生心理的健康发展。

第二,部分高职院校家庭经济困难学生存在对生活认知的失调。部分心理异常的家庭经济困难学生由于不能正确地认识自己,在其他方面贬低自己的价值,降低对自己的自信程度,进而导致其对生活、学习、金钱也产生不合理的认知。在日常的学习和生活中通过给予自己负面暗示,造成自己在遇到困难与压力时同样也以自我否定、抱怨的态度和情绪去应对,进而出现焦虑、自卑、郁闷以及忧伤等消极心理。高职学生本来是如花的年纪,应该积极乐观地面对生活,但是由于自己对生活认知的失调,造成其用悲观的有色眼镜去面对生活、学习中的困境。在面对机会和困难时,只有通过逃避和退缩来应对,害怕与同学接触沟通,害怕四处碰壁,这些都会阻碍家庭经济困难学生的自身发展。

第三,部分高职院校家庭经济困难学生存在对贫困问题认知的失调。部分心理贫困的家庭经济困难学生存在着对贫困问题的错误认知,他们偏执地认为贫困是一件非常可怕、可耻的事情,将自己家庭经济条件不好视为很丢人的事情,不敢对外说出自己的家庭贫困状况,害怕被别人看不起。还有部分家庭经济困难学生面对自己家庭经济贫困的处境和现实,想到的不是通过自己努力改善贫困状况,而是抱怨自己家人的无能和社会的不公,进而导致其产生严重的自卑心理,面对生活中的问题也是消极泄气的态度。还有一些家庭经济困难学生认为他们家庭的贫穷,主要是由国家资助太少、社会分配不公等外在原因导致的,进而产生极不平衡的不健康心理。现实中,由于各种主客观因素,使很多家庭经济困难学生不能全面、正确地认识到客观存在的事实,不能正确产生自我认知,不能客观正确地对待贫困,不能理性分析产生贫困的原因,这些错误认知和想法都将造成学生的心理贫困。

(2)高职院校家庭经济困难学生存在的不合理情绪。

相对于非家庭经济困难学生来说,高职院校的家庭经济困难学生面对来自经济上的压力,容易出现自卑、烦躁、抑郁、苦闷等不良情绪,导致其情绪的不稳定。家庭经济困难学生也想通过自己努力实现自己的理想与目标,但由于现实情况和环境的残酷性,使得他们不仅要面对沉重的学业、激烈的竞争,还要面对与不同价值观念的人以及各色各样的人进行沟通交流,这会无形地增加家庭经济困难学生的心理压力,使其为了一些生活琐事而变得情绪焦躁、心情糟糕。高职院校的家庭经济困难学生经常受到社会各方的影响,造成其现实与理想的矛盾冲突心理,产生焦虑、郁闷、沮丧、烦躁等消极情绪,严重的甚至会变得孤独、嫉妒、自我封闭、敏感多疑、沉默寡言。如果这部分家庭经济困难学生由于家庭经济原因而自我封闭,不与人接触,会造成其一直生活在负面情绪中,也会使其对生活、学习等失去信心,影响其身心健康。

2.家庭经济困难对家庭经济困难学生心理产生的影响

家庭经济困难造成家庭经济困难学生不仅要面临经济的不足,还容易产生心理上的负担。当心理上的负担超过学生的心理承受力时,学生就会出现种种心理问题。经过与学生访谈了解到,学生由于家庭经济贫困进而上升为心理贫困的概率很大。目前各高职院校每年的学费、住宿费大概 7 000 元;一般高职学院学生每月的生活费为 1 000 元 ~ 2 000 元,每年按十个月算,学生一年的生活费为 10 000 ~ 20 000 元;且部分学生由于所学专业原因,还要购买专业所需的笔记本电脑、数码相机等必备用品,这也是一笔不菲的消费。另外,目前三分之一的高职学生有专升本的想法,市面上的专升本机构收费昂贵,专升本报名费也是成千上万元。由此可见,学生大学三年的高职生涯,对一个普通家庭来说,是一笔不小的开支。部分学生因为欠交学费或申请生源地贷款,不仅要承受毕业后还款的经济压力,还要承受父母督促其好好学习以摆脱贫困的压力。此外,在大数据背景下,社会消费热点的持续增长,严重影响着家庭经济困难学生的消费欲望和消费心理。在这种情况下,学生容易产生自卑感,严重的话甚至会产生逃避意识、对同学的敌对态度、不敢与同学接触,只有通过让自己远离人群的方式来解决。另一部分家庭经济困难学生忙于参加校内校外的勤工助学岗位,通过赚钱补充自己的经济,这样容易耽误学习,而且减少了其与其他同学接触以及参加集体活动的机会。当看到身边家庭条件较好的同学不仅不用为生活奔波,每天还能吃好喝好,穿着名牌时,会对具有勤劳本性的家庭经济困难学生产生一定的打击。长此以往,贫困学生内心的矛盾与烦恼无法解除,并造成其个性与人格发生负性变化,从而产生严重的心理问题。

3.家庭教育方式错误对家庭经济困难学生心理产生的影响

经调查了解,大多数高职院校的家庭经济困难学生来自农村家庭,而这些家庭经济困难学生的家长及相关亲属存在着文化素质不高、生活环境较差、价值观有一定误差等特点,他们与孩子长期生活在一起,无形中影响了孩子的世界观、人生观和价值观。这些家长对子女的教育采用较多的方式是传统教育,而在这种教育方式下,家长免不了会对子女进行训斥。这些家长的关注重点不是学生的健康、快乐成长,而是子女的学习成绩及成绩排名,更别说关注学生的心理健康了。笔者曾经与一名心理异常的家庭经济困难学生家长进行沟通,告知家长要对学生加强关注,加强关爱,但是此名学生家长对我说的话题非常惊奇,他觉得自己的孩子一切正常,不会与心理疾病沾边,而且在他们心目中将心理疾病等同于精神病。所以很多家长忙于生活,不重视孩子的心理健康状况,缺乏心理问题的意识,缺乏与学生的交流与沟通,使学生有心事也没法与家长沟通,这就产生了学生的心理贫困。在这种情况下,家长们采取的错误的教育理念和教育方式,如过于高压或者过于放任的教育方式,忽视学生的心理健康状况,造成学生的心理问题得不到有效解决,使学生逐渐形成自卑易怒、敏感多疑、抑郁焦虑、偏执敌对等不健康的想法和心理,进而产生严重的心理贫困现象,更有甚者会让学生走向犯罪道路。

4.家庭环境不佳对家庭经济困难学生心理产生的影响

实验证明,家庭经济困难学生的早期人格发展与原生家庭环境有着密不可分的关系。

第一,据调查发现,家庭经济困难学生多来自农村。而心理健康学生与心理贫困学生相比,来自农村的学生出现心理贫困的概率较大。部分家庭经济困难学生来自偏僻的农村地区或山区,由于生源地各方面条件比较落后,使学生见识少,接触的人少,眼界不宽,有的学生在进入大学之前甚至连电脑都没碰过。这些家庭环境的因素容易造成学生知识面窄、人际交往能力低、生活适应能力较差等问题。当这些学生进入大学校门后,可能会产生"刘姥姥进大观园"的想法,由于自己出生环境与身边的同学差别太大,使这部分学生难以适应大学生活。有的学生由于生活环境的变化,容易造成自卑心理,害怕被别人嘲笑而不敢与其他学生、老师沟通交流。此外,部分学生由于出生于经济困难家庭,其单纯的家庭背景和简单的社会关系,也会使其出现难以适应大学生活,从而产生严重的心理压力。在面对复杂的社会现实和严峻的就业形势时,他们的世界观里出现的不是公平竞争,而是社会的不公平、现实的残酷。而且,部分家庭经济困难学生通过离乡背井来大城市求学,最终的目的是想能够扎根于大城市,远离从小生活的小山村,但是毕业就业压力较大,离乡背井的他们由于没有大城市的资源和人脉,加剧了其就业的难度,这会使他们产生紧张、焦虑、烦躁、沮丧、妒忌等消极心理。此外,部分学生家庭贫困的原因是出生于单亲家庭,单亲家庭的孩子比普通孩子更缺少关爱,容易造成其偏执的性格,这种性格使孩子在遇到压力和困难时,容易形成不健康的心理和情绪。不仅如此,不良的家庭关系也容易加深家庭经济困难学生的负面情绪,父母如果争吵打闹是家常便饭,经常出现矛盾冲突,便容易造成家庭气氛沉闷,父母对孩子的关爱较少。这种家庭的孩子性格容易变得压抑,形成内向孤僻、自卑敏感、胆小怕事的性格。同时,由于家庭的不和谐,学生的自尊心容易受到伤害,这会使学生的性格朝着暴怒、厌世的方向发展,这些都将严重影响家庭经济困难学生的健康成长。

5.学校对家庭经济困难学生心理发展产生的影响

学校是每一个学生学习、成长中必经的地方,它在每一个学生的学习成长中扮演着重要的角色。学校不仅可以让学生获得今后发展所需的知识,还可以培养学生健全的人格精神,提升学生的思想道德修养,也促使学生在智力、信念、技能、情感、思维、人际交往、社会适应等方面获得进一步发展。因此,高职院校对家庭经济困难学生的心理也存在着很大影响。

(1)学校资助系统的健全程度。

学校的资助系统主要包括"奖、贷、助、勤、补、免"等多元混合资助体系,在此体系中的任何一个要素都与受资助学生密切相关。一般来说,高职院校的资助体系越完善,其对学生产生的负面情绪和负面心理的影响越小。第一,高职院校勤工助学岗位的设立对缓解高校家庭经济困难学生的自卑和焦虑情绪有着重要意义,家庭经济困难学生利用课余时间参与学校的勤工助学岗位,通过与其他同学的沟通交流拓宽其眼界,不仅可以提高家庭经济困难学生的心理健康水平,还能促进学生的人格发展,学生可以变得更加自信、自立、自强。此外,学生通过勤工助学可以获得一定的经济收入,在缓解自己经济压力的同时还能锻炼自己的能力,提高自己的生存能力。本书在对家庭经济困难学生的调查问卷中问及"你是否参加过学校安排的勤工助学活动?",仅有 20%的贫困高职学生参与了学校安排的勤工助学岗位,如图 5.3 所示。

图 5.3　家庭经济困难学生是否参与过勤工助学活动

可见,各高职院校的勤工助学工作推广度不高,很多贫困大学生在学校内部没有兼职机会。此外,学生对锻炼自我能力的需求非常高,在对学生参加助学活动,想要获得的方面进行调查,有 48%的家庭经济困难学生表示为了锻炼自己的能力,有 30%的同学为了解决自己的生活费,还有 13%的家庭经济困难学生希望通过勤工助学拓展自己的视野,如图 5.4 所示。同时经过访谈了解到,目前高职院校中学生勤工助学岗位的薪资不高,有些商家利用学生的贫困,看重学生的廉价劳动力,给予学生的工资很少。家庭经济困难学生通过勤工助学所获得的收入仅仅只能作为自己的部分生活费用支出,根本不能解决高额的学费以及其他学习资料费用,更别提人际交往费用了。

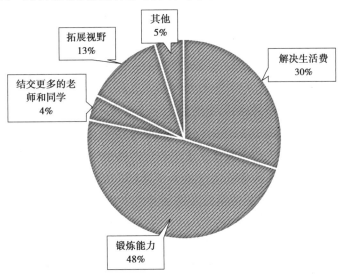

图 5.4　家庭经济困难学生参与勤工助学活动最希望获得哪项能力

(2)学校心理工作的重视程度。

学校对心理工作的重视程度主要体现在两个方面:一方面是学校对学生的心理辅导和心理咨询工作的重视程度;另一方面是学校对"大学生心理健康教育"这门课程的重视程度。学校的心理辅导工作可以有效缓解高职院校家庭经济困难学生的心理压力,但是大多数高职院校不太重视对家庭经济困难学生的心理辅导工作。对高职院校目前的心理辅导工作,主要存在以下问题。第一,高职院校的心理咨询中心建立的原因是应国家政策要求以及学校发展要求，但是建立之后部分高职院校的心理咨询中心成了摆设，真正发挥其作用的地方较小。第二，目前我国高职院校心理咨询水平不高，高校心理咨询人员不够专业，专业的心理咨询人员较少，大部分高职院校心理咨询中心的心理咨询师为其他岗位的老师兼职担任，兼职人员包括心理学专业的辅导员、校医院的精神科医生、学校的心理学教师、考取相关心理资格证书的辅导员和其他坐班人员等。由此可见，我国高职院校目前的心理咨询人员专业化程度不高，很多人没有接受过系统的、正规的、专业的学习和研究，对学生的心理咨询和心理沟通的了解程度不高，部分心理咨询师还没有掌握真正的心理咨询方法与技术。第三，目前部分高职院校的心理咨询方式落后、单调。高职院校心理咨询中心的咨询方式大多采用个体咨询，但是由于引发家庭经济困难学生心理问题的原因多种多样，完全通过个体咨询难以达到良好的效果，且学生咨询人数众多，咨询量大，如果完全采用个体咨询的方式，难以满足全校学生的心理需求。高职院校在与学生做咨询时，可以借鉴国外的咨询方式、方法。例如团体咨询，一次可以与多人进行咨询，这样不仅可以很好地对家庭经济困难学生的心理问题进行指导，有效地帮扶家庭、心理均贫困的学生，而且可以提高心理咨询的效率与效果。第四，部分高职院校的家庭经济困难学生对心理咨询存在错误认知，他们觉得做咨询就说明自己有毛病，不敢去做心理咨询，害怕咨询会受到老师、同学的"另眼相看"；害怕别人认为自己有精神疾病，从而远离、嘲笑自己。所以，高职院校要对全体学生开展有针对性的讲座，让学生正视心理咨询，培养学生心理咨询的意识，让学生敢于通过心理咨询来解决自己的心理问题。此外，目前高职院校对"大学生心理健康教育"课程的重视程度不够，虽然全国高校每年都会发生由于心理疾病而导致学生死亡的案例，但是大部分高校开设的心理健康相关课程均停留在选修课的层次，学生仅凭自己的兴趣爱好进行选课，如果有学生不感兴趣或者刻意回避，那么这些学生大学期间都不会接触此类课程，这严重阻碍了学生的心理健康发展。

6.社会对家庭经济困难学生心理产生的影响

学生中的贫富差距现象在高等教育阶段中表现得越来越明显，在高职院校中，由于家庭经济困难学生与非家庭经济困难学生在经济方面的攀比容易使家庭经济困难学生产生不平衡心理，尤其是对自尊心很强的家庭经济困难学生来说，贫富差距更会加重其自卑感。在高职阶段，学生随着学习压力的减少以及课余时间的增多，使各种消费潮流在校园内逐渐兴起，如果家庭经济困难学生抵制不住这种诱惑，就容易出现拜金主义、追潮流、穿名牌，这些行为无疑会加重家庭经济困难学生的经济压力和心理负担。当他们的经济实力无法支撑他们的高消费时，看着身边其他同学可以随意购买物品，可以用金钱购买物品打扮自己的时候，心里就容易产生不平衡感，更有甚者会引发其对社会的不信任与抱怨。此外，在大数据背景下，随着网络新兴技术的兴起和社会的不断进步，人们的生活方式产生巨大改变，人们的价值观念也产生一定改变，增强了金钱观念在人们心目中的地位。部分家庭经济困难学生能够顺利走进大学校门，是源于个体或企业的经济资助，但社会中不少企业在帮助家庭经济困难学生时的出发点在于为自己的企业做宣传，因此会将资助家庭经济困难学生的事情广而告之，这个过程严重忽略了家庭经济困难学生的心理感受。

有的企业甚至通过家庭经济困难学生的隐私来进行大肆宣传,以此获得社会的信任,提高自己企业的知名度,并获取更大的经济效益。部分家庭经济困难学生在接受资助资金的同时,内心深处对此种炒作的资助方式存在怀疑和反感,甚至是憎恨,认为之所以自己要接受别人的施舍,都源于自己家庭贫困,因此自尊心受到打击,产生自己被别人瞧不起等消极心理。这种常人难以想象的压力如果长期困扰家庭经济困难学生,容易使其产生消极心态,加重其自卑心理,进而产生对别人的防卫和敌对心理。最后,社会的金钱利益关系严重也加剧了家庭经济困难学生对社会的不信任感与绝望感,容易导致其出现心理贫困问题,更有甚者将出现心理或精神疾病。

（二）满足家庭经济困难学生心理需求的措施

高职院校家庭经济困难学生产生心理贫困的原因主要来自家庭经济困难学生个人、家庭、学校、社会等方面,因此,缓解和预防高职院校家庭经济困难学生陷入心理贫困的措施需要从家庭经济困难学生个体、家庭、学校、社会四方面入手,通过四方面的共同努力、共同协作,共同为高职院校家庭经济困难学生营造一个健康和谐的生活、学习环境,促进其身心健康发展、成长。

1.充分发挥家庭经济困难学生的个人主观能动性

（1）全面、正确认识自我。

高职院校家庭经济困难学生要想提升自己的心理健康水平,首先要正确地认识自我。第一,家庭经济困难学生要从生理、心理、思想、社会、家庭等方面全方位地认识自己。在了解自己及家庭的基础上努力学习,提高自己的文化水平、道德修养、技能等,从而改善自己的家庭经济环境。第二,在生活和学习中,家庭经济困难学生要多与自己的父母、老师、同学、朋友沟通、交流,不仅要积极表达自己的想法,还要多听取他人意见。第三,从社会现实大环境的角度来全面认识自己、了解自己在整个社会中的地位、作用、责任,了解通过自己的能力可以满足社会需求。从家庭和学校等小角度全面了解自己,认识自己的条件、能力、地位、作用和责任,通过在不同环境给予自己准确定位,以便全面认识自我,并建立适合自己的生活、学习目标。第四,高职院校家庭经济困难学生需要对自己进行准确而客观的评价,不能肆意夸大自己的能力,也不能过于自卑地看待自己,要客观、真实地评价自己的能力。第五,高职院校家庭经济困难学生要正确、客观地看待自己的优缺点,了解人无完人,任何人都存在着或多或少的优点与缺点,不能拿自己的缺点去和别人的优点相比。正视自己的缺点,要不断地改正自己的缺点,发扬自己的优点。只有通过取其精华,去其糟粕,才能全面提高自己的能力。综上所述,家庭经济困难学生通过全面、正确地认识自己,有助于缓解自己的心理压力,促进身心健康发展。

（2）提高自身人际交往能力。

人际交往能力是作为社会人必须具备的能力,也是每一名高职学生在大学求学生涯中所必须提高的能力之一。人际关系作为高职家庭经济困难学生在校期间生活、学习、工作中必要的一部分,对家庭经济困难学生的进一步发展起着十分重要的作用。高职院校家庭经济困难学生在人际交往中往往存在畏惧、害怕、逃避、自我封闭等情形,有碍于学生的人际交往能力的提高,长此以往还将对学生的身心造成不良影响。因此,高职院校家庭经济困难学生在进行人际沟通时,要消除自卑的不良情绪,充分展现自己自信、积极、热情、向上、青春、友好、善良的一面,通过真诚、主动地与师生沟通和交往,赢得师生的认可。在日常的人际交往过程中,可以通过学习、观察其他同学的沟通交流方式,学习他们交往的技巧。在平时的学习、生活中,还要表现自己的诚实、宽容、善良、大度,做力所能及的事情帮助身边的同学。经常参加一些学校、学院和班级的集体活动,获得与其他同学沟通交流的机会,在与其他同学交往的过程中,提高人际交往能力,缓解自己的心理贫困。

(3)提高自身情绪调控能力。

能适当宣泄情绪和控制情绪是人心理健康的标志之一,这是美国著名心理学家马斯洛提出的。生活在社会中,每个人的生活、学习都不可能一帆风顺,生活遭遇挫折,就容易产生一些消极情绪,对消极情绪的产生,我们要通过适当的调节来缓解。对高职院校的家庭经济困难学生来说,他们所面临的困难与压力比一般学生多,导致其消极情绪出现的频率也比常人要高。因此家庭经济困难学生必须养成积极、乐观、向上的健康心态,通过保持自己的良好情绪来排解或控制坏情绪。情绪是生活的调味剂,良好的情绪可以提高学生生活的幸福指数,而坏的情绪则会降低生活的幸福指数。因此,在高职院校中,要对家庭经济困难学生开展有针对性的减压教育,使其学会自己调控情绪,保持良好的心态和情绪,从而积极面对生活中的阴霾,远离心理贫困。

(4)正确、客观看待家庭经济困难。

在对高职院校家庭经济困难学生进行经济资助的同时,还要关注其心理健康,从内心深处使其正视家庭经济困难。因此,必须让家庭经济困难学生正确、客观地看待家庭经济困难的事实,通过提高其对贫困的正确认知,来缓解和防止家庭经济困难学生出现心理异常。要引导高职院校家庭经济困难学生通过辩证唯物主义的世界观去正确地看待贫困、客观地对待贫困,不能由于家庭贫困而埋怨父母、抱怨社会。要引导家庭经济困难学生勇敢面对贫困,通过培养勤劳刻苦、艰苦奋斗的精神,通过自己的学习和努力战胜贫困。只有通过辩证地看待贫困,才能了解贫困并不可耻,贫困并不可怕,贫困是一把双刃剑,它既可以成为打败学生的利剑,也可以成为激发家庭经济困难学生奋斗的动力。只有自己坚持艰苦奋斗,树立不怕苦不怕累的信念,克服各种心理障碍,才能心无旁骛地学习更多的知识、培养更高的技能,才能改变自己的状况。要告知家庭经济困难学生坚信只要自己付出了努力,树立合理的目标,就能够改变自己的贫困现状,实现自己的抱负。因此,在对高职院校家庭经济困难学生进行经济资助的同时,还要引导学生客观勇敢地面对实际,正确地认识贫困、接受贫困并有勇气改善贫困现状。

2.重视家庭教育方式的改善

从上文分析可以看出,在经济困难的家庭中,父母的文化程度以及父母对子女的教育方式,甚至学生所在家庭的生活氛围和家庭的社会关系等都将对学生的心理产生一定的影响。因此,要缓解家庭经济困难学生的心理贫困程度,重视家庭教育方式的改善是非常重要的。

（1）改变传统的教育方式。

家长要改变自己的陈旧教育思想，要加强自身文化修养，加强与子女的沟通、交流，同时增强子女的安全感。家长还需摒弃"成绩决定一切"的思想，通过子女各方面的优秀表现给予子女适当的鼓励，帮助孩子建立信心。例如学生在创新能力、动手能力、组织能力、表达能力和社交能力等方面的出彩表现都能成为父母对其表扬的来源，通过及时表扬孩子来增强子女的自信心。因此，家长对子女的心理健康教育有着重要的引导作用。首先，家长要通过与孩子沟通，了解子女在心理发展方面的内在需求，发现孩子的才能、兴趣、特长、爱好和闪光点，并加以积极、正确的引导。其次，在与孩子的沟通交流过程中，要及时倾听他们的想法，多给子女表现的机会，在其表现良好的时候，要及时给予正向鼓励，让子女对自己、对生活充满信心。最后，家长本身要树立贫穷只是暂时的、贫穷并不可怕的观念，只有家长自己正确、客观地认识贫困，才能教导孩子正视贫困，把贫困视为走向成功的动力。

（2）构建和谐的家庭氛围。

良好的家庭生活氛围有利于子女的健康快乐成长，有利于树立孩子的正确的家庭婚恋观。高职院校家庭经济困难学生由于承受着来自经济、生活、学业和人际交往等各方面的压力，如果不能及时宣泄和释放负面情绪，就容易影响其身心健康。因此，作为家庭经济困难学生的家长，应保持与子女的定期和不定期沟通，通过沟通了解子女内心深处的真实想法，将父母关系转变为朋友关系，让自己成为子女可以倾诉的对象，并及时通过正确方法帮助子女宣泄、排解不良情绪。通过积极营造和谐的家庭环境，适当给予子女关爱，让家庭的温度来温暖学生，这对家庭经济困难学生的心理压力有一定的缓解作用。家长在给子女创造积极、和谐、乐观的生活环境的同时，也要引导学生树立自立自强、感恩回报的心态，让学生能够理性、正确地看待国家、社会和学校的经济资助，要通过自己努力刻苦的学习，以优异的成绩回报国家、社会及他人给予的资助。当自己摆脱贫困，有一定经济实力时，也要及时帮助社会其他的贫困家庭和贫困学生。

（3）建立家校互动机制。

有的家长认为学生进入高职院校后，学生在校期间的所有事情都应该由学校负责，和家庭没有多大关系。学校需经常与家庭经济困难学生的家长保持联系，让家长树立家校互动的观念，及时与家长沟通学校对其子女的资助和帮扶措施。如家庭经济困难学生产生了贫困心理，学校更要及时与学生家长取得联系，通过学校和家庭的共同努力，树立学生健康、积极的心态，让学生心理脱贫。

（4）培养子女的自立自强意识。

父母是学生最好的老师，父母要以身作则，通过榜样的力量，加强对子女自强自立精神的引导和教育。通过加强对子女课外阅读的指导与监督，让子女了解古今中外成功人士的光辉事迹，了解"天将降大任于斯人也，必先苦其心志，劳其筋骨，饿其体肤，空乏其身，行拂乱其所为，所以动心忍性，曾益其所不能"，帮助子女树立艰苦奋斗、自强自立的精神。通过引导子女树立远大的理想抱负,让他们了解可以通过自己的劳动和努力来摆脱贫困,可以通过自己的劳动和努力来取得成功,可以通过自己的劳动和努力来为国家建设贡献一份力量。

3.发挥高职院校的教育引导作用

美国学者英格尔斯曾经提出,学校教育是培植和加强人的现代性、态度、价值观和行为方面最有力的方式之一。因此,高职院校在缓解家庭经济困难学生的心理贫困问题时可以起到主导作用。根据对我国高职院校家庭经济困难学生心理贫困的原因分析,高职院校对家庭经济困难学生的资助应该以经济资助为基础,心理辅助为支撑,有针对性地开展高职院校家庭经济困难学生的资助工作,帮助高职院校家庭经济困难学生走出心理贫困。

(1)经济资助是基础。

高职院校家庭经济困难学生出现心理贫困的最直接因素是学生家庭经济困难,因此要帮助高职院校家庭经济困难学生摆脱心理贫困问题,首先要基于目前我国高职院校的资助体系,进一步对其进行完善,以便更好地解决高职院校家庭经济困难学生的经济困难问题。

第一,要建立健全高职院校家庭经济困难学生的资助体系。目前,虽然各高职院校都建立了符合院校实际、具有自己特色的资助体系,但由于体系的不完善,不能完全满足家庭经济困难学生的经济需求,因此,各高职院校需要进一步完善其家庭经济困难学生的资助体系。首先,可以通过成立学校特色的助学贷款组织,扩大助学贷款的范围。助学贷款发放单位不仅是国家,还可以是社会机构、企业等,甚至有来自家庭经济困难学生家乡、来自高职院校校友基金的助学贷款。其次,成立学校勤工助学组织,制定勤工助学组织的相关章程和制度,对勤工助学进行规范化管理,使勤工助学岗位可以规范化运作,真正帮扶到高职院校的家庭经济困难学生。完善高职院校家庭经济困难学生的资助体系,不仅能够解决家庭经济困难学生的学费和生活费等问题,还可以增强他们的自信心和自理能力,缓解他们由于经济压力而出现的自卑和焦虑,有利于促进高职院校家庭经济困难学生的心理健康发展。

第二,为家庭经济困难学生提供更多的勤工助学岗位。高职院校家庭经济困难学生通过勤工助学获取经济收入,不仅可以让他们更全面地认识自己的价值、了解社会、体验生活、培养沟通交流能力,而且可以让他们感受自己付出劳动而取得收获的喜悦,从而提升学生的心理满足度,减少学生的自卑心理,让家庭经济困难学生对自己的未来更加充满信心。据前文的问卷调查了解到,目前高职院校的勤工助学岗位一直处于供不应求的状况,大部分家庭经济困难学生苦于找不到勤工助学岗位。因此,高职院校可以通过与企事业单位校企合作的形式,来为本校的家庭经济困难学生增加勤工助学岗位。此外,在大数据背景下,可以鼓励学生多利用网络手段,了解校外的勤工助学机会,但是一定要告知学生做好防骗、防校园贷等工作,对需要上交自己的身份证件、需要缴纳押金和培训费等的兼职不要轻易相信,一定要及时告知学校。正规的勤工助学岗位不仅能增加他们的经济来源,还能让学生提前体验社会,提高眼界,锻炼自己的社会实践能力,有助于消除家庭经济困难学生的心理贫困问题。

(2)心理辅助是支撑。

心理辅助是缓解高职院校家庭经济困难学生心理贫困的重要方面。因此,各高职院校在对学生进行经济资助的同时,不能忽视心理辅助的作用,各高职院校应重视对家庭经济困难学生的心理辅导工作,进一步完善学校心理辅导机构的职能和功能。

第一,建立健全高职院校家庭经济困难学生的心理档案。高职院校的心理健康教育直接关系到学生的心理健康程度,家庭经济困难学生的心理健康教育工作不能忽视。"马加爵事件"就是由家庭经济困难而导致学生心理贫困,进而造成惨案的典型教训。因此,高职院校必须建立贫困学生的心理档案,有针对性地对家庭经济困难学生进行心理帮扶。首先,高职院校学工部心理咨询中心需要成立专门的心理档案组织,专职人员对学生的心理档案要进行保密管理。其次,学校针对家庭经济困难学生开展心理测评以及心理普查,定期了解学生的心理状况,对于存在心理异常的学生,要及时加强关注和关爱。再次,高职院校要全面了解家庭经济困难学生的家庭经济情况以及个人情况,加强对学生基本情况、家庭情况、学生家庭关系、学生在校表现、学生人际关系、学生适应学校情况等方面的了解。最后,建立家庭经济困难学生的心理动态档案,心理动态档案的建立要坚持真实准确、以人为本、为学生保密、动态更新等原则,要保护学生的自尊心不受伤害。高职院校家庭经济困难学生心理档案的建立,有利于缓解高职院校家庭经济困难学生的心理贫困,可以及时发现学生的心理问题并给予帮助,有利于树立家庭经济困难学生的心理健康意识。在平时工作中,辅导员要多与家庭经济困难学生沟通,了解其学习、生活情况,观察、留意其心理状况,发现问题要及时给予帮助和指导。

第二,完善高职院校家庭经济困难学生的心理咨询服务。对高职院校家庭经济困难的学生进行心理咨询和心理引导,有利于学生树立正确的三观,并恰当解决其生活和学习中遇到的事情,通过减轻家庭经济困难学生的心理负担和心理压力来缓解高职院校家庭经济困难学生的心理贫困。要想完善高职院校家庭经济困难学生的心理咨询服务,首先,高职院校应加大投入,加强校园心理健康知识宣传及心理疾病的防御,保证学校心理健康教育以及心理咨询所必需设施设备的资金投入。高职院校还应建立专门的心理咨询室,留有心理辅导和心理咨询以及心理团学活动的专用场地,提高高职院校心理咨询服务的专业化和规范化程度。其次,高职院校要加强对学校心理咨询师、心理健康教育任课教师与辅导员的专业化培养,积极组织他们参加相关培训、讲座,提高学校心理咨询师、心理健康教育任课教师与辅导员的心理咨询能力。再次,在高职院校针对学生进行心理疏导的方法上,要结合高职院校贫困学生的实际状况,学习和借鉴国外的先进做法,针对不同的对象,采取不同的方法,例如目前比较流行的认知教育法、个别咨询、团体辅导和团体咨询等。还要结合家庭经济困难学生的实际情况来采取不同的咨询形式,例如目前比较流行的现场咨询、电话咨询、书信咨询以及网络咨询等形式。最后,还要在高职院校范围内营造积极的心理咨询氛围,让家庭经济困难的学生能够信赖心理咨询,并让学生明白心理自助的重要性。在对家庭经济困难学生开展心理咨询服务时,要坚持"一切为了学生,为了一切学生,为了学生一切"的原则,尽全力为他们的身心健康提供最好、最有效的心理咨询服务。

4.加大社会对家庭经济困难学生的关爱

做好家庭经济困难学生的资助工作是高职院校工作的重要组成部分,而家庭经济困难学生的心理问题不仅是高校的内部工作,也属于我国社会工作的组成部分。因此,缓解高职院校家庭经济困难学生的心理贫困,不仅需要学生、学生家庭和学校的共同努力,还需要我国政府和社会等相关部门参与进来,并对家庭经济困难学生给予相应的关爱。

(1)积极落实国家资助政策。

严格按照国家资助政策的要求,国家拨付的资助资金做到专款专用,并建立合理的保障体系。政府还应根据每年的学生招生情况,及时调整助学贷款的额度,确保助学贷款额数能够满足学生需求。比如,2019年全国高职院校扩招100万人,我国就相应提高了对高职院校资助资金金额和资助名额,这可以为家庭经济困难学生提供更大的经济支持,从而缓解了学生家庭经济困难程度,减少了学生经济压力,减轻了学生的心理负担。

(2)扩宽社会资助渠道。

目前,我国的社会资助种类繁多,但大多数社会资助倾向于资助国家名牌大学,比如211、985等重点本科院校。但是对高职院校来说,其来自社会的资助种类较少,资助资金数额较小。所以,高职院校要加强与社会的联系,争取为本校的家庭经济困难学生提供更多的校外资助。目前,我国部分高职院校建立了优秀校友基金,专门帮扶本校的家庭经济困难学生;通过与校外企业联系,为学生争取更多的资助,在资助的同时要教育学生自立自强,懂得感恩,从而通过自己的努力来回报资助者。对部分就业困难的家庭经济困难学生,可以通过争取资助企业或校友企业为其提供就业岗位的方式,对其加强帮扶。政府可以建立健全高职院校的资助与回报机制,为学生与资助者畅通沟通的平台,社会资助者通过对学生提供资助帮助学生求学,待学生有一定经济实力时又可资助母校的家庭经济困难学生。社会为高职院校家庭经济困难学生提供一定的经济资助,建立社会与高职院校稳定可靠的资助体系和连接纽带,让学生获得自我价值感。

(3)创造和谐友爱的社会环境。

为了给家庭经济困难学生提供公平的求学和就业机会,政府应加大监督力度,尽力消除社会中的不公平事件,杜绝社会中靠关系、"走后门"现象的发生。对高职院校家庭经济困难学生的求职,高职院校也应做到公开、公平、公正地推荐就业单位;对特别就业困难的家庭经济困难学生,要开展有针对性的就业帮扶,让高职院校家庭经济困难学生体会到社会和学校大家庭的和谐,从而摆脱心理阴影、建立其自信心,使其能够积极、勇敢地面对就业竞争,客观、正确地看待就业竞争。全社会相关部门要各司其职,通过采取有效措施来关心、关怀家庭经济困难学生,要做到关注家庭经济困难学生、理解家庭经济困难学生、资助家庭经济困难学生,并形成合力来共同帮助家庭经济困难学生,让家庭经济困难学生能够在和谐友爱的社会环境中健康成长,并为祖国的建设添砖加瓦。

四、高职院校家庭经济困难学生的技能需求

（一）家庭经济困难学生产生技能需求的原因

1.来自经济困难学生家庭的期待

每一名大学生都或多或少地承载着整个家庭的希望。尤其是来自经济困难家庭的孩子,从小到大都接受着父母对其"出人头地"的期望。很多家庭秉承着"再穷不能穷教育,再苦不能苦孩子"的想法,自己再苦再累也要确保孩子有足够学习的时间和条件,自己再穷再省也要节衣缩食供子女学习生活无忧。都说"穷人的孩子早当家",很多出身贫寒的孩子了解家庭的苦楚,以及父母对其的付出,因此会加倍努力学习来回报父母,感恩家庭。因此,对一般学生而言,进入大学意味着学习的终止,大学阶段是对高中及其之前阶段刻苦学习的回报,因为普通学生会将大学阶段视为放松、交友、接触社会等阶段。但是对来自经济困难家庭的学生来说,大学阶段将是他们改变自己命运的重要时期,也是他们实现家庭期望、回报家庭的重要时期。因此,很多来自经济困难家庭的学生,进入大学之后,会积极参加学校、学院组织的教学活动,通过各种途径想办法当选班委、进入学生会,通过积极上课获得科学文化知识,通过各方面努力来谋求自身的长远发展。大学三年的学习时光,他们会努力成为经济社会发展的建设者,并通过不断加强理论知识与提升技能水平的方式来促进人生价值的实现,通过自己的不懈努力来实现自己的未来和梦想。有的学生为了适应社会发展竞争的需要,从进入大学之日起便订立了专升本的目标,并表现出对知识的渴望。在大学三年时光中,他们会通过惊人的毅力去完成自己的学业,通过努力学习相关技能来弥补家庭经济条件的不足。很多贫困学生也会接受来自家庭的教育,比如家庭中学历层次较高的人群以及家族中的知识分子会教育他们大学是书的海洋,通过大学可以完成从学生到人才的转变。这些来自家庭和家族的期望,都会促使这些家庭经济困难学生在课堂上和实践中通过多种方式来获取更多的知识和营养,为自己未来的发展以及家庭的期待而努力。

2.来自经济困难学生本人的发展需求

高职院校的学生群体中,家庭经济困难学生占有着重要的一席之地。这部分学生要么来自农村地区,要么来自经济欠发达地区,要么来自特殊困难家庭。由于家庭经济原因,这部分学生从小就深知自己身上肩负的责任重大,他们从小便知道自己学习机会的来之不易,他们从小便知道"知识改变命运",因此很多家庭经济困难学生从小学习都比较刻苦,为的就是通过自己的努力学习改变自己的贫穷现状。因此,当经历过高考的洗礼,进入大学后,这部分同学明白,要想改变现状,就要抓住大学的学习时光,全方位提升自己的实力,因为部分同学可能是整个家庭,甚至是整个家族的唯一大学生,他们的大学承载着家庭,甚至家族的殷切期望。高职教育阶段主要是培养适应社会需要、提高学生的技术应用能力,全面提高学生的知识、能力和素质结构,其课程和教学内容体系主要以"应用"为主,培养具有基础理论知识适度、技术应用能力强、知识面较宽、思想政治素质高等特点

的毕业生。很多家庭经济困难学生有个人的发展需求以及想要改变自身现状的动力,在高职学习阶段会萌生出强烈的提高自己技能的需求。

3.来自国家及社会的时代要求

在2019年的全国深化职业教育改革电视电话会议中,李克强总理指出发展现代职业教育,是提升人力资源素质、稳定和扩大就业的现实需要,也是推动高质量发展、建设现代化强国的重要举措。要坚持以习近平新时代中国特色社会主义思想为指导,认真贯彻党中央、国务院决策部署,结合完成2019年扩招100万人的任务,瞄准市场需求和推动中国制造、中国服务迈向中高端,进一步改革完善职业教育制度体系,积极鼓励企业和社会力量兴办职业教育,补上突出短板,推动产教融合,着力培育发展一批高水平职业院校和品牌专业,加快培养国家发展急需的各类技术技能人才,完善人才评价激励机制,持续推进职业技能提升行动,让更多有志青年成长为能工巧匠,在创造社会财富中实现人生价值,为经济社会持续健康发展提供更好的人力人才资源保障。习近平总书记亲自主持审议《国家职业教育改革实施方案》,明确了一系列制度设计和政策举措。我们要深入贯彻习近平总书记关于教育的重要论述,认真落实李克强总理的批示要求,以提升职业教育质量为主线,深化改革、破解难题,更好发挥职业教育在经济社会发展大局、教育工作全局中的作用。

中共中央政治局委员、国务院副总理孙春兰强调,各地、各有关部门要全面落实职教改革任务,完善体制机制,加强政策保障,形成多元办学格局,提高技能型人才的社会地位和待遇,增强职业教育的认可度和吸引力。加强"双师型"教师队伍建设,及时将新技术、新工艺、新规范纳入教材,推动教学、实训的融合。加快培育产教融合型企业,打造一批高水平实训基地,推动校企深度合作。稳妥推进"1+X"证书制度试点,鼓励学生在获得学历证书的同时,取得多类职业技能等级证书,拓展就业创业本领。建立"职教高考"制度,完善"文化素质+职业技能"的考试招生办法,推动实现中高职贯通、普职融通。扎实做好高职扩招100万人工作,针对不同群体制定切合实际的招生办法和培养途径,保证培养质量,充分释放扩招的政策效应。高职院校家庭经济困难学生作为高职院校学生群体的重要组成部分,在加快培养国家发展急需的各类技术技能人才的时代背景下,有利于其在创造社会财富中实现人生价值。

(二)提升高职院校家庭经济困难学生技能水平的措施

1.增加对高职院校家庭经济困难学生的资助投入,扩大对高职院校家庭经济困难学生的资助规模

通过对重庆市高职院校家庭经济困难学生的访谈了解到,超过半数的家庭经济困难学生反映,目前高职阶段的学费、生活费以及各类培训费已经超出其家庭经济承受能力。尤其是家庭多子女同时入学的情况,入学学生的相关费用已经成为家庭经济支出的主要部分。因此,对这些家庭经济困难的学生来说,国家、社会及学校对其给予经济资助已经成为保证这部分家庭经济困难学生顺利完成学业的重要保证。虽然我国目前建立了完整

的学生资助体系,也对家庭经济困难学生拨付了大笔资金,但是仍然难以满足高职院校家庭经济困难学生的需要。因此,增加国家资助金额的投入,提高国家资助资金的覆盖面,对缓解经济困难学生的家庭负担是非常有必要的。

在我国,学生资助经费主要来源于国家的财政投入,尤其是对部分欠发达地区,这一体现更加明显。而在资助工作的实际应用中,资助金额的大小对学生造成的影响程度会随着地区经济发展水平程度、地区和家庭的消费水平以及困难家庭学生的自身需求等因素而存在不同。尽管如此,有一点必须承认,由于存在边际效用的递减规律,资助金额对家庭经济困难学生及家庭产生的影响是存在拐点的。因此,在提高对学生资助总金额的同时,对具体学生的具体资助标准需要控制在一定的合理范围之内。根据边际效用的递减规律出发作出的正确决策,不仅可以降低边际效用的递减规律带来的不利影响,还可以提高国家经济资助政策对学生带来的效果。因此,要想提高资助政策对学生带来的资助效果,不仅要加大对家庭经济困难学生的资金投入,还要通过各种手段和渠道对学生的资助标准和资助金额进行科学测算,并通过合理途径进行发放。此外,适当增加资助名额在高职院校的分配,扩大资助名额在高职院校的覆盖面,也有利于减轻高职院校家庭经济困难学生的学习负担,在一定程度上有利于挖掘学生潜能,让其全身心投入到学习中去。

2.重视奖励型资助对其他同学的带动作用,通过优化资助方式,提升资助成效

高职院校学生的学习成绩是其人力资本发展与技能提升的重要体现,学生的学习成绩也从侧面反映出了高职学生对学科知识、基本专业能力以及专业技能的掌握程度。来自国家、社会和学校的经济资助有利于满足学生对自我发展的需求,有利于提升高职院校家庭经济困难学生的技能水平,有利于丰富高职院校家庭经济困难学生的知识体系,有利于养成高职院校家庭经济困难学生的社会实践能力,还有利于形成高职院校家庭经济困难学生的技术与能力。高职院校通过对家庭经济困难学生发放资助,可以保证受资助学生最基本的学习、生活费用。

根据相关学者的研究成果,结合对高职院校学生的访谈,结果显示高职院校的奖励型资助有利于提升对高职院校家庭经济困难学生的正向影响作用。在高职院校中,以奖励为目的的国家奖学金和国家励志奖学金,对高职学生的学习成绩和掌握技能的提高具有显著的有利影响。如果某位同学通过自己努力学习而获得国家奖学金或者国家励志奖学金,这能够显著地提高学生的学习自豪感,进而促进学生更加努力地学习,进一步激发学生的学习热情。高职院校中的奖励型资助主要用于奖励品学兼优的学生,这类资助获取机会不易,奖励金额较高,且具有无偿性。因此,对每一位奖励型资助的获得者来说,获得奖励型资助不仅是对学生给予经济上的帮助,更是对学生努力学习的一种肯定,有利于激发高职院校家庭经济困难学生进一步在提升自己的知识和技能方面持续努力。

值得关注的是,对获得奖励型资助的家庭经济困难学生,认为奖励型资助对其能力的提升方面,远远大于勤工助学岗位的提升程度。他们认为,勤工助学岗位虽然有利于减轻自己的学习和生活压力,但是勤工助学是通过自己的劳动来换取报酬,这是属于典型的人力资本返还型资助的方式。由于勤工助学需要牺牲课余时间去工作,这在一定程度上占

用了自己的学习时间和精力,有碍于自己利用课余时间提升自己的技能水平,不能很好地平衡工作与学习上的时间,且勤工助学的资助资金相比奖励型资助资金而言,可以说是杯水车薪。所以,部分同学宁愿把自己的课余时间全部用来学习,从而提升自己的学习成绩和技能水平,通过学习成绩的提高,可以让自己获得奖励型资助;通过技能水平的提高,让自己毕业之后在社会上拥有一定的生存能力。

另外,与奖励型资助相比,部分同学还表示有偿资助对自己的技能水平提升效果非常有限。国家助学贷款就是一种典型的有偿型资助方式,国家助学贷款是一种申请,到期偿付的资助方式,这种资助方式侧重于助困。由于国家助学贷款具有申请难度小、资助额度高、覆盖面广等特点,申请国家助学贷款的同学比较多,但是事实证明助学贷款对家庭经济困难学生的激励力度不够。而且,由于助学贷款要求学生毕业之后需要偿还,所以,很多家庭经济困难学生倾向选择不需要还款的资助方式,也认为无须还款的资助方式对自己激励作用较大。

综合对比几种资助方式可以看出,不同的资助方式对家庭经济困难学生有不同的作用。因此,在高职院校具体的学生资助工作中,要根据学校和学生实际,选择合适的资助方式和资助体系。目前,在奖励型资助受益面有限的前提下,高职院校可以通过与校友及社会型企业进行沟通,通过吸纳资金的方式来建立本校的多元化奖励型资助体系。虽然本次调查显示国家助学贷款对高职院校家庭经济困难学生的技能提升作用有限,但助学贷款的受众面广可以弥补奖励型资助受众面窄的缺陷,助学贷款对学生学习成绩的低要求可以弥补奖励型资助对学生学习成绩高要求的缺陷。因此,国家助学贷款依然成为近一半高职院校家庭经济困难学生选择资助获取途径的重要方式,坚持助学贷款为主的高职学生资助政策依然是我国高等教育阶段发展的重要措施。

3.优化高职院校资助体系,建立精准资助机制

研究发现,对家庭经济困难学生经济资助的覆盖面为61%~80%所起到的激励效果最佳,对高职院校学生技能水平的提升程度也最高。第一,优化高职院校的资助体系,建立家庭经济困难学生的信息库,实施针对性的精准认定的措施。精准认定不仅代表对家庭经济困难学生的贫困状态和资助类型的精准,而且要求对家庭经济困难学生产生的资助力度需求也达到精准。各级各地政府可以根据本地区的社会经济发展水平,对家庭经济困难学生认定标准进行实时动态更新,逐步提高高职院校学生资助管理中心对家庭经济困难学生的认定水平。对高职院校来说,也需要配合各级各地政府的节奏,进一步完善、更新高职院校家庭经济困难学生的大数据平台。第二,进一步提高经济资助在各个高职院校分配与使用的合理性与完善性,并针对各高校的动态数据库,建立动态的调整机制,以进一步满足高职院校家庭经济困难学生对资助类型和力度的最新需要,最大限度地发挥经济资助对高职院校家庭经济困难学生技能水平的提升程度。第三,进一步完善高职院校的资助过程管理,完成资助监督和反馈机制。虽然,目前对学生的资助已经实现由现金发放到银行卡发放的过渡,但在目前资助工作中还存在资助资金不能按时发放、资助流程还有待进一步明晰等问题。因此,高职院校迫切需要通过建立流程清晰、时间节点明

确的资助认定程序,并完善与之配套的监督和问责机制,才能进一步保障高职院校的各项资助的落实落地,提升资助体系对高职家庭经济困难学生技能水平的正向影响作用。

五、高职院校家庭经济困难学生的就业需求

(一)家庭经济困难学生产生就业需求的原因

根据笔者多年的高职就业工作经验,根据部分高职家庭经济困难学生的访谈结果,得出目前高职院校超过半数的家庭经济困难学生都对自己未来的就业感到担忧,他们认为学校的就业指导工作欠缺,有的学生甚至大学三年毕业还不了解学校招生就业处在哪里。对他们来说,招生就业处的工作就是在学校网站上发一些招聘信息,有的院校招生就业处甚至都没对招聘信息进行审核,有的高职院校发布出来的招聘信息明确写出学历要求是"本科及其以上"。对高职院校的学生来说,在自己学校网站看到这种明显与自己能力不相符合的招聘信息,更会加重其对未来就业的焦虑,这些招聘信息不仅不能帮到学生就业,反而起到了负面作用。

1.高职院校的就业指导不够全面

(1)学校就业宣传不到位——学生不知就业。

高职院校招生就业处对学生就业指导工作的主要体现之一就是为高职毕业生提供相关就业信息,并在高职毕业生的求职过程中提供就业信息、进行就业技能指导、及时推荐介绍、组织开展招聘会和双选会等综合性的就业服务工作。招生就业处作为为毕业生求职和用人单位招聘提供专门指导和服务的机构,在为学生开展就业咨询与引导、办理就业毕业手续等方面也扮演着重要角色。但是,在部分高职院校中,很多同学直到毕业交就业协议的时候才知道学校招生就业处在什么地方,个别同学甚至到毕业都不知道学校还有这个部门。前期各部门各方面的就业宣传不到位,增加了毕业季学生就业工作的难度。

高职院校的招生就业处,顾名思义,要根据高职学生的个人爱好、特长,以及高职学生的求职意愿、就业想法提供适合学生的就业岗位。此外,随着时代和学生对招生就业处的新需求,招生就业处还需要帮助学生树立正确的就业观念,鼓励学生先就业再择业,尤其是对高职院校的家庭经济困难学生,不仅要做好针对性的就业帮扶,还需要了解其就业想法,跟进就业心理辅导,提高他们在就业求职中的受挫能力。但从各个高校就业工作的实际来看,现在各高职院校对就业工作主要看重学生的就业"率",而忽视了对学生的就业"指导",尤其是对家庭经济困难毕业生的指导。很多高职院校的贫困学生由于家庭经济困难,所以家庭能够给予其就业指导和就业帮扶的非常少,并且这些毕业生的身上还寄予了整个家庭的希望。这种情况下,如果学校只负责对学生的培养,而不对学生的就业进行针对性的指导,尤其是不对高职家庭经济困难学生的就业进行指导,这完全不能够满足高职学生的就业需要。目前,很多高职院校虽然成立了就业指导中心,也开设了就业指导课程,但是对学生的很多指导没有系统性,可想而知,最后的效果肯定满足不了高职学生就业的需求。

（2）高职院校的就业指导目标不够清晰——致使学生求职迷茫。

我国高职院校的就业指导工作起步较晚，目前很多高职院校还未形成系统的就业指导理论体系，部分高职院校开展就业指导工作起源于国家政策的要求，但是还未真正理解就业指导的内涵及开展要求等。部分高职院校给予学生就业指导是来源于经验借鉴，并未形成适合本校的就业指导，因此对学生的帮助作用有限。目前，在国家政策的要求下，虽然不少高职院校学生选修甚至必修了就业指导相关课程，但是就业指导课程多开设在大学一年级，而学生真正就业却发生在大学三年级，这使很多学生接受就业指导时还处于懵懂的状态，导致授课效果不佳，缺乏针对性。虽然目前多数高职院校虽然有针对学生的相关就业指导课程，但大多数此类课程由于授课计划和课程标准变化不大，导致授课内容缺乏实用性，过于理论化的授课内容将来难以解决学生的实际就业需求，使很少有人听课，大家要么看手机，要么看其他书籍，学生从相关课程获取的有用信息不多，最后使就业指导课程流于形式，不能从根本上提高学生的就业能力和综合素质。

有的高职院校，衡量就业指导是否成功的依据来源于学生的就业率，使其工作的重心集中于对学生就业数据的统计和就业材料的审核，而没有将重心放在提高学生就业质量的根本——进行针对性的就业指导上面。部分院校过于关注就业数据，显而易见，这些就业指导部门对学生的就业指导效果就收效甚微，这也使就业指导工作难以实现其就业指导功能。

（3）学校就业指导体系缺乏实效性。

第一，学校就业指导工作的实效性不强。目前我国很多高职院校的就业指导系统有待进一步提高，多数针对学生的就业指导仅仅局限于邀请就业单位来校进行宣讲会和双选会，缺少针对高职毕业生的就业技巧培训，更缺少专门针对家庭经济困难毕业生的就业专场招聘。学校偶尔邀请一些校外的专家对学生进行就业指导，但由于老师缺乏专业性，或者老师的培训内容缺乏对高职学生的针对性，而使学生获得的效果收效甚微，不利于学生的长期发展。

第二，针对家庭经济困难学生的就业心理辅导工作缺乏实效性。目前，我国高职院校几乎没有针对学生开展过就业心理辅导，部分学校有就业心理辅导的提法，但是也都停留在搁置的阶段，没有具体实施，也没有对学生的就业起到任何帮助作用。事实上，高职院校的家庭经济困难学生在求职的过程中，不仅会遇到面对就业单位的外部障碍，还会出现由于自己就业心理偏差而产生的内部心理障碍。因此，针对高职院校家庭经济困难学生开展有针对性的就业心理辅导应该成为高职院校针对家庭经济困难学生进行就业指导的重要方面。有效的就业心理辅导可以培养和树立学生良好的择业心态，让高职毕业生能够全面正确地认识自己、能够全面客观地分析就业环境、能够准确公正地评价就业单位。其次通过对家庭经济困难学生开展就业心理培训，可以针对学生个体的实际情况，就其在就业过程中遇到的心理问题进行理性分析，引导学生学会通过自我心理调节来克服自身的不良心理，保持积极的就业心理去正视就业，保持乐观的就业心态去参与竞争。

2.高职院校家庭经济困难学生的就业能力不强

(1)学生就业能力不强——学生不敢就业。

据第三方社会调查机构麦可思研究院发布的《2019年中国大学生就业报告》(就业蓝皮书)显示,2018届大学毕业生的就业率为91.5%,其中近两届高职高专毕业生就业率高于同届本科生。虽然数据显示高职院校近年来就业率保持在90%以上,但是随着高职院校扩招100万人,使高职院校毕业生队伍随之陡增,且在经济下行压力巨大的背景下,就业岗位的增长数量跟不上高职院校毕业生数量增长的脚步,高职院校毕业生的就业形势不容乐观这一事实不可否认,彰显出"僧多粥少"的局面。2019年10月30日,教育部、人力资源社会保障部首次共同组织召开2020届全国普通高校毕业生就业创业工作网络视频会议。会议指出,2020届毕业生预计达到874万人,2019年还有100多万人,要增强做好就业工作的责任感、使命感、紧迫感。

(2)大三毕业生就业意向多种多样——学生不想就业。

根据对重庆某高职院校随机抽取1543名的2020届毕业生进行的就业意向调查,结果显示这1543名毕业生中,准备找工作的有712人,准备专升本的有632人,准备自己创业的有43人,准备出国留学的有8人,还有148人目前对未来比较迷茫,不知何去何从。可以看出目前高职院校毕业生的选择面比较广,准备就业的同学占比不到一半,一半以上的同学目前没有就业需求。经对个别同学访谈了解到,少数同学存在着就业逃避心理,他们将创业和专升本等作为自己的退路和借口,以此逃避找工作。笔者经调查了解到:目前在高职院校的毕业生中,专升本大军异常庞大,但据往年的经验来看,专升本录取比例往往在2:5左右,那么第二年四月份专升本考试成绩出来之后,没考上专升本的同学到底何去何从? 学生明显没有做相应的规划。

(3)学生不了解现在的就业市场需求——学生不明就业。

根据笔者对学校招聘会的现场情况观察发现,虽然学校一直在营造紧张的就业氛围,辅导员也一直在强调面试的礼仪和着装,但是大多数学生并不买账。有的学生参加招聘会就像在逛菜市场,从来不带简历,个别同学甚至穿着拖鞋去参加招聘会。此外,根据单位的面试情况反馈,很多同学在面试之前没有做好准备工作,缺乏面试经验,就业能力不强。部分综合素质比较强的同学又期望值过高,只想留在中心城区,不愿意去区县基层锻炼。个别同学还存在挑三拣四、眼高手低的问题,认为低工资供不起自己的高消费。

(4)学生家庭给予的就业指导较少——学生不懂就业。

2020届高职院校毕业生多为"00"后学生,大多数学生属于独生子女,习惯于依靠家里帮助,不愿面对社会,且大多数家庭能够给予学生的就业指导较少,有少数学生家长甚至还停留在学校可以包分配工作的层面上,这在一定程度上也对学生的就业工作造成了阻碍。

3.社会的一些不正之风,加大了高职家庭经济困难学生的就业难度

当前,我国在市场经济竞争逐渐激烈的情况和现实下,社会中不免出现由于我国就业市场不规范而带来的一些不公平竞争的事情和现象。例如,部分工作岗位对学校进行了

限制,要求本科以上学历,这无疑对高职学生关紧了大门;有的工作岗位对求职者的户口和地域进行了限制,这对来自贫困地区和家庭的学生来说,也失去了机会;有的工作岗位要求学生如实填写自己的社会关系,对一穷二白、毫无社会关系的家庭经济困难学生来说,无疑也是一重打击。这些工作岗位的部分要求,都使那些来自偏远地区、无关系、无门路的家庭经济困难学生感到自卑、沮丧和困惑,对未来产生迷茫。部分高职院校家庭经济困难学生面对严峻的就业形势和就业压力,害怕毕业等于失业,想通过考证提升自己能力,想通过专升本缓解自己的就业压力。因此,为了找一个好工作,为了证明自己不比别人差,很多高职院校家庭经济困难学生会通过参加各种形式的培训、考级、考证、专升本等方式来提升自己。目前,各商家也很了解学生的想法,市面上的各种考试培训、学习班、专升本等的学习费用非常高昂,有的上万元。这些费用对来自贫困家庭的学生来讲,是一项很大的经济考验。

(二)满足家庭经济困难学生就业需求的措施

就业是民生之本、财富之源。习近平总书记强调,就业是最大的民生工程、民心工程、根基工程,是社会稳定的重要保障,必须抓紧抓实抓好。在2019年底举行的中央经济工作会议上,提出要实施就业优先政策,重点解决好高校毕业生、农民工、退役军人等群体就业。经济的高质量发展正在呼唤高技能劳动大军,党的十八大以来,党中央、国务院高度重视职业教育。素质是立身之基,技能是立业之本。传承技术技能,职业教育使命在肩,高职院校在对家庭经济困难学生进行帮扶的同时,更要在工作中落实好就业这个最大的民生。

1.加强对高职院校家庭经济困难学生的就业指导

(1)全方位培养学生就业能力,提高学生综合素质。

学校有针对性的就业指导有利于高职院校家庭经济困难学生提高就业能力,实现"扶贫"与"扶智"的结合。高职院校对学生开展的就业指导主要给予学生相关就业信息并对其就业技能的提高提供有针对性的帮扶,以保证学生毕业之后拥有足够的就业能力。在高职院校的实际就业指导过程中,可以通过提高学生对就业指导的正确认识,帮助学生树立正确的就业观念,协助学生克服就业消极心理的方式来提高就业指导对学生的有效性。要实现对学生的就业指导,首先,需要高职院校深刻理解就业指导对高职院校的学生来说所具有的特殊内涵与意义。尤其是对高职院校的家庭经济困难学生来说,有针对性的就业指导有利于将家庭经济困难学生的就业指导工作进行提升,并将其全面纳入高职院校的就业重点工作中来。加大对高职院校家庭经济困难学生的投入力度,有助于提高高职院校就业工作人员和就业指导教师的专业化水平,能为高职院校的家庭经济困难学生提供更好的就业心理辅导以及就业指导服务。

打铁还需自身硬,要解决高职院校家庭经济困难学生的就业问题,首要措施是通过全方位联动,提高学生的就业能力。

第一,对学校层面而言,改"就业指导"为"职业生涯辅导"。在设置就业指导课程的时候应贯穿学生整个大学生涯,重在职业规划与辅导,而不是前两年上课,毕业季给学生办手续这么简单。

第二,对招生就业处层面而言,在就业指导课程的教学形式上要遵循成人学习的特点,创新教学方法,让就业指导课程更具体验性。这就需要努力打造一支稳定的专业化师资队伍,既要引进受过科班训练的教师,提高就业指导教师专业化水平,又要设置一条专门面向就业指导教师的晋升路径,稳定教师队伍。

第三,对辅导员而言,需要通过各种途径提高学生就业能力。例如学校可通过比赛或其他形式组织模拟招聘,让学生切身感受求职应聘流程,认清自己的优势和不足,提高实践能力。对辅导员而言,需要通过各种途径提高学生就业技巧:要通过就业主题班会给学生做好职业规划,让学生认清就业形势,提高学生就业技巧。对辅导员而言,需要通过各种途径强调就业安全:提醒学生提高警惕,防范人身安全、财产安全、信息安全及套路贷等。对辅导员而言,需要通过各种途径向学生强调在就业过程中增强防范意识:防传销、防就业陷阱。对辅导员而言,需要通过各种途径培养学生就业礼仪:通过就业知识讲座和培训等,提高学生的就业礼仪。另外,辅导员应提醒学生认真制作简历,端正就业态度。

(2)完善高职院校对家庭经济困难学生的就业指导体系。

第一,通过各种途径提高高职院校家庭经济困难学生的就业能力。高职院校的招生就业部门,从学生入校之日起,就应及时对新生中存在的家庭经济困难学生进行认真、全面的调查。结合大数据,全面了解高职家庭经济困难学生的思想、学习、经济、家庭以及生活情况,并对存在特殊困难的学生及时提供学习、生活、思想、就业、经济和心理等多方面的援助。例如,部分家庭经济困难学生存在生活经济压力过大的问题,那么高职院校可以从加大对学生的经济资助入手,通过为学生提供勤工助学岗位来提高学生动手能力,并增加学生经济收入。例如,部分高职院校的家庭经济困难学生存在动手能力不足的问题,那么学校可以通过开展实训课程,进行动手能力训练,举办各种比赛等方式来提高学生的技能水平。例如,部分高职院校家庭经济困难学生存在社交能力差、人际沟通障碍的问题,那么学校可以开展提高学生交往沟通能力的相关课程,也可通过组织相关素质拓展活动、各类团学活动的方式让学生通过参与集体活动的方式,提高自己的人际交往能力。例如,针对部分高职院校家庭经济困难学生组织能力、领导能力差的问题,学校可以通过多开设一些社团,采用班委轮流制等方式让贫困学生积极加入到班委、学生会和各类协会中来。通过这些方式,培养家庭经济困难学生的领导能力、管理能力和组织能力,使家庭经济困难学生通过管理实践让自己变得更加自信、勇敢。针对部分家庭经济困难学生存在的消极就业心理的问题,要及时对他们加强人文关怀和心理辅导,防止家庭经济困难学生由就业问题而引发的心理问题,通过调整他们的心理认知,从而提高家庭经济困难学生的就业能力。

第二,引导高职院校家庭经济困难学生转变就业观念。由于家庭经济困难,所以很多困难家庭都将家庭的希望寄托在进入大学校门的大学生中,希望学生毕业之后能够找个好工作,改变整个家庭贫穷的命运。由于承载着整个家庭的希望,所以很多高职家庭经济困难学生在初次求职时，会不考虑自身实际，产生眼高手低的想法，并对自己想找的工作设置很高的期望值，希望通过自己努力来改变家庭的命运。这种不切实际的想法容易使学生在求职过程中忽略自身实际和实力，在屡次求职碰壁之后，丧失求职信心。因此，要引导高职院校的家庭经济困难学生树立正确的就业观，在求职的过程中要结合自己的实际情况，选择与自己能力匹配的职业与薪资。引导家庭经济困难学生转变就业思想，不要扎堆到人口密集、经济发达以及就业紧张的地区，可以适当结合自身实际，通过"三支一扶"，考取选调生，选择大学生村官到我国边疆地区、西部地区和基层地区去发展，通过多渠道就业创业。学生集中顶岗实习之前，辅导员可以通过就业主题班会、走访寝室、谈心谈话和就业意向统计等方式对学生进行就业摸底调查。针对不同类型的人群，开展有针对性的就业帮扶。在推动学生求职的过程中，辅导员要积极主动，该单独提醒的要提醒，该个别谈话的要谈话，该一对一指导的要一对一指导，不要只是做面上的推动。对大多数愿意积极找工作的学生：做好就业咨询、就业礼仪、就业技巧和就业信息宣传等工作。对专升本的学生：提醒学生专升本是有概率的，最好做两手准备，另外不要过于相信专升本机构所谓"包过"的广告。对专升本成功可能性较低的同学，需要提醒学生先落实一个保底的就业单位。对困难学生（困难学生主要包括就业困难学生、家庭经济困难学生、心理问题学生和学习困难学生）要一对一进行提醒帮扶，通过"打感情牌"的谈话方式"语重心长、循循善诱、关心爱心"。

第三，就业宣传，人人有责，人人参与。高职院校学生的就业工作不能唱成独角戏，这不是个别老师和学生的事情，这需要毕业班师生全体参与。辅导员需要做好以下工作：加大对学生的就业宣传——多转发就业宣传资料给学生，营造就业氛围，提醒学生及时查看就业信息，鼓励学生宽口径就业，并提醒学生积极参加招聘会。提高学生的就业意识——因为国内外经济形势的影响，当前的就业工作难度确实增加了，辅导员不仅要提升自己的就业意识，还要动员学生积极参加招聘会，提高学生的就业意识。营造合理的就业氛围——通过就业主题班会、走访寝室等方式对学生进行面对面就业指导，通过 QQ、微信、网站、学校张贴就业宣传资料等传达就业信息，进而营造就业氛围。

2.营造公平和谐的就业氛围和环境

在高职院校毕业季的时候不乏出现一些走后门、靠家长、靠关系获得好工作的学生，这些现象对家庭经济困难的学生来说，无疑让他们看到了社会的不公平一面。因此，各级政府部门以及各高职院校需要加强对毕业生就业问题的合理管理，为高职院校毕业生的公平就业营造一个良好的就业竞争氛围，通过制定相应的公平选拔机制，来消除社会中的不公平事件，让学生在毕业求职中杜绝人情因素，严格禁止靠关系、走后门的事情在高职院校发生。营造公平的竞争机制，让高职院校的家庭经济困难学生可以在公正、公平的社会氛围中求职、就业。让所有的家庭经济困难学生都能够感受到社会大家庭的和谐，体会到高职院校就业工作的温暖，让他们能够勇敢面对就业竞争。全国、全社会共同关心和重视高职院校家庭经济困难学生的就业问题，并采取有效措施为他们营造公平、和谐的就业环境，来帮助高职院校家庭经济困难学生在公开、公平、公正的环境中就业。全社会形成共同意识——关注家庭经济困难学生、理解家庭经济困难学生、帮助家庭经济困难学生、重视家庭经济困难学生,帮助家庭经济困难学生公平就业。

3.促进家校合作,形成教育合力,展望美好未来

家校之间要建立良性联动机制,有效的沟通是关键。学生的就业离不开家庭,辅导员要在学生的就业教育上与家长取得共识。笔者所带学生自步入大三以来,接到过十多位学生家长的电话,所有家长找我都离不开"就业"二字,尤其是来自经济困难家庭的学生家长,到了毕业季非常关心学生的就业问题。笔者从与众多家长的沟通中了解到,大多数家长很关心学生的就业问题,特别是农村地区或者偏远山区来的孩子,家长将孩子送进大学的唯一目的就是毕业的时候找到一个好工作。所以,在毕业季,学校要想落实"就业是民生之本",很有必要与学生家长沟通,了解家长对学校就业的相关要求,以及向家长介绍学校就业工作推进的相关情况,实现家校互动,共同推进学生就业工作,从而解决家庭经济困难学生的就业问题,实现资助育人。

4.搭建校企沟通桥梁,助力学生成长发展

作为高职院校的辅导员,当自己培养了两年多的"千里马"要出去寻找"伯乐"前,为帮助学生走出象牙塔拓宽视野,助力学生成长成才,辅导员有必要深入招聘会现场,了解每年招聘企业的相关情况,比如企业基本概况、发展形势、薪资待遇和发展规划等,感受企业文化,了解企业人才需求。很多家庭经济困难学生,面对用人单位容易产生就业胆怯心理,害怕自身能力不足而被用人单位拒绝,所以很多家庭经济困难学生不愿走进学校的招聘现场,此时辅导员应鼓励学生多参加到招聘会中。只有这样才能使学校和学生对企业的人才需求有更清晰的认识和了解,从而服务于自己的职业生涯规划。学校也可向用人单位介绍学校的人才培养模式和学生的特点,让单位更好地了解学校,了解学生,让"千里马"和"伯乐"能够缩短磨合期。学校通过真抓实干,多措并举,进一步拓宽就业渠道,提升就业质量,为学生的就业发展保驾护航。

第二节　大数据的发展为资助体系的构建提供了数据来源

一、大数据促进高职院校资助体系构建的必要性与可能性

（一）大数据促进高职院校资助体系构建的原因——高职院校家庭经济困难学生资助工作的现状与问题

1.我国高职院校现行的资助政策体系

在我国,扶贫工作不仅有利于加速我国社会建设,而且有利于构建社会主义和谐社会,能够体现中国特色社会主义制度的优越性。教育公平是社会公平的具体体现和重要基础,对高职院校家庭经济困难学生进行资助,也是我国扶贫工作在高职院校范围的重要

体现。在我国政府高度重视高职院校家庭经济困难学生资助工作的前提下,我国也建立了健全的国家学生资助政策体系,这些资助体系可以保障高职院校的家庭经济困难学生平等地接受教育,这是我国社会公平在教育公平上的重要体现和实施途径。目前,我国高职院校设立了国家奖学金、国家励志奖学金、国家助学金、国家助学贷款、勤工助学、学费减免等涵盖对学生"奖、助、贷、勤、补、免"等多种形式有机结合的针对高职院校家庭经济困难学生的资助政策体系。此外,国家还通过各种方式引导社会团体、企业以及个人,鼓励并动员其针对高职院校家庭经济困难学生设立社会奖、助学金。国家、社会和高职院校共同资助家庭经济困难学生,保证了他们可以顺利入学并完成大学学业。在我国的政策体系中,对家庭经济困难学生的定义是"学生本人及其家庭所能筹集到的资金,难以支付其在校学习期间学习和生活基本费用的学生"。高职院校家庭经济困难学生的认定程序是,学生首先向学校主动申报,并提交自己的"高等学校学生及家庭情况调查表"(家庭生源地所在的民政部门加盖公章),学校再根据国家相关文件和政策制定的标准和程序进行家庭经济困难学生的认定工作。目前,我国高职院校的家庭经济困难学生资助政策体系经过多年的发展,结构比较完善,对学生的资助力度也比较大,在一定范围内能够保障高职院校的家庭经济困难学生拥有接受教育的公平机会,让他们感受到国家的温暖。但是,在具体高职院校家庭经济困难学生的贫困认定工作中,还存在着对部分学生贫困状况核实不够客观、家庭经济困难认定和评价的标准不够统一、定性认定方法与定量认定方法没有结合等现实问题。高职院校的家庭经济困难学生认定工作和资助体系的建立,需要基于学生家庭经济困难状况的客观调查,才能精准地认定资助对象,使我国资助政策和资助项目发挥最大的效率和功能。

2.目前高职院校资助体系工作面临的问题

(1)目前高职院校资助形式较为单一,重资助轻育人。

贫困是一种由单一因素引发的复合的社会现象,贫穷不仅表现为物质层面的匮乏,也常常伴随着精神层面的贫乏。高职院校资助家庭经济困难学生不能仅仅依靠国家、社会和学校对其进行经济帮扶,更需要对他们进行发展性的帮扶。从育人的角度,根据系统性、全面性和整体性原则,全方位解决高职院校家庭经济困难学生的思想、心理、学习、人际、技能和就业创业等方面的困惑和问题。但就我国高职院校目前的学生资助工作来说,虽然对学生的资助工作一直在提倡通过资助实现育人,但实际的资助工作却停留在经济资助的层面,没有完全提升到育人的层面。具体来讲,高职院校在对学生进行物质帮扶的层面上,已经建立起了比较完善的"奖、助、贷、勤、补、免"六位一体的以经济资助为主的资助体系,虽然"六位一体"资助体系的涵盖面比较广,但是此资助体系的主要目的在于解决学生的经济困难,在对学生进行资助的实际工作中,笔者发现很多家庭经济困难学生不仅仅是单纯的缺钱。因此,我国高职院校对家庭经济困难学生的资助和帮扶工作还需要进一步加强,才能达到育人的目的。高职院校在对家庭经济困难学生的资助过程中不仅要加强对学生的经济资助,更应该注重对学生进行人文关怀,通过物质帮扶与发展性育人相结合、外源性帮扶与内生性激发双管齐下的方式解决高职院校家庭经济困难学生在学习和生活中所遇到的难题,让高职院校的学生资助工作变得更加有温度。

目前,我国高职院校学生资助工作之所以会出现资助形式单一、重物质轻育人的现象,重要的原因之一在于物质帮扶可以量化,且成效很快,只需要按部就班地走流程,将相关资助资金发放给高职院校的家庭经济困难学生就可以了。但是,对学生的育人工作则要细碎、烦琐得多,不容易量化且收效甚微。俗话说的好——十年树木,百年树人,对学生的资助工作可以通过钱来解决,可以一蹴而就,但是对学生的育人工作,则需要长期地坚持,细心地指导。高职院校不仅要对家庭经济困难学生进行一对一的心理辅导,还需要将对学生的经济帮扶结合到对学生的人文关怀中,这不仅需要整个高职院校的重视,而且需要辅导员开展大量的相关帮扶工作,此工作的难度较大、花费时间较长、成果见效较慢。

(2)对象认定缺乏精准度,影响资助的公平性。

高职院校对家庭经济困难学生进行精准资助的起点是精准认定贫困对象,这不仅是目前高职院校家庭经济困难学生精准资助工作的起点,也是高职院校家庭经济困难学生精准资助工作的难点。现阶段我国高职院校对家庭经济困难学生进行认定主要来源于《教育部 财政部关于认真做好高等学校家庭经济困难学生认定工作的指导意见》(教财〔2007〕8号)以及《教育部办公厅关于进一步加强和规范高校家庭经济困难学生认定工作的通知》(教财厅〔2016〕6号)。在具体的认定流程上,主要是按照"学校宣传→学生主动申请→班级、院系评议→学校审核"的流程来认定,认定的依据主要参照学生提供的、生源地民政部门加盖公章的"高等学校学生及家庭情况调查表",以及学生提供的街道办、村委会出具的其他证明学生家庭经济困难的佐证材料。然而,由于存在部分政策漏洞,对高职院校家庭经济困难学生进行认定时,在认定依据和认定流程上不可避免地存在部分盲区或盲点,因此难以对资助的对象做出精准的识别。

第一,从高职院校家庭经济困难学生的认定依据来说,目前通过家庭经济困难学生的生源地民政部门和其他相关部门出具家庭经济困难佐证材料的方式,在一定程度上具有时代进步性和合理性。但是由于给学生出具证明的政府及街道办、村委会并不是给学生发放资助资金的单位,很多学生生源地所在地的工作人员不会对学生提供的家庭经济困难佐证材料进行认真审核,在对学生出具证明时比较随意,根本不会对学生家庭进行实地调研和考察,这种情况下会产生部分"伪家庭经济困难学生"。

第二,从高职院校家庭经济困难学生的认定标准来说,目前我国高职院校在进行贫困学生认定时参照的标准主要是我国城市居民最低生活保障标准以及学生家庭人均年收入等指标。但是,由于我国幅员辽阔,全国各个省市及各个城市的社会经济发展进度和现状并不均衡,倘若针对所有家庭经济困难学生均按照统一的标准认定,那么会由于覆盖面过大,使家庭经济特别困难的学生与家庭经济一般的学生最后认定的贫困等级一样,享受的资助金额也一样,从而使认定丧失"公平性"原则。如果根据我国东中西不同地区来划分不同的认定标准,则容易使得认定工作产生混乱,从而引发认定争端。这种局面使高职院校在家庭经济困难学生认定标准制定上左右为难。

第三,从高职院校家庭经济困难学生的申请流程来看,学生获得认定资格的基本前提条件是学生自己提交"高等学校家庭经济困难学生认定申请表"。但是,在我国,真正贫困的地区往往地处偏远,信息比较闭塞,这不仅会导致这些学生不了解国家资助政策,而且这些学生进入城市求学以后,会因与城市的学生在思想、行为、学习方式和生活方式等方面的巨大差异而产生自卑心理,使这些学生害怕主动申请认定家庭经济困难学生。

第四,从高职院校家庭经济困难学生的认定流程来看,虽然班级评审、院系评议以及学校审核等多流程有助于学校提高识别家庭经济困难学生的精准度,但在很多程度上由于学校老师不能完全了解所有提交材料的学生情况,学校对学生家庭经济状况的了解主要来源于学生自己提交的申请材料,这在一定程度上会造成学校的审核把关收效甚微。

(3)在资助认定过程中智能化水平较低,大数据意识薄弱。

第一,目前我国资助认定的时效性差。传统的数据管理和分析系统是基于关系型数据库管理系统,关系型数据库管理系统对传统结构的处理比较高效,但是在视频和音像等半结构化或无结构化数据的处理方面存在障碍。我国高职院校家庭经济困难学生资助全过程的管理目前大多停留在纸质资料存档、电子资料人工输入时期,家庭经济困难学生的电子信息需要学校辅导员人工输入 excel 表格中,由于没有专门针对学生资助的信息管理平台,导致数据更新、数据修改、数据统计以及数据导出不便。部分高职院校虽然开发出了自己的家庭经济困难学生认定平台,但由于院校资金有限,使信息管理平台的智能化设计不强,难以实现学生贫困数据的多次利用,跟不上大数据时代的要求。此外,目前我国高职院校家庭经济困难学生的数据采集往往根据需要,采用阶段性的采集方式,采集时段主要集中于学生入学、贫困认定阶段等,其他时段不会随时关注学生消费水平以及学生家庭经济状况,使学生数据采集的时效性较差,难以适应大数据时代我国家庭经济困难学生资助工作的高效率要求。

第二,目前我国资助认定的针对性差。在数据采集的来源和数据应用方面,大数据时代的数据采集对象以及数据面向对象是所有个体,搜集的数据具有高度全面性和系统完整性。但是传统数据所采集的家庭经济困难数据具有阶段性,阐释的主要是大方向、宏观的学生家庭经济状况,数据的细化程度不够高。在高职院校家庭经济困难学生的认定工作中,由于提出家庭经济困难申请学生的人数较多,使得辅导员、班主任难以仔细了解每一位申请同学的具体情况,容易产生遗漏和疏忽。因此,亟须运用大数据手段细化高职院校的家庭经济困难学生数据,提高高职院校家庭经济困难学生资助工作的针对性。

第三,目前我国资助认定的系统兼容性差。现阶段,为提高我国资助工作的网络化和信息化程度,我国高职院校大多拥有自己独立的学生资助管理系统和学生资助工作平台。目前我国资助认定体系主要包含"奖、贷、助、勤、补、免",分别是奖学金、国家助学贷款、勤工助学、困难补助、学杂费减免以及绿色通道等多样资助项目。但是,由于各高职院校所开发的家庭经济困难学生资助系统有着标准不一、程序差异、平台各异等问题,使学校的资助管理系统与学校其他部门管理系统、社会资助管理系统的兼容性较低,在学生资助数据共享上面存在一定难度。

（4）资助体制机制不健全，制约了资助成效。

我国正处于并将长期处于社会主义初级阶段，是我国的基本国情。因此，我国部分家庭的经济困难现象不会马上消除，这使得我国部分家庭经济困难家庭存在长期性。相对应的，也使得我国高职院校的资助工作具有长期性。因此，为促进我国资助工作的长期有效，需要建立高职院校学生资助工作长效机制，以保证我国资助工作的有效性以及自主成果的稳定性。高职院校家庭经济困难学生的资助体制机制目前主要存在以下两个方面的问题。

第一，高职院校缺乏家庭经济困难学生认定的动态调整机制。现阶段，我国高职院校对家庭经济困难学生的材料收取、资格审核以及贫困认定工作主要集中于每年的九、十月份，家庭经济困难学生资助资金的发放主要根据这一年一度的认定结果。这种将学生资助认定工作集中于一定时间段的工作方式，容易产生认定机制的僵化。首先，家庭经济的状况在国家资助资金帮扶、家庭自身努力奋斗的情况下，可以实现脱贫。但是部分家庭经济困难的学生为了能够一直享有国家、社会和学校的资助资金，会刻意向学校隐瞒自己家庭已经脱贫的事实，而学生大学期间时间比较短，学校在短时间内难以对学生家庭经济状况进行追踪，会降低国家、社会和学校的资助资源的利用效率。其次，家庭遭遇的突发事故、家庭成员的突发疾病容易使正常家庭走向贫困，由于贫困认定工作一年进行一次，如果学生家庭遭遇意外发生在当年贫困认定结束后的十月底或者十一月份，就容易使得学校难以第一时间将学生纳入家庭经济困难学生资源信息库，而学生要想获得相关资助，就要等到第二年九、十月份的贫困认定，这容易降低学校资助的时效性。

第二，目前高职院校家庭经济困难学生资助工作的资助模式不成熟。高职院校家庭经济困难学生资助工作是学生管理中的重要工作之一，由于资助工作的复杂性和专业性，学生资助工作需要一支稳定、专业、高效的学生资助工作队伍。但是目前我国很多高职院校都没有专门稳定的学生资助工作队伍。高职院校学生资助工作，一般是由学生辅导员全权负责，二级院系和学校资助部门主要负责学生资助名单的公示，而不会对学生的家庭经济困难佐证材料进行进一步的审核，这在一定程度上会影响学生资助工作的成效。此外，高职院校中家庭经济困难学生数量庞大，要想提高学校资助工作的有效性，就需要建立专门的家庭经济困难学生档案数据库和学生资助工作管理平台，以实现学生资助工作的有效性、便捷性和精准性。

3.目前高职院校资助体系工作面临问题的原因分析

（1）缺乏全局观念，没有从提高学生整体素质的方向进行统筹规划。

在对学生各方面的帮扶和教育工作中，对学生进行经济层面的提升见效较快，而对学生进行思想政治教育方面的提升较慢。因此，源于各部门对家庭经济困难学生考核工作的量化，部分学校为了完成资助育人工作任务，往往将工作重点放在容易出成果的"资助"上，而没有从全局的角度思考如何提升学生的整体素质，促进学生在思想、经济、学业、心理和就业创业方面的全面、可持续发展。

（2）缺乏对高职院校家庭经济困难学生资助工作的动态管理。

经济发展的时效性使得高职院校家庭经济困难学生的认定工作表现出长期、动态的特征。高职院校的学生资助管理部门对家庭经济困难学生的管理也要随着时代和学生家庭经济状况的变化,进行动态管理。通过动态管理,可以动态掌握学生的脱贫状况和经济改善情况,以便将资助资金发放给更需要的同学;通过动态管理,可以及时了解学生家庭经济是否突然遭遇疾病或意外导致学生家庭经济走向贫困。目前,我国高职院校对家庭经济困难学生的管理由于缺乏动态跟踪管理,不能保证家庭经济困难学生认定的精准性和时效性。

（3）学生资助手段传统,大数据手段和技术缺乏。

最近几年才兴起的大数据概念,在我国还属于比较新型的观念。虽然很多高职院校已经意识到了大数据的巨大潜力,认识到大数据将在学生资助工作中发挥巨大作用。但是,在实际的学生资助工作中,运用的手段还比较传统,通过大数据认定的手段和技术比较缺乏。目前,我国高职院校运用大数据手段主要进行的是数据的存储和查阅功能,而没有及时发挥大数据的预测、分析和预警等功能。我国高职院校目前对家庭经济困难学生的认定和资助工作主要以事务为中心,对搜集的家庭经济困难学生数据主要用于样本数据的统计,数据利用率较低,没有形成大数据全样本分析理念和手段。而目前高职院校家庭经济困难学生认定工作的工作人员主要是辅导员,所学专业主要是思想政治教育,缺乏大数据理念,难以在资助工作中熟练使用大数据技术和手段。此外,随着高职院校家庭经济困难学生人数的增加,尤其是随着高职院校的扩招,高职院校资助管理部门所面对的数据也逐年增加;高职院校线上课程及线上存储量的增加,高职院校数据存储的压力也逐年增大,这在一定程度上也增加了高职院校资助部门的数据存储和分析的难度。社会的发展和大数据技术的发展对高职院校家庭经济困难学生资助认定工作人员的大数据素养和大数据思维提出了新的要求。

（4）高职院校家庭经济困难学生的资助体系存在缺陷。

随着2019年我国高职院校的扩招,相应地也增加了高职院校的家庭经济困难学生人数,虽然我国政府扩大了高职院校家庭经济困难学生的资助比例和资助金额,同样也加大了政府财政资金的压力,这使得国家助学贷款逐渐成为对高职院校家庭经济困难学生进行资助的一种重要方式。国家助学贷款由对应的商业银行负责,针对高职新生,各高职院校在新生录取通知书中也附上了助学贷款的申请流程;针对大二、大三学生,学校资助部门通过辅导员召开班会等方式将国家助学贷款的申请和续贷方式告知每位同学。国家助学贷款金额一般为每年每生6 000元,这个费用对高职院校的部分专业,比如艺术类专业,难以满足家庭经济困难学生的资助需求。

（二）大数据促进高职院校资助体系构建的基础——大数据与资助工作的结合

1.大数据分析的主要特点

在大数据背景下，通过大数据技术可以实现数据的实时采集，大数据采集的数据与传统的问卷数据和访谈数据不同。通过发放问卷或者访谈获得的数据具有刻意性、有限性、掩饰性及非统一性的特点，而通过大数据手段可以获得一些传统手段无法量化的数据，例如学生的感受、想法、情绪、心理状态和态度等，通过大数据技术的挖掘和分析，将这些数据进行量化及显现，可以使高职院校家庭经济困难学生的资助工作从宏观群体的层面走向覆盖微观个体的层面。所以，结合大数据的基本特点，高职院校的学生资助工作者可以进一步借助网络平台和大数据系统的优势，进一步了解高职院校全体学生的基本情况，全面掌握家庭经济困难学生的家庭经济状况，实现精准资助。

2.通过大数据技术，实现精准资助

在高职院校家庭经济困难学生的认定过程中，通过借助大数据技术和手段，可以对每名学生的情况进行跟踪和记录，结合学生的就餐数据以及日常消费数据等信息进行整合分析，全方位了解学生的家庭经济状况。具体来说，大数据技术的优点主要体现在以下几个方面。

（1）有利于辅助高职院校进行家庭经济困难学生的认定。

通过大数据技术，高职院校可以统计学生的消费情况，了解学生的消费习惯，判断学生家庭的经济水平，确保学生自己申请和提交的佐证材料的准确性。

（2）有利于对高职院校家庭经济困难学生进行隐私保护。

利用大数据技术，高职院校可以通过学生的消费数据了解学生的家庭经济水平，节省申请材料和公示环节，保护申请家庭经济困难认定学生的隐私。

（3）有利于提升高职院校资助工作的时效性。

高职院校通过分析学生的实时消费情况，在短期内了解学生的家庭经济状况的变化以及学生消费状况的变化，缩短传统方式对学生材料审核的时间周期，及时对亟须帮助的贫困学生发放资助资金。

（三）大数据促进高职院校资助体系构建的实现——大数据的现实创新运用

高职院校家庭经济困难学生的资助工作主要分为认定、帮扶、管理和育人四个层面。对家庭经济困难学生的认定主要是指对家庭经济困难学生及其贫困程度进行识别；对家庭经济困难学生的帮扶主要是指为受助学生提供相应的资助；对家庭经济困难学生的管理主要是指借助一定手段对资助构成要素进行组织、协调和管理；对家庭经济困难学生的育人主要是指在资助过程中促进学生全方位发展，并实现健康成长、成才。高职院校资助工作的四个层面，主要采取指标量化等科学方式来准确识别高职院校家庭经济困难学生的贫困状况及其困难程度进而实现贫困认定。通过将对高职家庭经济困难学生的帮扶工作进一步做到工作的精细化、方案的个性化、力度的精准化，促使国家、社会和学校的资助政策和流程符合高职院校家庭经济困难学生的个性特征和家庭实际经济情况、满足家庭经济困难学生的发展需求,进而实现对学生的全面帮扶。通过加强对高职院校家庭经济困难学生数据的动态管理和统筹协调,可以高效整合并利用高校的数据和信息资源,进而实现对高职院校家庭经济困难学生的全面管理。通过在高职院校的学生资助工作中贯彻以人为本的理念,落实立德树人的任务,促进高职院校家庭经济困难学生的成长成才,进而实现育人目标。

大数据作为最近几年逐渐兴起的一种新方法、新手段和新技术,其核心价值在于通过数据挖掘以及数据应用等技术手段,使我们能从大量的数据库中快速获取所需要的相关数据,为进一步的科学研究提供便利。通过大数据推进高职院校的学生资助工作,需要将大数据的理念、方法、手段以及技术全面贯穿,并应用到高职院校家庭经济困难学生的实际工作中来。大数据不仅可以增强高职院校家庭经济困难学生的认定、学生贫困程度的识别,还能实现高职院校对家庭经济困难学生帮扶内容的精细化、帮扶方案的个性化以及帮扶力度的精确化,通过对高职院校家庭经济困难学生资助体系的动态管理和协调统筹,使对学生的资助方式更加温暖,让所有高职院校的家庭经济困难学生都能健康、快乐地享受公平、高质量的高职教育,进一步实现高职教育的公平性,促进社会的平等性。但在实际工作中,要想充分发挥大数据在高职院校家庭经济困难学生资助工作和资助体系建立中的优势和作用,需要找到大数据特征与高职院校资助工作的契合点,弄清大数据对高职院校资助工作的作用机理,通过促进大数据的创新运用,来实现高职院校资助体系的构建。

(1)大数据可以实现对资助对象的精准识别,推进高职院校资助工作的精准认定。

对家庭经济困难学生的精准认定是实现高职院校资助工作的前提和基础,要实现对高职院校家庭经济困难学生的精准认定需要通过科学合理的认定方式来实现。科学合理的认定方式主要包括四方面特征:一是真实的认定依据;二是客观的认定程序;三是科学的认定标准和资助档次;四是精确量化的认定指标。

根据《教育部对十二届全国人大四次会议第 7599 号建议的答复》(教建议〔2016〕第 471 号)文件精神,在对学生进行贫困认定的过程中要引入更多量化指标,探索建立既符合国情,又科学合理的认定方法。因此,在对高职院校家庭经济困难学生进行贫困认定的过程中,获取客观真实的信息资源、减少贫困认定程序中的主观因素、借助精确有效的科学运算方式构建适合高职院校家庭经济困难学生资助体系是对学生实现精准认定的必然要求。

大数据通过全程智能化的运行方式来获取数据、处理数据以及分析数据,大数据主要有三个真实性特征。特征之一是大数据所采用的是真实的、客观的、原始的自然数据,从数据来源来说具有毋庸置疑的客观真实性。原始数据是对客观事物的性质、状态、特征和相互关系的原始状态的记录,这些数据主要来源于网络分类的搜索引擎、射频识别、传感器、移动智能终端等设备,不受人为主观因素的影响,能够客观真实地反映事物的本质。特征之二是采用的分析算法可以对大量源数据中的伪造、偏差和异常部分数据进行筛选、过滤和净化,通过挑选出真实数据,了解事物的总体状况。特征之三是将定性数据转化为定量数据,实现定性分析到定量分析,有利于数据分析过程的客观性,更有利于分析结论的准确性。在高职院校家庭经济困难学生资助体系的构建过程中,通过利用大数据技术获取认定指标体系的相关数据,不仅可以避免贫困证明法、综合评测判定法中存在的随意性、主观性、经验性而对结果产生的偏差,而且可以采集和分析高职院校申请家庭经济困难认定的学生及其家庭的资产、收支、资金流转、职业状况、遭受意外情况、遭受重大疾病情况、学生所在生源地的最低生活保障线、高职院校所在地的城市居民最低生活保障线、高职院校所在地学生的学习生活基本费用保障线、高职院校的资助资金名额、高职院校的收费水平等数据。通过对学生所在家庭的经济困难程度的核心变量和指标权重进行定义和赋值,从而构建高职院校家庭经济困难学生认定方法和资助体系的量化指标,进而可以准确识别资助对象的相关信息及结果。此外,通过引入大数据技术,可对高职院校学生的校园卡消费、网络购物、消费明细等数据进行动态监测。大数据的及时性,能够保证在第一时间发现学生及家庭由于遭遇各种意外而致贫和瞒报虚报的"假困生",从而对资助对象及其档次进行实时调整。

(2)大数据的价值特征可以提高内容精细化。

大数据对海量数据的搜集、存储和分析可以得出各种不同事物之间的联系,这体现出大数据具有海量性、客观性、预测性等特征,高职院校的学生资助工作人员可以通过大数据的此种优势提升学生资助工作的有效性。因此,将大数据运用到对家庭经济困难学生的资助帮扶中,可以精准把握资助系统和指标之间的联系,从而提升对家庭经济困难学生帮扶的精准度。提升帮扶的精准度主要是指在国家"奖、助、贷、勤、减、免、补"资助体系的基础上,再利用大数据技术来处理和分析学生的资助信息,找出资助项目和体系指标之间的相关关系,各高职院校进一步根据本院校家庭经济困难学生以及受资助学生的差异化、个性化、层次性、阶段性的不同需求,设计多种多样的资助体系,根据高职院校家庭经济困难学生的学业、思想、心理、能力和就业的多方面需求,进一步排列、组合及完善,采取对应的帮扶措施,实现受资助学生的全面、可持续发展。值得注意的是,在当前"校园贷"无处不在、"微商"思想全面泛滥的大背景下,通过对网络贷款平台、校园金融平台以及微信、QQ、微博多媒体平台等数据平台定向抓取并关联分析相关数据,还能及时发现高支援下不小心误入歧途的贫困学生,防止这些学生陷入各种陷阱。

(3)大数据的多样性、海量性以及高速性特征可以提升高职院校资助工作的动态性和效率性。

资助工作要求对受助学生的衣、食、住、行等方面进行多维度、全方位的考察,不仅要对受助学生进行经济援助,还需进行思想引导、学习指导、心理疏导以及就业创业能力的培养。资助的主体、资助的项目以及资助的内容具有多元性特征。这表明,高职院校要实现对学生的发展型资助,就必须树立整体、发展和协同的资助理念,通过大数据平台对各项海量信息进行有效整合,实现学生资助的精准性。优化各高职院校的资助管理信息系统,可以快速获得受助学生评奖、评优情况,助学贷款情况,参与勤工助学情况,是否获得减免学费,资助效果等相关信息,及时了解并掌握学校各部门的资助管理人员在资助工作各个环节中的工作进度、工作难度等情况,快速获取整个学校、二级学院以及各个专业和班级的资助总体情况、资助类型、资助比重、资助分配以及资助需求。通过大数据管理平台的端口,各高职院校的资助管理中心可以实现与社会各组织机构的联动,及时更新资助数据,提高对学生资助项目、资助经费、资助渠道以及资助方式的全面了解。

(4)大数据的隐蔽性和客观性特征可以让学生资助工作变得更加暖心。

在大数据背景下,学生资助的数据来源于各个大数据平台的智能终端,大数据平台的客观性使通过大数据得出的资助结论相对客观、准确、公平且有很强的说服力。此外,由于大数据的隐蔽性和客观性可以避免学生贫困材料和数据的大范围公示,减少甚至去掉学生贫困材料在"班级评议"环节被班级同学多次查看的情况,有利于为实现学生资助工作保护受资助学生隐私和人格,在一定程度上体现了学生资助工作的人性化,使学生资助工作变得更加暖心,这一特征优势能提升资助方式的人性化内涵和程度,确保资助育人目标精准实现。其次,通过大数据的准确性和客观性特征,可以实现隐性资助和显性资助的结合,体现对受资助学生的人文关怀。最后,利用大数据的可视化技术,可以将对家庭经济困难学生的评议、认定等过程通过可视化形式进行审核和公示,减少受助学生个人信息的透露。

二、大数据促进高职院校资助体系构建的体现

大数据有利于助推高职院校资助体系的构建,主要表现在大数据能够为资助工作提供充足的信息、大数据有利于为资助形式的多样化提供事实依据、大数据能够为精准资助水平的提高提供支持条件、大数据有利于为资助效能的提高提供相应的技术支持以及"智慧校园"能够为学生资助工作营造大数据环境五个方面。

(一)大数据能够为资助工作提供充足的信息

在我国高职院校当前的资助体系下,资助方与被资助方之间的信息不对称是导致资助陷入困境的原因之一。作为资助方的学校,家庭经济困难学生的信息收集主要来源于学生自己提交的申报材料,但是由于各种主客观条件的限制,使得资助方不能准确及时地对这些信息一一核实,更难以及时准确地了解被资助对象家庭经济情况的相应变化。资助方与被资助方之间的信息不对称会使高职院校的资助工作在资助对象、资助需求、资助认定、资助形式以及资助效果等各方面难以实现最初想要的效果。但是,在大数据背景下,高职院校受资助学生的一系列家庭经济活动以及学生的个人消费情况都可以通过大数据平台获取到全面、精确的信息,有利于改善资助方和被资助方之间信息不对称现状,有利于为高职院校资助工作提供充足的信息资源。

(二)大数据有利于为资助形式的多样化提供事实依据

在高职院校目前的资助体系下,由于资助方没有随着时代发展而及时更新资助理念,使目前大多的资助仅仅停留在对学生的经济资助的基础之上,没有重视学生在思想政治素质、心理发展、学习和技能以及就业创业方面的发展,对高职院校家庭经济困难学生采用的是刻板、传统的资助形式。在大数据背景下,通过大数据技术的运用,可以获取学生

家庭经济状况和学生个人消费情况的数据,从而使高职院校的学生资助形式更加多种多样。

（三）大数据能够为精准资助水平的提高提供支持条件

高职院校对学生进行家庭经济困难认定的过程中,通过大数据技术可以实现对学生信息的分析、跟踪、记录以及整合,通过学校的智慧校园平台、学生管理信息系统、教务系统、一卡通中心等大数据中心,可以了解学生的学习、生活、经济等情况,为学生资助工作服务。

首先,大数据可以辅助高职院校进行家庭经济困难学生认定。通过大数据,高职院校可以统计学生的消费情况,直接或间接地了解学生的消费习惯和消费倾向,了解学生的月消费水平以及家庭经济状况,从而判断学生的家庭经济情况,以确保资助的准确性。

其次,大数据可以对贫困学生的隐私信息进行保护,大数据可以免去高职院校家庭经济困难学生申请材料的公示以及申请结果的公示,有利于保护学生的隐私。

最后,高职院校利用大数据对学生家庭经济情况及学生消费情况进行实时分析,有利于提升高职院校资助工作的时效性。通过及时、准确地获得学生家庭经济状况以及学生本人消费情况的变化,可以使学校资助工作人员及时更新贫困学生的信息资源库,并及时对部分突然致贫的学生发放短期的、快速的小额补助。

（四）大数据有利于为资助效能的提高提供相应的技术支持

目前,我国高职院校家庭经济困难学生的各项统计信息以及各种资助信息,均处于人工表格的输入、采集、整理以及分析的阶段,而对互联网和计算机的使用,目前还处于初级阶段,大数据利用率较低,使得学生资助的相关信息难以通过大数据手段有效地统筹整合。因此,对大数据平台相关数据的合理统筹,改善传统的信息录入方式,可进一步优化学生资助的路径,提升传统资助体系的现代化手段。

由于高职学生在校三年时间较短,使得大部分学生的家庭经济状况在此阶段内发生较大变化的概率比较小,但是也不能排除突发的情况引发学生家庭经济状况的改变。在这种情况下,通过大数据技术,引进信息化手段,有利于对高职学生的家庭经济状况以及学生个人的消费水平通过数据进行量化,根据量化的分类,针对学生的困难程度、学生对资助资金需求的迫切性以及学生的家庭经济条件改善情况,在资助工作前后对受资助学生的得分情况进行排序。以此,可以了解资助工作对学生产生的效果,努力实现对下一年度班级学生家庭经济状况和学生个人消费情况的排名情况,并根据学生每年的排名进行对比。因此,通过大数据高效、便捷、精准的数据采集以及数据分析能力,可以改善目前以人工为主的资助工作低效率的信息采集和收集方式,进一步改善高职院校单一化的资助形式,提高高职院校目前的资助效能。

（五）高职院校的"智慧校园"系统,有利于为高职学生的资助工作营造大数据环境

进入 21 世纪后,我国逐渐提高了各高校校园网的应用水平,并加强推进高职院校的信息化建设。"十一五"期间我国各个高校逐渐推行以统一的身份认证、统一的校园门户

网站,以及高职院校公共的数据平台为特征的数字化校园建设,这从整体上提升了我国高职院校的信息化水平。而到了"十二五"中期,随着云计算技术、物联网技术以及移动互联网等信息的逐渐普及,使建设"智慧校园"从口号变为实际行动。目前,我国的高职院校信息化建设都已逐渐步入"智慧校园"时期,有利于为高职学生的资助工作营造大数据环境。在"智慧校园"中,高职学生的学习、生活均可以通过信息化以及网络化的信息实现数据化,学生的家庭经济状况、个人信息、消费习惯、行为轨迹、习惯爱好、衣食住行、表现结果等都被应用系统和设备记录存储,实现了学生学习、生活的数字化。学校的大数据可以通过对学生客观存在的学习、生活进行展现,从而了解学生在自在状态下自我行为的各种反应。在高职院校的"智慧校园"中,有着高职院校所有学生的家庭基本信息、家庭欠费贷款情况、学生日常生活习惯、学生创业就业情况、学生校园消费明细、学生获奖情况、学生受资助情况等,通过大数据可以使学生的各项信息变得数字化,真实、客观、全面地刻画并了解学生在校期间的各种行为特征,为高职院校的家庭经济困难学生认定工作营造良好的大数据环境。

三、大数据促进高职院校资助体系的路径

（一）构建与大数据相匹配的资助管理系统——高职院校资助体系构建的基础

大数据的本质是一种信息化技术手段。因此,要发挥大数据在高职院校家庭经济困难学生认定和资助工作中的功能和优势,基础在于构建与之相匹配的完善的大数据资助管理系统。而构建大数据资助管理系统,基础在于相关数据的有效采集,在高职院校中,与学生资助相关的数据主要来源于学校的教务、财务、后勤、宣传、学工、招生就业处以及信息中心等方面,现在我国大多数高职院校都将这些信息统一化到高校的智慧校园平台。高职院校获得数据之后,需要将收集到的相关数据录入大数据系统,借助大数据技术,结合资助工作的实际需要,进行数据分析。"数据分析"的主要实现路径是算法设计,此项工作需要通过专业从事IT的算法工程师来操作完成,其主要实施步骤为通过明确高职院校家庭经济困难学生资助体系的相关知识,通过数据网络、特异群以及其他新型数据的挖掘技术,建立数据对象的相关性连接,并进行技术分析,据此设计出符合本校特征的大数据算法,并将搜集到的数据代入到算法中,通过"结果呈现"的方式为高职院校家庭经济困难学生的资助工作提供决策依据。"结果呈现"环节主要是实现大数据分析处理结果的可视化,即通过"数据分析",将以大数据形式生成的结果转化为师生们耳熟能详的形象化、易理解的可视化表现形式,如图表、视频和结果数据等,让大数据在高职院校家庭经济困难学生资助工作中发挥出应有的效力。

（二）建设以大数据技术为核心的全能型资助队伍——高职院校资助体系构建的核心

在运用大数据技术的背景下,要想提升高职院校资助工作效果,需要加强高职院校资助工作人员对大数据的了解,并确保资助工作人员能够读懂大数据的结果。基于此,就需要建立一支以大数据技术为核心的结构合理、专兼结合的全能型资助队伍。这支队伍不

仅要熟知高职院校家庭经济困难学生资助体系的内容以及贫困认定工作的流程,还能够统筹协调各个数据来源部门,能看懂数据分析结果,能够根据数据分析结果制订相对应的解决措施和资助方案。总体来说,目前高职院校可以从提升资助队伍技术能力以及优化资助队伍结构两方面来打造全能型资助队伍。首先,在学生资助工作队伍中,要招聘引进专门的数据人才,并寻找专业化合作伙伴,通过传帮带的方式加强对资助工作队伍中其他非专业技术人员技术能力的培养,打造富有各个高职院校特色的学生资助体系大数据技术分析和技术指导核心。其次,继续引进心理学、法学、经济学、统计学、教育学和管理学等专业的人才,形成一个集多学科为一体的学生资助管理队伍,在精准资助的基础上,融入育人目标,实现资助与育人的有机结合。在学生资助工作过程中,通过两支队伍各自发挥特长优势,相互取长补短,协同开展工作,共同推进高职院校运用大数据技术优势推进学生资助体系的构建。

（三）搭建高职院校的数据化资助平台——高职院校资助体系构建的关键

在多元资助体系的实施政策下,借助大数据技术推进高职院校资助体系的构建,关键在于建立一个信息对接、互联互通、实时互动的高职院校数据化资助平台。原因之一是高职院校资助工作的多样性,使得某一单个部门不能拥有学生资助认定的全部数据,因此只有通过建立数据化资助平台,通过数据的互联互通才能实现数据共享。原因之二是高职院校资助体系的构建需要多个有关部门[如学生所在生源地民政部、学生所在中学、学生所在乡镇村委会（农村籍学生）、学生所在社区街道办（城镇籍学生）、地方政府扶贫开发部门、校内各部门和院系]、多个资助主体（各企事业单位、银行、政府、学生家庭、基金会等社会组织和个人）和多个教育管理主体（任课教师、辅导员、学生处、校团委、党委和学工部等）实现信息互通并协同配合才能构建完善的资助体系。基于这两个原因,高职院校可打通内外两条途径来实现本校的数据化资助平台。

第一,通过加强学校网站、学校资助系统、微信、微博以及手机App等信息化平台的建设,完善家庭经济困难学生在线认定系统、资助在线申请系统、"互联网+"助学平台、"微心愿"助学平台、学生网络征信档案体系等方式,搭建资助信息平台和资助育人平台。第二,通过建立高职院校内部跨部门以及跨院系的大数据共享云平台,连接高职院校内部的招生就业、学工、教务、财务、后勤等部门各类系统,筛选、整合与学生资助有关的信息,通过各类信息管理系统、资助网站、手机App以及与资助相关的微博、微信等各类信息载体,实现数据化资助平台在校园内部的有效对接和提取。第三,通过加强高职院校的资助管理系统与地方相关部门管理系统的有效衔接,建立高职院校家庭经济困难学生的身份识别和资助认定。第四,构建高职院校资助管理系统与相关企事业单位、社会组织、银行、社区街道办、创业园区等各单位的数据对接渠道,实现数据化资助平台的跨区域、跨行业和跨领域,全力推进高职院校资助体系的构建。

（四）构建大数据背景下高职院校家庭经济困难学生的资助安全机制——高职院校资助体系构建的保障

通过大数据对家庭经济困难学生的身份进行识别,有利于减少学生通过公开申请等方式出现的信息泄露问题,避免学生隐私暴露出现的自尊心受挫等不良事件。但是,不得不承认技术是一把双刃剑,大数据技术亦如此,大数据具有的海量信息,一方面可以保护学生隐私,另一方面,如果信息一旦泄露就会造成很严重的后果,对学生造成伤害。因此,通过建立完善的学生家庭经济情况数据库的安全机制,保护学生的个人信息非常重要。这不仅需要从事资助工作的老师和工作人员严格遵照国家法律法规做事,还需要了解相关保密机制——只能在法律法规允许的范围内采集和使用学生的相关数据。另外,高职院校的资助认定队伍还要根据资助工作实际制定相关资助数据的保密制度,通过建立数据安全使用责任制、安全分级管理制和安全责任追偿制等机制,规范数据采集者、数据管理者、数据分析者和数据使用者能够从学生的实际出发,尊重和保护好高职院校家庭经济困难学生的个人隐私。此外,高职院校还要注重防护体系的建设,通过构筑"防火墙",防止学生信息外泄。相关措施主要包括对主机进行加固、安装防病毒软件、加强信息入侵检测、对数据进行加密、开启数据的备份与恢复、设置信息的口令鉴别功能、采用敏感数据进行标记、制定权限分级管理规范等确保学生数据在采集、存储、分析、使用全过程中的安全性。因此,高职院校在树立大数据思维推进资助的过程中,不仅要了解其中的"利",还必须认识到其中存在的"弊",这样才能积极稳健地推进高职院校的精准资助工作。

第三节　信息平台的发展为资助体系的构建提供了技术支持

目前,我国各高职院校陆续启用了学生工作及信息管理一站式服务平台,这个平台是学生工作的一项综合管理平台,包括在校学生的学籍、家庭情况、资助、宿舍、勤工助学情况、心理健康咨询及评优管理等模块。高职院校通过建立学生的信息平台,便于及时查询学生的各项信息。高职院校通过获取学生资助体系的相关信息和数据,便于学生资助体系的建立及实施。

一、目前高职院校传统资助体系存在的问题

（一）资助体系各项内容之间缺乏统一的信息平台

目前,高职院校的职能部门众多,使涉及高职院校学生资助的部门也比较多,由于各个部门有着自己的独立管理系统或者信息平台,比如教务系统、财务系统、学生管理系统等,最终使得涉及学生资助体系中需要的信息时,出现各部门信息相对"孤立"的情况,出现资源的浪费和数据共享困难的现象,影响高职学生的家庭经济困难认定及学生资助的效果。

（二）信息平台利用率不高

2019年,我国高职院校百万扩招的政策落地之后,我国众多高职院校的学生生源进一步扩展,与之相应的,也增加了高职院校的贫困学生数量,增加了高职院校资助评审工

作的难度。目前,我国大部分高职院校仍然采用的是传统的人工评审方法,以学生提交的纸质佐证材料作为认定学生家庭是否贫困的主要依据。虽然部分高校不断提高学生资助的信息化程度,但是由于实践水平难以匹配理论进度,在高校资助实际工作中,出现了资助工作人员的专业化配备较低、资助工作信息化培训力度不高的现象。最后造成部分高职院校在贫困认定和资助工作中虽然引入了信息平台,但是最后认定结果还是主要来源于传统的纸质资料,信息平台仅仅拘泥于形式的现象。这不仅会影响高职院校家庭经济困难学生的认定结果,而且还会阻碍高职院校精准资助目标的实现。

（三）资助体系的育人效能不显著

虽然我国的资助工作一直在体现"资助育人"理念,但是"资助"目标属于显性目标,很容易实现,而"育人"目标却是属于隐性目标,十年树木,百年树人,使"育人"目标难以在短时间内实现。因此,目前我国高职院校的信息平台大部分均能体现资助的成分,但是育人成效仍需进一步提高。《高校思想政治教育质量提升工程》中提及的加强资助育人工作,要求各高职院校需要转变重资助轻育人的工作模式,在资助工作中将模式从输血式转变为造血式,真正将"资助"融入"育人",在"资助"中体现"育人"。

二、高职院校学生资助信息平台建设的业务逻辑

（一）平台目标

高职院校学生资助信息平台是针对高职院校资助工作而开发的家庭经济困难学生的资助平台,旨在通过信息平台实现精准资助,帮助高职院校的家庭经济困难学生顺利完成学业。

此平台围绕高职院校的资助工作,为高职院校学生提供一系列申请贫困资助的流程。学生可以通过信息平台了解到国家资助政策,知晓贫困认定方法、流程、原则等,使学生少跑路。此平台还能使负责学生资助的辅导员和学生资助工作人员随时随地调取学生的相关家庭经济困难信息,使学生资助工作从纸质时代走向大数据时代。

（二）平台功能分析

经实地走访重庆市五所高职院校,了解到目前重庆市高职院校的学生资助信息平台主要面向对象为学生、辅导员和学工部学生资助工作人员。

1.学生登录的资助信息平台界面

学生登录资助信息平台后,主要有学生资助、资助管理、勤工助学、学生管理和心理健康咨询几个板块,如图5.5所示。

图5.5　学生资助信息平台的学生登录界面

2.辅导员登录的资助信息平台界面

辅导员登录资助信息平台后,主要有学生资助、资助管理、学生岗位审核和学生管理几个板块,如图5.6所示。

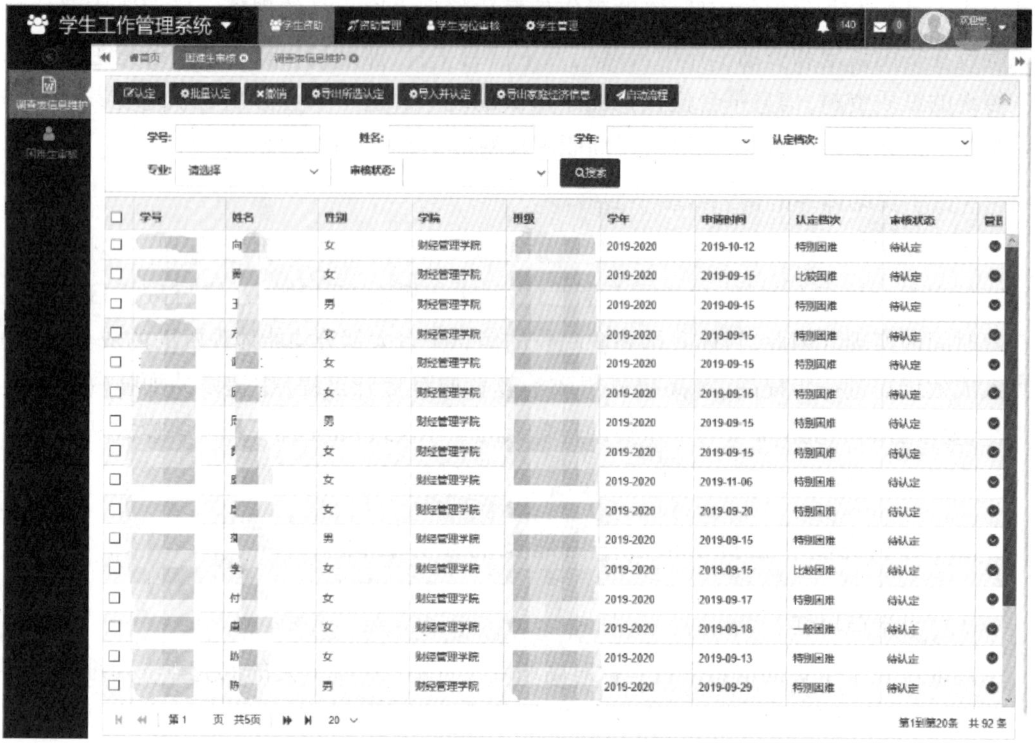

图5.6　学生资助信息平台的辅导员登录界面1

3.学工部学生资助中心工作人员登录的资助信息平台界面

学工部学生资助中心工作人员登录的资助信息平台主要有学生资助模块、资助管理模块、勤工助学模块、思政队伍模块、奖项申请模块、违纪处分模块以及行政办公模块。

（三）平台功能详细介绍

1.学生登录的资助信息平台介绍

（1）学生资助模块,主要包括填写调查表和家庭经济困难学生申请。

调查表模块,学生可以在此填写自己的个人信息、家庭成员信息以及自己的家庭经济情况,并上传相关佐证材料,如图5.7所示。

家庭经济困难学生申请模块,学生可以根据自己的家庭经济状况申请认定档次,申请的档次需要等待辅导员和学校资助工作人员的进一步核实,如图5.8所示。

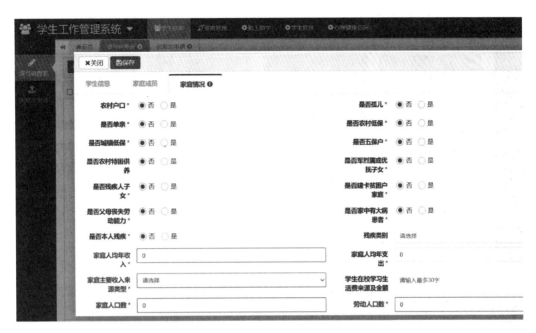

图 5.7　学生资助模块 1

图 5.8　学生资助模块 2

（2）资助管理模块，学生可以对自己的资助信息进行申请、撤销以及提交，并可下载登记表，如图 5.9 所示。

图 5.9　资助管理模块

（3）勤工助学模块，可以进行勤工助学岗位的搜索、申请、删除和提交，如图 5.10 和图 5.11 所示。

图 5.10　勤工助学模块 1

图 5.11　勤工助学模块 2

（4）学生管理模块，主要涉及学生的日常管理，包括学生走读申请、学生寒暑假留校申请以及学生的学生证补办，如图 5.12 和图 5.13 所示。

图 5.12　学生管理模块 1

（5）心理健康咨询模块，主要包括学生的心理咨询申请模块和心理咨询确定模块。其中，学生的心理咨询申请模块主要包含添加、明细、编辑和提交等功能，如图 5.14 所示。

图 5.13　学生管理模块 2

图 5.14　心理咨询申请模块

学生的心理咨询确定模块主要包含查看咨询历史、确定咨询时间、咨询到场总结、查看详细信息以及拒绝等功能，如图 5.15 所示。

图 5.15　心理咨询确定模块

2.辅导员登录的资助信息平台介绍

（1）学生资助模块，主要包括调查表信息维护和困难生审核两个子模块。其中调查表信息维护子模块有新增功能，可以新增家庭经济困难学生的信息。困难生审核子模块主要用于对学生申请的困难信息进行认定、撤销和导入等，如图 5.16—图 5.18 所示。

（2）资助管理模块，主要有资助审核和资助结果两个子模块。

资助审核子模块可以对学生的资助情况进行审核、撤销，并可查看学生申请明细，并下载学生的登记表，如图 5.19 所示。

图 5.16   重庆某高职院校学生资助信息平台的辅导员登录界面 2

图 5.17   调查表信息维护子模块

图 5.18   困难生审核模块

图 5.19　资助审核子模块

资助结果子模块可以查看学生的资助明细,如学生申请资助的学年、申请的资助项目名称、申请的资助项目金额以及申请资助的时间等,如图 5.20 所示。

图 5.20　资助结果子模块

(3)学生岗位审核模块,可以看到目前学生申请的勤工助学岗位情况并对学生的申请进行审核和撤销等,如图 5.21 所示。

图 5.21　学生岗位审核模块

(4)学生管理模块,主要包括学生干部管理和学生日常管理子模块。

学生干部管理子模块可以看到目前各班级的学生干部信息,并可添加和卸任学生干部信息,如图 5.22 所示。

图 5.22　学生干部管理子模块

　　学生日常管理子模块主要有学生走读、学生留校和学生证补办等信息,辅导员可以通过学生管理信息系统查看、添加并审核学生的走读、留校及学生证办理等信息,如图 5.23 和图 5.24 所示。

图 5.23　学生日常管理子模块 1

图 5.24　学生日常管理子模块 2

　　3.学工部学生资助中心工作人员登录的资助信息平台介绍

　　学工部学生资助中心工作人员登录的资助信息平台主要有学生资助模块、资助管理模块、勤工助学模块、思政队伍模块、奖项申请模块、违纪处分模块以及行政办公模块。下面主要介绍学生资助、资助管理和奖项申请三个模块。

　　(1)学生资助模块,主要包括参数控制、调查表信息维护、困难生申请以及困难生审核模块,主要用于查看、审核学生上传的家庭经济情况相关佐证材料,具体如图 5.25 所示。

图 5.25　学生资助信息平台的学工部登录界面的学生资助模块

(2)资助管理模块,主要包括资助项目设置、资助申请、资助审核、资助结果以及资助项目汇总等子模块。主要用于查看和设置学校相关资助项目,查看、审核学生的资助申请情况以及学生的资助结果,并进行汇总统计,如图 5.26 所示。

图 5.26　学生资助信息平台的学工部登录界面的资助管理模块

(3)奖项申请模块,主要包括评奖评优子模块和集体评奖子模块,可以对学生申请的奖励性助学金进行评定和统计,如图 5.27 所示。

图 5.27　学生资助信息平台的学工部登录界面的奖项申请模块

三、高职院校学生资助体系中发展与推广信息平台的措施

（一）进一步完善、发展学生资助管理平台的功能

完善、精准、实用以及规范化的学生资助管理平台,有利于体现高职院校学生资助工作的科学性、精准性、关怀性、及时性和有序性,保障高职院校学生资助体系的落地落实。目前,虽然众多高校的学生资助管理平台有着学生资助相关政策的发布、学生家庭经济状况信息、资助管理、勤工助学管理、学生综合管理以及学生心理健康咨询等模块,但是,社会是不断变化发展的,学生资助管理平台也必须随着时代的发展以及学生资助工作的新要求,结合高职院校家庭经济困难学生的学生特点和学生实际,进一步完善,使学生资助工作能够落地、落实。例如,可以增加管理员使用的"系统管理模块",用于用户设置和代码维护;可以增加"资助政策管理"模块,对受助学生根据资助种类和等级进行分类管理,建立高职院校所有受资助学生的家庭经济状况数据库以及受资助情况数据库等。此外,高职院校还可通过借鉴、引进与学生资助有关的各种大数据资源,比如硬件设施、App 和相关网站等,充分利用新媒体传播媒介,比如 QQ、微信、微博等,让高职院校的学生资助工作人员可以通过这些新媒体随时随地查询家庭经济困难学生的相关信息,及时进行审核及批复。

（二）规范学生资助工作流程,让学生资助工作有"程"可循

高职院校学生资助工作的信息化平台不断地在进行完善化和系统化,因此,通过规范学生资助工作的流程,完成信息平台对有效的大数据进行一系列的采集、加工、组织及整合,有利于提升学生资助工作的效能。要使高职院校学生资助工作有"程"可循,就必须规范学生资助的基础工作、优化学生资助的业务流程。例如,不同类型的学生资助项目有着不同的评选流程和评选条件,而目前我国高职院校的学生资助平台还未智能到能够识别不同资助项目的程度,学生资助信息平台更不会针对不同资助者进行对号入座。这种

情况下,就需要相关工作人员针对不同的学生资助项目进行特定的归类和梳理,通过整理出每个学生资助项目的流程,并将其运用到学生资助管理平台中,实现真正的有"程"可循。

（三）通过培养高素质的学生资助信息管理队伍, 提高高职院校学生资助体系工作的时效性

人作为高职院校学生资助工作信息平台中的主要因素,是学生资助平台建设中必须考虑的因素。在通过学生资助管理平台促进学生资助工作实效性的同时,必须调动学校相关领导、资助工作人员、辅导员、信息平台的技术人员以及学生的主动性与创造性。首先,在学生资助信息平台中增加互动板块,使学生可以通过平台为信息化建设提出自己的意见。其次,对学校涉及资助工作的相关工作人员开展分层次、分阶段、有针对性的培训,提高学校资助工作人员的信息化工作技能,提升管理队伍的综合素质。

第四节　国内外资助工作实践为资助体系的构建提供了现实依据

一、国外高校家庭经济困难学生资助体系的工作实践

（一）美国高校的资助体系——多样化资助

美国是目前全球高等教育发展底蕴较厚、发展速度较快的国家之一。美国高校目前采用的资助体系和资助模式,对我国高职院校的学生资助工作实践和学生资助体系的建立都具有很好的借鉴意义。

美国主要通过多样化的资助体系对高校家庭经济困难学生进行资助,其多样化资助体系主要包括助学金、助学贷款、奖学金和半工半读(勤工助学)等方式。美国对高校学生进行资助的资金来源于联邦政府、州政府、各个高校、其他慈善组织、社区、社会团体以及企业。这种体系的主要特点是资金来源多样化、资金投向多样化、资金配比多样化以及资助方案多元化。其资助体系和资助政策也体现了"教育机会均等"和"教育成本分担"的教育理念。由于美国文化推崇独立自主、个性自由,因此,学生年满十八周岁以后,家庭不用承担学生的学费,使得很多大学生都要通过自己来解决学习生活费用,因此这种多样化资助体系比较符合美国目前的国情和教育体制。

（二）英国高校的资助体系——免费+助学金

"免费+助学金"的模式,是指国家不仅要对高校学生进行免费的高等教育,而且还要对贫困学生进行生活费资助,这种模式是全球最早对高校家庭经济困难学生的一种资助体系。这种资助体系主要包括助学贷款、助学金、奖学金、勤工俭学等,英国对高校的家庭经济困难学生实行的资助政策是先入学付费、按收入比例还贷以及按家庭收入补助,并根据学生对家庭的依赖情况,对高校学生划分三类情况:免收学费、交纳部分学费以及交纳

全额学费。

英国高校资助体系还能为家庭经济特别困难的学生提供暖心服务。比如,根据学生经济水平的实际情况,学生可以申请适合自己实际情况的资助项目,这些资助项目主要包括特别支持助学金、儿童护理助学金、父母学习津贴、成人依赖助学金以及伤残学生津贴。此外,英国高校针对品学兼优的家庭经济困难学生,会结合学生的学历、国籍、年级以及专业等实际情况,设置不同类型、不同等级的奖学金。作为资助来源的主体之———社会团体以及企业,英国政府也一直持积极态度,鼓励多主体加入对高校家庭经济困难学生的资助中来。

（三）日本高校的资助体系——收费+贷学金

日本高校的资助体系主要是奖学金、助学贷款、学费减免、勤工俭学等。这种"收费+贷学金"资助体系,与日本一直实行的缴费制高校教育息息相关,日本政府在对高校学生进行资助时主要坚持以下三个原则。原则之一,日本高校中接受资助的群体为"最需要资助金的学生",相当于特困生。原则之二,日本高校学生的资助是为解决学生的暂时性经济困难,为过渡资助金。原则之三,对于毕业后有收入的同学,需要偿还在大学时接受的资助资金。

日本这种"收费+贷学金"的资助体系,要求受资助对象不仅属于经济困难家庭,而且还要求学生的学习成绩优异。日本的资助相关事宜不是由政府负责,也不是由高校负责,而是通过日本政府认可的民间组织和中介机构进行。这些民间组织和中介机构在对学生进行资助资金发放之前,要全方位审核学生获得助学贷款的资质条件,审核依据主要包括学生的家庭情况、身体状况、思想品格以及学习成绩等方面。和其他国家类似,日本对品学兼优的高校贫困大学生,也设有各种奖学金性质的资助项目。而且,还可为家庭经济困难学生提供学费减免以及勤工俭学等资助方式。此外,作为日本的资助主体重要组成部分的社会团体或机构,也会对高校的贫困学生提供无偿赠予性资助。

（四）国外资助体系对我国高职院校资助工作的启示

国外资助体系在不断总结和摸索的基础上,无论是理论上,还是实践上,都发展得较为成熟,目前各国的资助体系也比较完善。这些都为大数据背景下,我国高职院校资助体系的建立提供了较好的现实依据。

1.扩大资助主体范围,坚持成本分担

在对高职院校学生进行资助的时候,不能仅仅依靠政府和高校的力量,还应该将社会机构、慈善机构、社区以及企业等,都纳入对学生进行资助的范畴中来。扩大资助经费的来源,在保证政府专款资助力度的同时,加入其他资助成分,并设置专门机构进行资助资金的管理,确保我国高职院校资助项目的持续性和正规化。

2.一切从实际出发,尊重学生的主体性

我国高职院校资助体系在设置资助项目时,出发点要立于学生的实际需求,尊重学生的主体性。根据学生实际,为学生提供适合学生家庭经济情况、适合学生学习特点的资助项目。

3.合理运用助学贷款,扩大资助覆盖面

目前世界上普遍使用的,激励效果和资助效果较好的资助模式之一是助学贷款。这种模式的资助覆盖面广,激励效果明显,资助对象也并非仅针对高职院校的家庭经济困难学生,凡是有需要的学生均可申请,有利于学生自力更生、自主完成学业。此外,适当扩大助学贷款的偿还期限,并结合较合理、人性化的贷款政策,使贷款学生选择余地大、还贷压力得以有限度缓解。

4.助学金与其他资助项目并行

由于高职院校或多或少存在部分特困生,因此对学生进行助学金资助是必不可少的。但在对学生进行助学金资助的同时,也可设置部分奖励性资助,用于奖励品学兼优的贫困学生,起到激励学生的作用。

二、我国高校家庭经济困难学生资助体系的工作实践

（一）我国高校目前的资助模式主要是"无偿资助"和"有偿资助"两种

我国高校目前正在使用的资助模式主要分为"无偿资助"和"有偿资助"两种。"无偿资助"的方式主要是将资助金免费发放给经过认定的学生,学生不需要进行偿还,这种方式以发放国家奖助学金、励志奖学金等为主。此外,有的地方政府设有地方特色的奖助学金;高职院校内部还有校内奖学金、减免学杂费、补贴生活费、各种慰问金、校友励志奖学金等;学院内部还有部分贫困资助、学院补贴以及具有学院特色的部分补助金;社会或者校友企业还有一些奖助学金资助项目等,这些丰富多彩的项目都能或多或少地解决贫困学生的部分生活压力。"有偿资助"以国家助学贷款以及申请高职院校的勤工俭学岗位为主,这些资助金主要来源于国家、部分金融机构以及各个高职院校内部,部分社区和政府也设有一些顶岗实习岗位,但这些资助项目的金额有限,可以作为其他主要资助项目的补充。

（二）资助的受众数量较小

随着我国对教育事业的重视,以及我国义务教育的普及,我国高考人数逐渐增加,贫困学生的人数也随之增加。虽然我国目前的资助体系覆盖比较广,但是由于我国高校人数的体量太大,并且随着高职院校的扩招,高职学生的数量也变得异常庞大,这无疑增加了贫困学生的绝对数量。我国目前"奖、助、贷、勤、补、免"的教育资助体系,针对的主要资助对象需要家庭经济困难学生自己进行申请,学生不主动申请就没有获得资助的资格。但对比其他国家,有的国家的资助政策不仅仅是针对贫困学生,对渴望自主自立或者希望减轻家庭负担的学生也同样有效。

（三）我国高校的资助体系逐渐形成了以经济资助为基础、其他多种帮扶手段相结合的资助体系

不管是在我国的高校,还是在国外其他高校,对学生进行经济资助,都是目前历史最

久,最能解决学生燃眉之急的资助方式。但是,随着社会的发展,以及我国教育理念的变化,我国在"资助助人"的基础之上,逐渐提出了"资助育人"的理念,使资助不仅仅局限于对学生的经济资助,更提倡对贫困学生进行全方位帮助。其他多种帮扶方式主要包括帮助家庭经济困难学生的学习和技能提升,比如有的高职院校针对家庭经济困难学生开办专门的技能培训班。针对家庭经济困难学生进行就业帮扶,比如目前很多高职院校都专门开办有家庭经济困难学生招聘会和双选会,对建档立卡的贫困学生还有一对一的针对性帮扶。尤其是 2020 年,为了更有针对性地帮扶建卡学生,把"扶困"与"扶志","扶困"与"扶智"结合起来,对于参加专升本的建卡学生,还开通了专门的建卡学生通道。针对家庭经济困难学生进行心理帮扶,专门开通贫困学生的心理热线,加强对贫困学生的心理关爱。这些方式都体现出我国高校逐渐形成了以经济资助为基础、其他多种帮扶手段相结合的资助体系。

三、国内外高校资助工作实践对我国高职院校构建资助体系的借鉴意义

（一）动员多主体参与到高职院校家庭经济困难学生的资助中来，扩大资助受众面

随着我国高职院校扩招政策的实施落地,我国高职院校中的教育资助需求也随之增加,想要更好地做好学生资助工作,满足 100% 贫困学生的资助需求,仅仅依靠国家助学金以及各省市的资助政策远远不够,还需要不断扩大资助金来源范围,提高对高职院校家庭经济困难学生的资助金额。经过对国外部分国家的资助政策的介绍可以了解到,我们可以针对不同对象开设不同种类的资助项目,实行人性化管理,简化资助项目的操作程序。目前,我国的资助主体主要有政府、各省市教育主管部门、各个高校内部以及少部分企事业单位。其实,还有一群体也可以纳入对学生的资助中。比如,可以通过与企业开展校企合作的方式将部分企业纳入对学生的资助主体范围中,或者以为学生提供勤工助学岗位的方式减轻学生的经济压力,学生在校期间享受企业的资助,毕业之后以到企业就业的方式实现反哺。比如,可以通过与校友企业或者优秀校友开展合作,让部分校友企业或者优秀校友对部分贫困学生给予资助。此外,对学生的资助不能仅仅依靠学校,还应把学生所在家庭也纳入对学生的精神资助中,通过家校互动的方式让学生家长知晓学校的资助政策,并加强家庭对家庭经济困难学生的关爱。只有突破我国固有的、传统的资助思维定式,将高职院校的资助对象扩大到所有需要资助的学生范围,才能培养高职学生自立自强、知恩感恩、自我成长的良好品质,才能从真正意义上实现教育公平。

（二）转变资助思路，通过精神引领提高高职院校家庭经济困难学生的综合素质

对高职院校的家庭经济困难学生进行经济资助,只是资助方式中的一种。除此之外,高职院校还可采用精神引领的方式,注重受资助学生的思想政治素质,培养其树立正确的世界观、道德观、法制观、人生观和价值观等。在学生申请贫困认定以及偿还贷款过程中,可以通过加强对学生的诚信教育,让学生懂得诚实守信。在对学生进行资助资金发放时,要对学生进行感恩教育和节约意识教育,让学生明白资助资金的来之不易。此外,高职院

校还可通过开展各种教育活动以及利用各种教育媒介,尤其是新媒体,对学生开展心理健康教育、励志教育等相关主题活动。通过对学生进行以经济资助为基础、以思想援助为重点、以身心扶助为支撑、以技能辅助为手段、以就业帮助为依托的资助体系,帮助贫困学生树立自信心,提高学生专业技术能力、沟通交流能力、实践创新能力、实际操作能力等,树立高职院校贫困学生的自立自强和艰苦奋斗意识,增强其对家人、学校、社会和国家的感恩之心,通过资助实现"育人",通过立德实现"树人"的目标。

（三）创新认识,开辟高职院校资助体系的新路径

青年学生是我国未来发展的重要力量,高校学生更是促进我国现代化发展的中流砥柱。高校的资助工作一直是我国政府、学校、学生以及学生家长关心的重点,这不仅是一项民生工程,而且是一项政治工作。高校的资助育人工作是高校党委的政治要求,也是高校人才培养目标的重要体现,更是高校思想政治工作的实施要求。因此做好高职院校的资助工作异常重要,在新时代背景下,我们学校要提高对资助工作的创新认识,结合高职院校的实际情况,不断开辟高职院校资助体系的新路径,完成我国教育强国目标。在高职院校的资助工作中,资助是途径,育人是目标,因此,资助工作需要在保障高职学生完成学业的基础上,培养学生高尚的道德情操、精通的专业技能、健康的心理、强壮的体魄,促进学生创新创业就业,使学生步入工作岗位之后能发挥自己所学知识,回馈社会,报效祖国,成为德智体美劳全面发展的新时代人才。

我国的教育理念一直坚持育人为本,全面发展,因此,在对高职学生的资助工作中,也必须牢固树立以学生发展为本的发展型资助理念。通过创新认识,建立以经济资助为基础、以思想援助为重点、以身心扶助为支撑、以技能辅助为手段、以就业帮助为依托的"五位一体"发展型资助体系,将以学生为中心转变为以学生成长为中心,以学生的全面发展为导向,注重学生的内在情感和价值需求,加强对学生的人文关怀,促进学生的全方位发展,结合学生经济资助与提升能力,提高资助工作的温度,开辟高职院校资助工作新路径。

（四）勇于实践,构建高职院校资助体系的新标准

实践是检验真理的唯一标准。资助工作是否有效,是否符合我国教育发展理念以及学生的需要,还要通过实践来进行检验。对资助工作进行检验,不仅要检验学生申请流程是否恰当、资助程序是否规范、资助政策是否落地落实、资金发放是否及时到位、有无学生投诉等,还要检验是否实现了精准资助,是否通过资助达到了育人目的,是否通过资助真正解决了学生困难,受资助学生的综合素质是否得到了提高,具体来说,检验高职院校资助体系的标准主要是以下几点。

第一,前期:资助政策宣传是否到位。了解相关资助政策是学生申请资助的前提条件,只有充分了解了政策,才能确保学生申请符合自己实际情况的资助项目,也只有加强对学生的资助宣传,才能树立学生对资助工作的正确认识。在大数据背景下,可以通过利用新媒体,加强家校互动的宣传方式让学生全方位了解资助政策,在宣传中通过正面引导的力量,树立学生的感恩、诚信、励志、责任意识。

第二,中期:资助评审是否符合规范。资助评审的全过程主要包括资助申请流程的规范性,资助对象确定的规范性,资助认定过程的规范性以及资助结果公示的规范性等,要做到资助评审全过程合规合理,充分民主,无学生投诉。

第三,后期:资助的育人成效是否显著。高职院校进行资助的对象是学生,资助的目的是育人。高职院校资助育人工作的成效不仅单纯表现在家庭经济困难学生的经济脱贫,更重要的是实现家庭经济困难学生的精神脱贫和思想脱贫。通过对学生进行全方位资助和帮扶,让学生拥有正确的思想理念、良好的精神面貌、健康的身心体魄,实现学生的全方位、全过程发展。

第五节　我国的资助政策和教育理念为资助体系的构建提供了理论依据

一、国家的教育理念重视对大学生的思想政治引领

(一)《中国大学生思想政治教育发展报告》

《中国大学生思想政治教育发展报告》自 2015 年开始,每年均在对我国大学生的思想政治教育发展状况进行调查研究。2019 年的《中国大学生思想政治教育发展报告》显示,我国高等学校的学生在思想政治方面呈现着逐年提高的趋势,学生思想觉悟的提高,不仅显示着我国重视思政的教育理念的正确性,而且显示着我国高等教育在思想政治教育方面的成果显著性。经调查,目前我国大学生的人生观、世界观与价值观总体来说比较积极向上,高校学生能够对"国无德不兴,人无德不立"以及"培育和践行社会主义核心价值观人人有责"等理念表示赞同。此外,我国当代大学生具有正确、健康的道德认知,能够认识到雷锋精神的当代价值,很多学生希望通过投身于志愿服务或公益活动来实现人生价值。对于自己的未来发展方向,很多同学能够坚持正确的价值观作为引导,并能对自己的未来进行很好的规划。对于"有梦想、有奋斗、有奉献的人生,才是有意义的人生",以及"人生梦是国家梦、民族梦、个人梦的有机统一",大学生们表示积极的赞同,并希望通过自己的奋斗来践行这些理念,认为"奋斗是青春最亮丽的底色"。

(二)习近平的"青年观"及习近平新时代青年思想

习近平总书记曾经提出,"青年兴则国家兴,青年强则国家强"。在广大青年学生看来,习近平总书记不仅是学习的榜样、亲切的朋友,更是人生路上指引方向的导师。习近平总书记看重青年"立鸿鹄志",2017 年 5 月,在中国政法大学,习近平总书记曾指出:"青年要立志做大事,不要立志做大官。"针对大学生的人生价值追求,习近平总书记提出:"无数人生成功的事实表明,青年时代,选择吃苦也就选择了收获,选择奉献也就选择了高尚。"习近平总书记勉励大学生们志存高远、脚踏实地,坚持从实际出发,勇于到基层一线

和艰苦地方去,把人生的路一步步走稳走实,善于在平凡的岗位上创造不平凡的业绩。这很好地体现出了习近平的"青年观"。

青年是国家的未来、民族的希望,党和国家历来高度重视青年、关怀青年、信任青年,始终坚持把青年作为党和国家事业发展的生力军。党的十八大以来,在领导和推进青年工作与青年事业的实践中,习近平总书记以清晰的思维方式、准确的历史定位,形成了具有当代历史意义的习近平新时代青年思想。习近平总书记反复强调,全社会都要重视和支持青年创新创业,为其提供更有利的条件,搭建更广阔的舞台,让广大青年在创新创业中焕发出更加夺目的青春光彩。这些重要论述,充分体现了习近平总书记对青年创新创业的谆谆教诲,是对青年创新创业的再动员。

（三）《高校思想政治工作质量提升工程实施纲要》

2017 年,为认真学习贯彻党的十九大精神,进一步把贯彻落实全国高校思想政治工作会议和《中共中央 国务院关于加强和改进新形势下高校思想政治工作的意见》精神引向深入,大力提升高校思想政治工作质量,中共教育部党组印发了《高校思想政治工作质量提升工程实施纲要》的通知（教党〔2017〕62 号）。文件充分发挥课程、科研、实践、文化、网络、心理、管理、服务、资助、组织等方面工作的育人功能,挖掘育人要素,完善育人机制,优化评价激励,强化实施保障,切实构建"十大"育人体系。在资助育人质量提升体系中,提出把"扶困"与"扶志","扶困"与"扶智"结合起来,建立国家资助、学校奖助、社会捐助、学生自助"四位一体"的资助体系,构建物质帮助、道德浸润、能力拓展、精神激励有效融合的资助育人长效机制,实现无偿资助与有偿资助、显性资助与隐性资助的有机融合,形成"解困—育人—成才—回馈"的良性循环,着力培养受助学生自立自强、诚实守信、知恩感恩、勇于担当的良好品质。

提出要全面推进资助育人。加强资助工作顶层设计,建立资助管理规范,完善勤工助学管理办法,构建资助对象、资助标准、资金分配、资金发放协调联动的精准资助工作体系。精准认定家庭经济困难学生,健全四级资助认定工作机制,采用家访、大数据分析和谈心谈话等方式,合理确定认定标准,建立家庭经济困难学生档案,实施动态管理。坚持资助育人导向,在奖学金评选发放环节,全面考察学生的学习成绩、创新发展、社会实践及道德品质等方面的综合表现,培养学生的奋斗精神和感恩意识。在国家助学金申请发放环节,深入开展励志教育和感恩教育,培养学生爱党爱国爱社会主义意识。在国家助学贷款办理过程中,深入开展诚信教育和金融常识教育,培养学生法律意识、风险防范意识和契约精神。在勤工助学活动开展环节,着力培养学生自强不息、创新创业的进取精神。在基层就业、应征入伍学费补偿贷款代偿等工作环节中,培育学生树立正确的成才观和就业观。创新资助育人形式,实施"发展型资助育人行动计划""家庭经济困难学生能力素养培育计划",开展"助学·筑梦·铸人""诚信校园行"等主题教育活动,组织国家奖学金获奖学生担任"学生资助宣传大使"。培育建设一批"发展型资助育人示范项目",推选展示资助育人优秀案例和先进人物。

（四）培养德智体美劳全面发展的社会主义建设者和接班人

2018年9月10日召开的全国教育大会，是中国特色社会主义进入新时代召开的第一次教育大会，在中国教育事业发展进程中具有划时代的里程碑意义。习近平总书记的重要讲话，站在党和国家事业发展全局的战略高度，深刻回答了培养什么人、怎样培养人、为谁培养人这一根本问题，强调了坚持走中国特色社会主义教育发展道路的重要性，提出培养德智体美劳全面发展的社会主义建设者和接班人，加快推进教育现代化、建设教育强国、办好人民满意的教育。

李克强总理还强调，要大力办好职业院校，坚持面向市场、服务发展、促进就业的办学方向，推进产教融合、校企合作，培养更多高技能人才，提高技术技能人才的社会地位和待遇。

以上几点我国的教育理念，无不彰显着对学生思想政治教育的重视，这为构建高职院校的发展型资助体系提供了政策支撑。

二、高职院校进行人才培养需要建立与之对应的发展型资助体系

（一）高职院校的人才培养目标需要发展型资助体系

教育部职业教育与成人教育司在2018年工作要点中提出，启动中国特色高水平高职学校和专业建设计划，坚持扶优扶强与提升整体保障水平相结合，建设一批当地离不开、业内都认同、国际可交流的高职学校。在"双高"建设背景下，构建高职院校的发展型资助体系，有利于强化"立德树人"根本任务，有利于构建"三全育人"的大格局；有利于实现"教育扶贫扶志扶智"的目标；有利于培育和践行社会主义核心价值观。在高职院校人才培养目标的指导下，构建与之对应的发展型资助体系，注重高职院校家庭经济困难学生的综合素质培养，还有助于完成《中国制造2025》行动纲领赋予职业教育的新的使命，塑造大国工匠精神，有利于落实习近平总书记在全国教育大会强调的"培养德智体美劳全面发展的社会主义建设者和接班人"和"努力构建德智体美劳全面培养的教育体系"的教育目标。

（二）高职院校的人才培养实践呼吁发展型资助体系

高职院校的"双高"建设，通过重视对学生的人才培养，能够打造技术技能人才培养高地和技术技能创新服务平台，支撑国家重点产业、区域支柱产业发展，引领新时代职业教育实现高质量发展。在立足于2019年高职院校扩招100万人的实际情况下，围绕高职院校双高建设目标，结合《中国制造2025》与职业教育人才培养的新使命，笔者对目前高职院校人才培养体系现状进行了调研与分析，通过构建发展型资助体系，重视贫困学生综合素质的培养，有利于优化高职院校新的人才培养体系，有助于确保我国高职院校的社会主义办学方向，提高高职院校教育工作者的工作实效性，帮助高职家庭经济困难学生成长成才，实现"志智双扶"目标，通过将高职贫困学生培养成多层次、多类型的高素质高职人才，为我国制造业强国的建设提供强有力的人力资本支撑。

三、国家的资助政策为发展型资助体系的建立提供了理论支撑

1999年,为落实国家助学贷款政策,教育部成立"全国学生贷款管理中心"。2006年,为进一步做好家庭经济困难学生资助工作,"全国学生贷款管理中心"更名为"全国学生资助管理中心"。全国学生资助管理中心下设高校学生资助工作处。其主要职责是推动落实国家各项高校学生资助政策措施;开展调查研究,参与政策措施完善工作;配合国务院有关部门(司、局)开展相关工作,协调有关金融机构解决国家助学贷款工作中存在的问题;监督、指导、检查地方学生资助机构的工作,督促各地落实高校家庭经济困难学生资助政策措施;搜集、反映工作动态信息;开展资助政策宣传和大学生诚信教育;负责部署、组织实施中央部门所属普通高校国家助学贷款的有关工作;按照教育部要求,监督、指导、检查高校各项学生资助政策措施的落实情况;开展资助育人工作。

在全国学生资助管理中心的"政策文件"模块,有关高校学生资助的政策文件非常完善,覆盖了从1987年至今的相关政策。主要如下:1987年,《国家教委 财政部关于重新印发〈普通高等学校本、专科学生实行奖学金制度的办法〉和〈普通高等学校本、专科学生实行贷款制度的办法〉的通知》((87)教计字139号);1993年,《国家教委 财政部关于修改〈普通高等学校本、专科学生实行贷款制度的办法〉部分条款的通知》(教财〔1993〕59号);1994年,《国家教委 财政部关于在普通高等学校设立勤工助学基金的通知》(教财〔1994〕35号);1994年,《国家教委 财政部关于印发〈普通高等学校研究生奖学金办法〉的通知》(教财〔1994〕50号);1995年,《国家教委关于对普通高等学校经济困难学生减免学杂费有关事项的通知》(教财〔1995〕30号);1996年,《国家教委 财政部关于提高普通高等学校研究生奖学金标准的通知》(教财〔1996〕85号);1996年,《国家教委办公厅关于切实做好高校经济困难学生入学工作的通知》(〔1996〕教电350号);1999年,《关于印发〈国家助学贷款管理操作规程(试行)〉的通知》(教财〔1999〕16号);1999年,《教育部 财政部关于进一步加强高校资助经济困难学生工作的通知》(教财〔1999〕7号);1999年,《国务院办公厅转发中国人民银行等部门关于国家助学贷款管理规定(试行)的通知》(国办发〔1999〕58号);1999年,《教育部办公厅关于切实加强资助经济困难学生工作的通知》(教财厅〔1999〕21号);1999年,《关于国家助学贷款的管理规定(试行)》;2000年,《国务院办公厅转发中国人民银行等部门关于助学贷款管理若干意见的通知》(国办发〔2000〕6号);2000年,《国务院办公厅转发中国人民银行等部门关于助学贷款管理补充意见的通知》(国办发〔2000〕27号);2000年,《中国人民银行助学贷款管理办法》;2001年,《中国人民银行 财政部 教育部 国家税务总局关于进一步推进国家助学贷款业务发展的通知》(银发〔2001〕245号);2002年,《中国人民银行 教育部 财政部关于切实推进国家助学贷款工作有关问题的通知》(银发〔2002〕38号);2002年,《教育部办公厅关于高等学校切实配合经办银行做好国家助学贷款工作的通知》(教财厅〔2002〕2号);2003年,《教育部关于切实做好资助高校经济困难学生工作的紧急通知》(教电〔2003〕298号);2004年,《教育部 财政部 人民银行 银监会关于印发〈国家助学贷款风险补偿专项资金管理办

法〉等有关文件的通知》（教财〔2004〕15 号）；2004 年,《国务院办公厅转发教育部 财政部 人民银行 银监会关于进一步完善国家助学贷款工作若干意见的通知》（国办发〔2004〕51 号）；2007 年,《财政部 教育部关于印发〈普通本科高校、高等职业学校国家励志奖学金管理暂行办法〉的通知》（财教〔2007〕91 号）；2007 年,《财政部 教育部关于印发〈普通本科高校、高等职业学校国家助学金管理暂行办法〉的通知》（财教〔2007〕92 号）；2007 年,《财政部 教育部 国家开发银行关于在部分地区开展生源地信用助学贷款试点的通知》（财教〔2007〕135 号）；2007 年,《教育部 财政部关于要求县级教育行政部门成立学生资助管理中心的紧急通知〉（教财〔2007〕14 号）；2007 年,《教育部 财政部关于认真做好高等学校家庭经济困难学生认定工作的指导意见》（教财〔2007〕8 号）；2008 年,《教育部办公厅关于统一印发使用〈国家奖学金申请审批表〉的通知》（教财厅函〔2008〕49 号）；2008 年,《财政部 教育部 银监会关于大力开展生源地信用助学贷款的通知》（财教〔2008〕196 号）；2008 年,《教育部关于认真做好 2008 年高等学校新生资助有关工作的通知》（教财〔2008〕11 号）；2009 年,《应征入伍服义务兵役高等学校毕业生学费补偿国家助学贷款代偿暂行办法》（财教〔2009〕35 号）；2011 年,《应征入伍服义务兵役高等学校在校生学费补偿国家助学贷款代偿及退役复学后学费资助暂行办法》（财教〔2011〕510 号）；2011 年,《财政部 教育部 民政部 总参谋部 总政治部关于实施退役士兵教育资助政策的意见》（财教〔2011〕538 号）；2012 年,《关于印发〈普通高校家庭经济困难新生入学资助项目暂行管理办法〉的通知》（教基金会〔2012〕10 号）；2013 年,《全国学生资助管理中心关于做好 2013—2014 学年度普通高校退役士兵学费资助申请审核及材料报送工作的通知》（教助中心〔2013〕78 号）；2013 年,《教育部 总参谋部关于印发〈应征入伍普通高等学校录取新生保留入学资格及退役后入学办法（试行）〉的通知》（教学〔2013〕8 号）；2014 年,《关于调整完善国家助学贷款相关政策措施的通知》（财教〔2014〕180 号）；2014 年,《教育部 财政部关于印发〈普通高等学校研究生国家奖学金评审办法〉的通知》（教财〔2014〕1 号）；2014 年,《财政部 教育部关于印发〈生源地信用助学贷款风险补偿金管理办法〉的通知》（财教〔2014〕16 号）；2015 年,《教育部 财政部 中国人民银行 银监会关于完善国家助学贷款政策的若干意见》（教财〔2015〕7 号）；2017 年,《财政部 教育部关于进一步提高博士生国家助学金资助标准的通知》（财科教〔2017〕5 号）；2017 年,《财政部 教育部 中国人民银行 银监会关于进一步落实高等教育学生资助政策的通知》（财科教〔2017〕21 号）；2018 年,《教育部 财政部关于印发〈高等学校勤工助学管理办法〉（2018 年修订）〉的通知》（教财〔2018〕12 号）；2019 年,《财政部 教育部关于调整职业院校奖助学金政策的通知》（财教〔2019〕25 号）；2019 年,《教育部 财政部关于印发〈本专科生国家奖学金评审办法〉的通知》（教财函〔2019〕105 号）；2020 年,《教育部 财政部 中国人民银行 银保监会关于调整完善国家助学贷款有关政策的通知》（教财〔2020〕4 号）。

根据我国高等院校家庭经济困难学生资助的这些政策文件不难得出以下结论。第一,资助工作在我国由来已久,随着我国教育事业以及经济的发展,我国学生资助工作也一直立足实际,随着时代的发展以及贫困学生涌现出来的新特点,资助政策也不断地变化发展、补充完善。第二,我国的资助政策文件由单纯的经济资助向发展型资助的方向发展,越来越重视资助育人的成果。第三,我国对高校家庭经济困难学生的资助项目逐渐由单一向种类繁多进行转换,结合不同学生的不同特点,我国的资助项目也呈现出不同的侧重点,资助种类不断在扩充,资助金额也不断在增加。第四,随着高职院校扩招政策的实施落地,我国根据高职院校总人数的增加,研判出家庭经济困难人数会随之增加,并结合实际情况,发布《财政部 教育部关于调整职业院校奖助学金政策的通知》(财教〔2019〕25号),进一步健全学生资助制度,提升职业教育吸引力。可见,国家的这些资助政策都为我国高职院校发展型资助体系的建立提供了理论支撑。

第六章 高职院校家庭经济困难学生发展型资助体系的构建

第一节 大数据背景下高职院校家庭经济困难学生发展型资助体系的基本功能

一、育人功能

教育公平是我国社会公平在教育事业板块的重要折射与投影,我国高职院校的家庭经济困难学生由于家庭经济情况、出生环境、相关社会资源等因素,通常需要付出比普通学生更大的努力,才能取得成功。所以,做好高职院校家庭经济困难学生的资助工作非常重要,做好高职院校家庭经济困难学生的育人工作更加重要。通过大数据,构建高职院校家庭经济困难学生的资助体系,有利于高职院校家庭经济困难学生平等地享受教育,有利于高职院校家庭经济困难学生进一步成长成才,有利于培养全面发展型高职人才。

我国目前已经建立起以"奖、助、贷、勤、补、免"为主的多元化、多层次资助政策体系,各省市各高校在此资助政策体系的指导下,也建立了以经济资助为主,其他资助方式并存的发展型资助体系。通过建立"绿色通道",提高高职院校家庭经济困难学生的成才信心。通过设立奖励性助学金,增强高职院校家庭经济困难学生的进取思想。通过评定助学金,修正高职院校家庭经济困难学生的价值观念,让其树立正确的价值观。通过高校的助学贷款政策,增强高职院校家庭经济困难学生的诚信意识。通过设立勤工助学岗位,提高高职院校家庭经济困难学生的吃苦耐劳精神,提升其综合能力。因此,各高职院校通过物质资助与其他资助方式相结合,通过资助与育人相结合,培养高职院校家庭经济困难学生的诚信、感恩和上进意识。因此,做好高职院校家庭经济困难学生的资助工作,有利于发挥资助体系的育人功能,实现高职院校家庭经济困难学生的成长、成人、成才、成功。

二、激励功能

激励理论是通过特定的方法以及相关的管理体系,将成员对其单位的承诺最大化的过程,激励理论是满足人的相关需求、调动个体积极性的原则、方法和理论。根据激励理论相关要求,附义务赠与性资助功能,主要通过要求受助人履行一些特定义务,从而引导受助者的行为,激励受助者的意志,让受助者为个人成长、学校发展以及国家繁荣而奋斗,最终使附义务赠与性资助的学生资助,形成"扶贫""育人""实现国家及组织利益"功能。我国的学生资助,不管是扶贫性质的助学金,还是奖励性质的励志奖学金,或是偿还性质的生源地贷款或者勤工助学,都是通过履行特定的义务或者符合特定的要求,获得完成学业的相关经费支持,获得个人在校的成长成才机会,通过资助的激励功能,结合资助特点以及育人目标,实现激发学生潜能的目的。

三、提升功能

随着社会的不断发展,国家、时代和社会对高校学生的要求不再局限于学生某一方面的专业技能,而是需要成绩优异、身心健康,德智体美劳全面发展的全能型人才。高职院校家庭经济困难学生由于家庭经济状况、家庭环境等因素,在学校中常处于弱势地位(尤其是学生心理),高职院校通过构建发展型学生资助体系,在学生资助工作中做好家庭经济困难学生的思想教育引导工作,有利于提升高职院校家庭经济困难学生的综合素质,引导这部分同学奋发进取、积极向上,努力成为学校的全能人才、国家的栋梁之材。

目前,我国高职院校对于家庭经济困难学生进行资助的一些项目,不仅可以解决学生经济上的燃眉之急,而且有利于学生提高思想道德素养、拓展学识、提升知识层次。

第一,高职院校家庭经济困难学生想要得到相关资助,需要经历家庭经济困难的事实存在;家庭经济困难佐证材料开具;家庭经济困难认定;资助资金的申请等环节,学生从申请资助到最后获得资助的全过程都有利于提高家庭经济困难学生的自我设计和自我管理能力。因为学生要获得资助,就需要达到资助方法和资助政策的相关要求、条款和流程;就需要根据标准和程序,不断调整自我、完善自我,只有自己的主客观条件符合资助认定的各项条件,才能被认定为家庭经济困难学生,也才能获得相关资助。资助认定的全过程能够体现学生的自我设计能力和自我管理能力。学生根据资助政策的相关要求和规定,端正自己的奋斗目标和努力方向,根据相关标准规范自己的行为,调整自己的心态,从而引领自己成长成才。

第二,学生勤工助学过程,也是其参与实践学习的一方面,可以弥补课本知识局限于理论学习的缺陷。学生在参与勤工助学的过程中,可以接触到课本知识以外的知识,也能接触到专业知识以外的知识,有利于家庭经济困难学生拓展自己的知识领域,完善自己的知识结构。实践是认识的来源与目的,参与勤工助学,学生可以通过实践加深理论知识的学习,提高自己的学习层次,从而实现认识的第二次飞跃。

第三,通过开展针对家庭经济困难学生的相关助学活动,提升高职院校家庭经济困难学生的综合素质。可以说,大学是学生走向社会的最后阶段,因此,学生社会适应能力的培养,也是学生大学生活中不可缺少的部分。高职院校通过开展家庭经济困难学生资助活动,有利于培养学生的社会适应能力和学生的人际交往能力,还能不断增强学生的创新能力。创新是一个民族的灵魂,通过对学生进行发展型资助,不仅为学生创新能力的发展提供了物质基础,而且通过资助活动,也为学生创新能力的培养提供了相关平台,有利于把我国建设成创新型国家。

四、激发功能

激发功能是指通过对个体实施激励,从而激发个体行为的心理过程。有效的、正面的激发有利于激发人们的激情,使得人们产生更加强烈的动机和热情,从而产生超越自我和他人的欲望,制订自己能够实现的更高目标,并通过实际行动将潜在的巨大内驱力释放出来,使得个体为实现自己的长远目标而努力奋斗。在我国,大学生是我国民族振兴和国家富强的希望,每个大学生都希望成长成才、有所建树,但是,这些想法都是学生的理想,要想实现还需要学生付诸实际行动。在我国高职院校教育中,很多学生的高考分数均没有达到本科院校的相关要求,因此,相对于本科院校的学生,高职院校学生的文化知识储备较少。尤其是对于高职院校家庭经济困难学生来说,很多家庭经济困难学生来自农村,自己上大学承载着整个家庭的期望,但是由于这些家庭经济困难学生接受教育的环境不佳,又有着交不起学费的后顾之忧,所以学习压力比较大,因此影响其成绩。高职院校家庭经济困难学生的资助体系的建立,国家、社会以及高职院校等各类助学政策的实施,以及助学资金的发放,有利于解决家庭经济困难学生的经济压力,缓解家庭经济困难学生的精神负担,使这些家庭经济困难学生可以毫无顾忌地安心学习,有利于提高学生的学习成绩。此外,带有奖励性质的学生资助金对学生的学习成绩有一定要求,这在一定程度上可以激发家庭经济困难学生的学习积极性和主动性,养成学生自主学习的好习惯。通过在高职院校中对家庭经济困难学生开展资助可以加强学生的感恩意识。因为,对学生进行的资助不仅可以为学生提供经济上的支持,还能为学生提供更多的实践路径,不仅有利于学生顺利毕业,还有利于提高学生的综合素质能力,让学生以更好的竞争力去迎接社会,让学生有更多的机会去加强感恩意识,让学生有更多的能力去传递感恩行为。

通过在高职院校中建立发展型资助体系,基于高职院校家庭经济困难学生的需求,激发学生的潜力,让学生确立适合自己的发展目标,并根据实际情况及时纠正自己的目标偏差,再结合实际,建立更新的目标。通过激发学生潜能,学生能够产生新的需要、正确的动机和美好的远景继而激发学生的学习动机,明确努力方向,以自己的实际行动达到目标,以自身努力实现自己的发展需求,从而促进自身更好更高的发展。

五、塑造功能

党的十八大提出,倡导富强、民主、文明、和谐,倡导自由、平等、公正、法治,倡导爱国、敬业、诚信、友善,积极培育和践行社会主义核心价值观。在我国,诚信是衡量社会文明的重要标准,同时也是衡量个人道德水平和精神文明的重要尺度。在经济飞速发展的今天,诚信在我国的地位和意义更加凸显。高职教育作为我国高等教育中的一种,培养的高职学生是我国社会主义的建设者,高职学生需要不断加强自身的诚信修为,才能完善自我人格,促进祖国不断繁荣昌盛。目前,我国部分行业出现的不诚信状况,对学生的正确价值观的形成产生了负面影响,比如目前食品行业的添加剂问题,教育行业中个别老师师德师风问题等,这些不诚信现象均加剧了高职院校的思想政治教育压力。因此,通过整合校内外各种资源,发挥诚信教育在高职院校的合力作用,有利于提高高职学生的诚信意识。对于学生资助工作来说,资助工作自身所涵盖的诚信教育,有利于通过实践来塑造学生的诚信品质。

第一,在家庭经济困难学生认定工作中,有利于塑造学生的诚信意识。通过开展相关的资助育人工作,宣扬诚信意识,有利于从基础和源头上向贫困学生普及诚信知识,避免不诚信行为的出现,塑造学生的自觉诚信行为。第二,通过学生助学贷款,有利于塑造学生的诚信意识。助学贷款以学生的诚信为核心,助学贷款工作要想顺利进行,必须依靠学生的诚信行为。高职院校通过助学贷款工作,可以加强对学生的诚信教育,树立学生诚信意识,使得学生重视个人信誉,学会履行个人承诺,最终将学生的诚信行为内化为学生的诚信意识。

目前,在我国各高职院校盛行的发展型资助体系,以学生成长成才为中心,包括了学生的素质教育、技能培训、身心发展以及实践能力锻炼。通过教育引导高职院校家庭经济困难学生明确成才导向,树立端正的学习态度,培养浓厚的学习兴趣,从而提升高职院校家庭经济困难学生的主动学习能力以及实践动手能力。引导学生结合自身实际,树立适合自己的短期目标、中期目标和长期目标,有利于激发学生刻苦学习的动力,倡导家庭经济困难学生通过自己的双手、通过自己的努力、通过自己的创造来改善自己的生活条件,激发学生在劳动创造中收获财富、成功和喜悦,塑造学生良好的人格。发展型资助体系不仅对高职院校家庭经济困难学生进行经济资助,而且重视学生的思想、人格、道德、情感、技能、素质、发展、就业等方面的引导,满足学生在成长、成才全过程的发展需要。

第二节 大数据背景下高职院校家庭经济困难学生发展型资助体系的发展现状

为支持我国资助事业的发展,我国政府不断跟进实际情况,陆续出台了一系列高校学生的资助政策和文件,使得我国的资助政策体系不断走向成熟与完善。在经济资助方面,我国政府对高校学生的资助呈现出资助政策不断完善,资助金额逐渐增长,资助范围逐步扩大,资助对象不断增加的趋势。从我国近三年的学生资助发展报告中发现,我国学生资助的状况主要表现在以下几个方面。

一、我国学生资助政策不断完善

2017 年,财政部、教育部、人民银行、银监会印发了《关于进一步落实高等教育学生资助政策的通知》(财科教〔2017〕21 号),进一步完善了高等教育学生资助政策,实现无缝衔接。同年,各地各高校继续完善相关政策,加大了对建档立卡等特困家庭学生的资助力度,确保一个人不少,确保一项政策不少,确保重点资助。此外,我国还建立了以政府为主导、学校和社会积极参与的覆盖学前教育至研究生教育的学生资助政策体系,实现了"三个全覆盖":各个学段全覆盖、公办民办学校全覆盖、家庭经济困难学生全覆盖;尤其是在高等教育阶段,实现了"三不愁":入学前不用愁、入学时不用愁、入学后不用愁。

2018年,我国学生精准资助认定机制取得新进展,2018年10月,教育部、财政部、民政部、人力资源和社会保障部、国务院扶贫开发领导小组办公室、中国残疾人联合会六部门联合印发《关于做好家庭经济困难学生认定工作的指导意见》(教财〔2018〕16号),对学前至研究生教育阶段家庭经济困难学生认定的工作对象、基本原则、工作程序等作出了明确规定,有效地促进了家庭经济困难学生认定工作。为规范管理高等学校学生勤工助学工作,促进勤工助学活动健康有序开展,保障学生合法权益,帮助学生顺利完成学业,发挥勤工助学育人功能,2018年9月,教育部、财政部印发《高等学校勤工助学管理办法(2018年修订)》(教财〔2018〕12号),提高了勤工助学酬金标准,由每小时不低于8元提高至不低于12元,进一步明确勤工助学管理责任,强调要通过勤工助学培养学生自立自强、创新创业精神,增强学生社会实践能力。

2019年,随着我国高职院校的扩招,财政部、教育部印发《关于调整职业院校奖助学金政策的通知》,扩大高职院校奖助学金覆盖面、提高补助标准。此外,经过长期努力,我国学生资助工作逐步形成了以政府为主导、学校和社会积极参与的覆盖学前教育至研究生教育的学生资助政策体系,实现了新的"三个全覆盖",即学前教育、义务教育、高中阶段教育、本专科教育和研究生教育所有学段全覆盖,公办民办学校全覆盖,家庭经济困难学生全覆盖。

二、学生资助工作提档升级

2017年,教育部党组印发《高校思想政治工作质量提升工程实施纲要》(教党〔2017〕62号),将资助育人纳入"十大育人体系"。

2018年,我国在教育部的全力推进下,不断推进资助育人工作,各地各校紧紧围绕"立德树人"这一根本任务,以培育和践行社会主义核心价值观为核心,重视培养受助学生的创新精神和实践能力,加强励志教育、诚信教育和社会责任感教育,着力构建包括物质帮助、道德浸润、能力拓展、精神激励等方面的长效机制。

2019年,各地各校更加重视对家庭经济困难学生的学业指导和心理疏导,把帮助家庭经济困难学生能力提升和就业摆在资助育人工作的突出位置,强化资助工作中的人文关怀;始终坚持把德育放在资助育人工作的首位,加强家庭经济困难学生思想政治教育,充分发挥社会主义核心价值观的引领作用,着力培养学生拥党爱国、自立自强、诚实守信、知恩感恩、勇于担当的良好品质;很多学校将资助育人工作纳入"全员育人、全程育人、全方位育人"工作体系,初步形成了全员参与、各部门配合、各教育教学环节统筹协调的资助育人机制。同年,财政部会同相关部门联合制定《学生资助资金管理办法》以及《本专科生国家奖学金评审办法》,进一步规范和加强学生资助资金管理,提高资金使用效益,进一步加强和规范国家奖学金评审工作,确保本专科生国家奖学金评审工作公平、公正、公开。研究制定部分国家学生奖助项目操作规程,形成全国统一的国家奖助政策执行规范。

三、资助人数不断增加,资助资金持续提升

2017 年,全国累计资助学前教育、义务教育、中职学校、普通高中和普通高校学生(幼儿)9 590.411 万人次(不包括义务教育免除学杂费和免费教科书、营养膳食补助),比上年增加 464.27 万人次;累计资助金额 1 882.14 亿元(不包括义务教育免除学杂费和免费教科书、营养膳食补助),比上年增加 193.38 亿元,增幅 11.45%,学生资助资金连续十一年保持高速增长。

2018 年,全国累计资助学前教育、义务教育、中职学校、普通高中和普通高校学生(幼儿)9 801.48 万人次(不包括义务教育免除学杂费和免费教科书、营养膳食补助),比上年增加 211.07 万人次,增幅 2.20%;累计资助金额 2 042.95 亿元(不包括义务教育免除学杂费和免费教科书、营养膳食补助),比上年增加 160.81 亿元,增幅 8.54%,学生资助资金连续十二年保持快速增长。

2019 年,全国累计资助学前教育、义务教育、中职学校、普通高中和普通高校学生(幼儿)10 590.79 万人次(不包括义务教育免除学杂费和免费教科书、营养膳食补助),比上年增加 789.31 万人次,增幅 8.05%;累计资助金额 2 126 亿元(不包括义务教育免除学杂费和免费教科书、营养膳食补助),比上年增加 83.05 亿元,增幅 4.07%,学生资助资金连续十三年保持快速增长。

四、学生资助工作更加暖心

各地各校以学生为本,想学生之所想,急学生之所急,不断提高学生资助工作水平。通过正面宣传,努力做到资助政策家喻户晓;发出负面预警,提醒广大学生在利益陷阱面前保持清醒、提高警惕;改进资助工作方式方法,"让信息多跑路、让学生少跑路";在奖助学金评审公示环节注重保护学生个人信息和隐私,使学生资助工作更加有温度。

五、财政资金占主导地位

2017 年,学生资助资金中,财政投入共计 1 210.62 亿元(不含义务教育免除学杂费和免费教科书、营养膳食补助),比上年增加 101.44 亿元,增幅 9.15%;其中,中央财政 616.39 亿元,比上年增加 37.19 亿元,增幅 6.42%;地方财政 594.22 亿元,比上年增加 64.24 亿元,增幅 12.12%。

2018 年,学生资助资金中,财政投入共计 1 290.08 亿元(不含义务教育免除学杂费和免费教科书、营养膳食补助),比上年增加 79.46 亿元,增幅 6.56%;其中,中央财政 675.43 亿元,比上年增加 59.04 亿元,增幅 9.58%;地方财政 614.65 亿元,比上年增加 20.43 亿元,增幅 3.44%。

2019 年,学生资助资金中,财政投入共计 1 449.55 亿元(不含义务教育免除学杂费和免费教科书、营养膳食补助),比上年增加 159.47 亿元,增幅 12.36%;其中,中央财政资金 826.94 亿元,比上年增加 151.51 亿元,增幅 22.43%;地方财政资金 622.61 亿元,比上年增

加 7.96 亿元,增幅 1.30%。

六、各项资助政策全面落实

在高校学生资助方面,2017 年,政府、社会及高校设立的各项高校学生资助政策共资助全国普通高等学校学生 4 275.69 万人次,资助资金 1 050.74 亿元。其中:财政资金 508.83 亿元,占 2017 年度高校资助资金总额的 48.43%。其中,中央财政 301.23 亿元,占高校资助资金总额的 28.67%;地方财政 207.60 亿元,占高校资助资金总额的 19.76%;银行发放国家助学贷款 284.20 亿元,占高校资助资金总额的 27.05%;高校事业收入中提取并支出资助资金 238.21 亿元,占高校资助资金总额的 22.67%;社会团体、企事业单位及个人捐助资助资金 19.50 亿元,占高校资助资金总额的 1.85%。

2018 年,政府、社会及高校设立的各项高校学生资助政策共资助全国普通高等学校学生 4 387.89 万人次,资助资金 1 150.30 亿元。其中:财政资金 530.31 亿元,占 2018 年度高校资助资金总额的 46.10%。其中,中央财政 325.66 亿元,占高校资助资金总额的 28.31%;地方财政 204.65 亿元,占高校资助资金总额的 17.79%;银行发放国家助学贷款 325.54 亿元,占高校资助资金总额的 28.30%;高校从事业收入中提取并支出的资助资金 278.55 亿元,占高校资助资金总额的 24.22%;社会团体、企事业单位及个人捐助资助资金 15.90 亿元,占高校资助资金总额的 1.38%。

2019 年,政府、社会及高校设立的各项高校学生资助政策共资助全国普通高等学校学生 4 817.59 万人次,资助资金 1 316.89 亿元。其中:财政资金 657.52 亿元,占 2019 年度高校资助资金总额的 49.93%。其中,中央财政资金 426.07 亿元,占高校资助资金总额的 32.35%,占财政资金总额的 64.80%;地方财政资金 231.45 亿元,占高校资助资金总额的 17.58%,占财政资金总额的 35.20%;银行发放国家助学贷款 346.07 亿元,占高校资助资金总额的 26.28%;高校从事业收入中提取并支出的资助资金 291.52 亿元,占高校资助资金总额的 22.14%;社会团体、企事业单位及个人捐助资助资金(以下简称"社会资金")21.78 亿元,占高校资助资金总额的 1.65%。

根据我国目前的资助政策的构成,可以看出我国目前学生资助的重点仍然是经济助困,虽然最近也在资助育人,但是"十年树木,百年树人",目前来说,育人的效果还未显现。高职院校家庭经济困难学生作为高职院校比较特殊的群体之一,不仅会受到与普通同学一样的来自学业、心理、就业以及人际交往等方面的压力的影响,还会受到家庭经济压力的影响。因此,在对高职院校家庭经济困难学生进行资助的过程中,要在实施经济补助的同时,始终牢记将"育人使命"贯穿资助工作的全过程,把社会主义核心价值观、三全育人、立德树人等思想融入对高职院校家庭经济困难学生的教育之中,促进学生全面发展,实现学生的保障型资助向发展型资助的转换,将资助育人理念落实落地。

第三节　以经济资助为基础

一、我国高职院校经济资助的发展现状

（一）资助理念有待进一步更新

在我国,对学生经济资助,解决学生的物质生活问题,是使用历史最悠久,使用效果最明显的一种资助方式。但是随着社会的不断进步,对学生的资助方式也需要随之发展——不仅要解决学生的物质生活问题,还要进一步更新资助理念,关注学生的后续发展。

根据对家庭经济困难学生所作调查问卷结果,当问及学生"资助的目的是更好地育人,您怎么看待资助和育人的关系"时,绝大多数学生认为资助和育人同等重要,如图6.1所示。因此,这就要求高职院校的学生资助工作人员不能仅仅将资助资金发给学生就结束了,还需要将资助与育人相结合,重视资助的育人功能,做到在经济上资助学生,在思想道德上也要帮助学生。

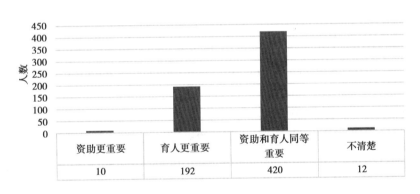

资助更重要	育人更重要	资助和育人同等重要	不清楚
10	192	420	12

图6.1　学生看待资助和育人的关系

此外,越来越多的家庭经济困难学生开始注重自身综合素质和能力的提高。当问及学生"您认为解决自身困难最重要的途径是"时,超过90%的被调查对象认为提高自身综合素质和能力是解决自身困难的最重要的途径。因此,"授人以鱼不如授人以渔",在对学生进行单纯物质帮扶的同时,要更加注重提高高职院校家庭经济困难学生的综合素质,以保证这些学生毕业之后有足够的能力面对竞争激烈的社会,如图6.2所示。

（二）经济资助虽然方式多样,但系统性不强

对高职院校家庭经济困难学生来说,对其进行经济资助是首要的问题,是基础的问题,因为只有解决了学生在经济上的后顾之忧,才能保证学生全身心地投入学习中。我国的资助政策体系经过多年的实践探索,已经建立起了包括奖助学金、国家助学贷款、勤工助学、困难补助、学费减免及"绿色通道"等在内的资助政策体系。经调查了解,当问及学

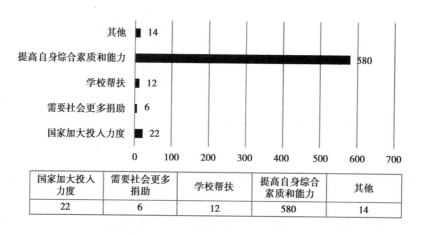

国家加大投入力度	需要社会更多捐助	学校帮扶	提高自身综合素质和能力	其他
22	6	12	580	14

图6.2　学生解决自身困难最重要的途径

生"您接受过的资助方式或途径有(多选题)"时,很多受资助学生均表示自己获得过一种或一种以上的资助。其中,获得奖助学金资助的占比最高,达48.58%;但是占比最低的获得社会捐助的仅仅占比1.89%。从问卷调查结果可以看出,虽然高职院校的家庭经济困难学生可以通过我国资助体系中的一项或多项资助方式,解决自己的经济问题,顺利完成学业。但是,高职院校目前存在各种资助方式分配不均,比例不协调,各种资助方式存在配置不合理,系统性不强的问题,如图6.3所示。

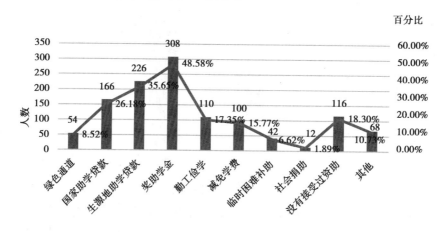

图6.3　学生接受资助的方式和途径

在对高职院校家庭经济困难学生的满意度调查中,了解到目前绝大多数家庭经济困难学生对我国资助政策的资助力度持满意态度,如图6.4所示。根据少数人的不满意原因了解到目前还可以通过各方面措施提升学生的满意度。

经过调查了解到,目前受资助学生对我国资助政策不满意的原因主要有以下几点。第一,家庭经济困难学生的界定模糊,目前虽然国家对不同档次家庭经济困难学生的家庭收入进行了界定,但是由于收入不能完全定量界定,因此部分学生存在材料作假,造成学生的不满意。第二,助学金评定发放不规范,这主要是指对学生进行家庭经济困难认定,

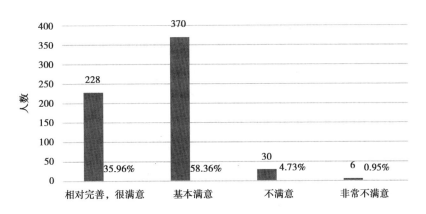

图 6.4 学生对本校资助力度和措施的满意度

对学生进行助学金档次进行评定等过程中,由于流程不规范,使部分学生的评定结果与事实不符,造成学生的不满意。第三,资助不够透明公正,信息时代的来临,为了保护部分学生的隐私,学生资助认定过程中对涉及学生隐私的信息进行适当保密,这在一定程度上使部分学生觉得资助过程的透明度不高。第四,学生贷款手续复杂,目前银行贷款由于制度不够健全,使得贷款手续复杂,因此还贷方式有待进一步科学合理。第五,"物质资助"和"精神资助"不对称,目前很多学校重物质,轻精神,要想提高学生资助满意度,高职院校还需加大对学生的精神帮扶。第六,勤工助学岗位过少,很多家庭经济困难学生在校期间均有勤工助学的需求,他们希望通过自己的劳动解决家庭经济困难问题,但是目前大多数高职院校的勤工助学岗位存在着供不应求的状态。因此,从调查结果可以看出,虽然目前我国资助方式众多,但是缺乏集中、有效的统筹,造成部分同学对资助工作存在负面评价,如图 6.5 所示。在我国目前现存的资助体系中,存在以下问题:高职院校的资助对象是否只局限于家庭经济困难学生? 对学生的资助方式是否仅有直接经济资助? 非家庭经济困难但有学习发展需求的学生是否还可以得到必要的资助? 因此,我们需要继续重视高职院校家庭经济困难学生的资助工作,制定科学的、民主的、合理的、统筹的、系统的资助体系刻不容缓。由此可见,今后如何使高校学生资助更加合理、效果更加明显是值得深思的问题。

（三）学生有着全面发展的需求

随着社会的不断发展和人类的不断进步,绝大多数的家庭经济困难学生不仅仅存在经济资助的需求,他们还有着全面发展的需求。对高职院校学生的问卷调查显示,针对"你认为以下较为合理的资助方式是"这一问题,86.12%的同学希望国家、社会和学校可以兼顾自己的经济资助和能力培养,以此提高个人的发展能力,如图 6.6 所示。

当问及学生最喜欢的新资助方式时(多选题),学生最期望的是"拓展资助方式,支持他们实践锻炼,提高综合能力"(占比 76.97%)。其次是"拓展勤工俭学渠道,为更多的学生提供受助的机会"(占比 72.56%),这与上文学生认为目前学生资助工作中的不足之处相匹配,说明目前高职院校的绝大多数家庭经济困难学生有着勤工助学的需求。此外,有

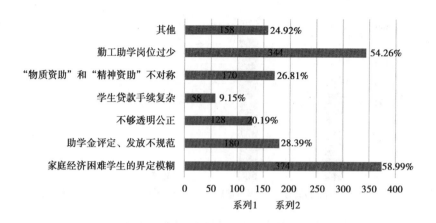

图 6.5　学生认为目前资助工作的不足

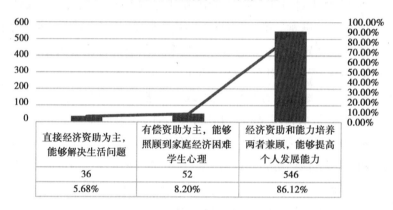

图 6.6　学生认为最合理的资助方式

超过 50% 的同学表示希望可以"设立专项奖助学金,切实解决生活学习需要";"创建学习交流平台,促进其相互学习和勉励";"关注家庭经济困难学生的心理健康,为他们提供健康咨询服务",学生的这些回答都显示出学生有着全面发展的需求,如图 6.7 所示。

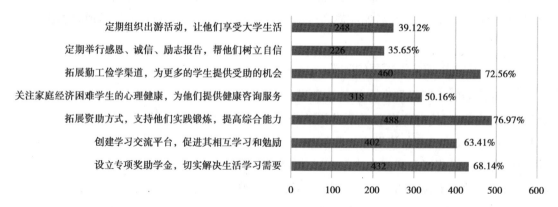

图 6.7　学生最喜欢的资助方式探索

二、建立以经济资助为基础的高职院校发展型资助体系

针对高职院校家庭经济困难学生发放的问卷调查结果显示,当问及学生"你觉得国家、社会和学校对学生进行资助的目的是什么?(多选题)"时,选择项排名第二的就是物质帮助,如图 6.8 所示。由此可见,虽然目前高职家庭经济困难学生对自己的发展需求非常高,但是在这之前,必须先解决学生的经济问题,才能保证学生可以心无旁骛地进行自身的全面发展。因此,我们的发展型资助体系必须以经济资助为基础。具体来说,可以从以下几个方面入手。

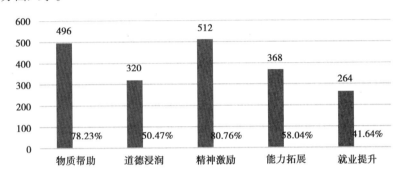

图 6.8　学生认为国家、社会和学校进行资助的目的

(一)创新资助认定机制,实现精准认定

高职院校家庭经济困难学生认定机制,是落实好高职院校资助工作的基础和前提。因此,想要构建精准的发展型资助体系,就需要构建以"学校(学院)——学院(系部)——年级——班级"为基础的四级资助认定工作机制。在实现高职院校家庭经济困难学生的精准认定方面,学校可利用大数据背景下获取大数据的便利性,利用互联网手段,并结合大数据思维,通过海量数据,准确利用和分析大数据,以此了解和掌握在校家庭经济困难学生的家庭经济情况以及学生的个人消费状况,并细化为"一人一方",根据每个家庭经济困难学生的特点和家庭经济状况,实施具有针对性和具体性的资助方案。

资助资金,是对学生进行经济资助的核心,也是落实经济资助的保障。因此,想要建立以经济资助为基础的高职院校发展型资助体系,就需要基于国家、社会和学校的各项资助资金,充分发挥家庭经济困难学生的主动性,不仅需要节流,还需要开源。在开源方面,可以通过多种方式进行创新,扩大资助资金的来源。第一,可以发挥学校对当地企业的辐射能力,加强校企合作,增加社会企业资金对高职院校家庭经济困难学生的帮扶力度。第二,还可以发挥学校作为培养单位的摇篮作用,充分发挥校友企业或者校友个人的力量,设立校友基金或者校友奖学金,不仅可以加大对家庭经济困难学生的帮扶,还能通过实际帮扶行动,来感染受助学生,提高学校对受助学生的凝聚力。争取校外企业、社会人士对高职院校家庭经济困难学生群体的帮助。第三,建立校内富有特色的校园奖学金,校园奖学金的来源可以是平时学校教职员工的捐款,也可以是校内学生自己的爱心捐助。第四,引导和鼓励受助学生群体助人自助,通过受资助学生在勤工助学以及其他方面的收入,建

立相应的助学基金,以此帮助家庭经济困难的学生。

(二)统筹资助政策体系,发挥最大合力

目前,我国高职院校资助政策体系主要是国家奖助学金、国家助学贷款、学费补偿贷款代偿、勤工助学、校内奖助学金、困难补助、伙食补贴、学费减免、新生入学"绿色通道"等多种方式并存。根据上文对学生的问卷调查了解到,目前高职院校几乎100%的家庭经济困难学生均接受过一种或多种资助方式的资助。但是,当对学生满意度进行调查时发现,还有少部分同学觉得资助政策体系虽然很完善,但是要想发挥资助政策体系的最大合力来帮扶学生,还需对资助政策进行进一步统筹。通过合理优化资助政策体系的结构,适当增加某些资助类别的力度,提高受资助学生的满意度。比如,目前很多学生反馈高职院校设置的勤工助学岗位较少,很多学生苦于找不到勤工助学岗位,使得课余时间无事可做,因此适当增加勤工助学岗位,就是一个统筹资助政策体系的途径之一。比如,有同学认为申请助学金就是"比穷"的过程,这一过程忽略掉了学生的在校表现,依靠的标准仅仅只有一个字——"穷"。通过扩大励志型助学金的比例,也可以很好地解决这一问题。高职院校可在学校内部设置励志助学金基金,用于专门奖励品学兼优的家庭经济困难学生,这不仅可以解决学生的家庭经济负担,也能很好地激励家庭经济困难学生努力学习。

(三)完善资助认定程序,规范资助流程

由于我国学生资助工作由来已久,对家庭经济困难学生认定有一套明确具体的程序:学生申请资助—班级民主评议—二级学院审核—二级学院公示—学校审核公示——资助材料建档。由于家庭经济状况属于动态变化过程,飞来横祸可能会让一个小康家庭遭受灭顶之灾,沦为贫困家庭。由于家庭事业顺利,加之国家扶贫力度的加大,一个贫困家庭也可能在几年之内发展成为小康家庭。因此,为保证学生家庭经济状况数据以及学生自己消费数据的准确性,我们需要不断完善资助认定程序,及时更新家庭经济困难学生的数据库,进一步规范学生资助的流程,实现对高职院校家庭经济困难学生信息化、网络化、动态化、及时化的数据管理。

(四)优化资助认定方法,确保民主公平

要想确保家庭经济困难学生贫困认定的公平性以及对贫困学生进行资助的公平性,了解并掌握每一位家庭经济困难学生的家庭经济状况是重要的前提条件。第一,辅导员要通过实地走访、调查了解、访谈以及观察等多种方法充分了解每名学生的家庭经济状况,并做好记录。第二,辅导员要根据自己掌握到的学生信息,进行科学的、合理的分类。不仅要及时保护好家庭经济困难学生的个人隐私信息,也要保证"公开、公平、公正"的原则。对于一些特殊困难家庭(建档立卡贫困户、低保户、烈士子女、孤残家庭、离异家庭等)、家庭突然遭受重大意外(家庭遭受自然灾害、家庭成员遭遇突发疾病、家庭成员突然发生意外等)以及特别困难的学生,要采取针对性的帮扶措施。第三,保证民主评议过程的公开、民主。首先,可以通过召开主题班会提前告知并公开班级的家庭经济困难学生的认定工作,确保班级每名同学均充分了解国家与学校的相关资助政策。其次,在学生本人

自愿的前提下,公开已经掌握到的学生家庭情况(隐私信息除外),学生可以公开说明自己的家庭经济状况以及自己的日常生活开销等,让班级其他同学能够在不侵犯他人隐私的前提下,充分了解申请资助学生的实际家庭经济状况。最后,班级同学根据学生的申请材料,并结合学生实际家庭状况进行民主评议,在评议过程中,要充分利用大数据,通过信息技术掌握到的有关学生家庭经济状况和学生日常开销的数据,通过定量与定性相结合的方法,进行民主评议。

（五）健全资助认定制度，保障学生权益

除了资助认定机制、资助认定政策体系、资助认定方法以及资助认定程序之外,资助认定的制度也是保证学生经济资助的有效途径。从资金的来源来说,高职院校要及时进行资源整合,拓宽资助资金来源渠道,完善资助资金的投入保障机制。此外,资助工作一直与学生切身利益息息相关,资助工作涉及学生的全面发展,是一个复杂的系统工程,因此,各高职院校要重视学生资助工作,不仅要求学生资助有关部门和师生参与进来,还要倡导学校所有师生员工参与进来,关心贫困学生,重视贫困学生,构建和谐、友爱的校园环境,将"全面发展,全体成才"的育人目标融入资助育人的目标之中。

第四节　以思想援助为重点

一、我国高职院校思想政治教育现状

让每个孩子都享有公平而有质量的教育,是党的十九大对教育提出的明确要求。职业教育作为我国高等教育的一种,是实现教育扶贫的重要阵地,也是实现教育公平与社会和谐的重要场所。根据针对高职院校家庭经济困难学生所作的调查问卷,目前超过半数的高职院校家庭经济困难学生表示在自己成长成才的过程中,"自强自立的性格"最重要,其次,有37.22%的同学认为"艰苦奋斗的精神"最重要,如图6.9所示。可见,越来越多的家庭经济困难学生开始重视自己在高职阶段接受到的思想政治教育,他们认为良好的思想政治教育是自己成长成才的关键环节。目前来说,我国高职院校的思想政治教育现状主要有以下几点。

（一）开展思想政治教育途径较少，效果不理想

据笔者在高职院校的工作经历以及对学生的调查了解到,在实际的教育教学工作中,高职院校对学生开展的思想教育途径少,学生参与度也不高,学生思想政治教育提升和综合素质的提升效果不理想。对重庆市的高职院校家庭经济困难学生进行的面对面访谈以及问卷调查的结果均显示,目前超过50%的高职院校家庭经济困难学生,不仅需要经济扶持,更有着提升自身思想道德素质的需求。而根据对部分高职院校家庭经济困难学生的思想政治教育的调查了解到,目前高职院校开展思想政治教育的途径比较少,还未形成系

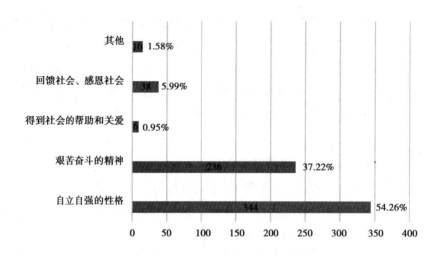

图 6.9　学生认为成长过程中最重要的是

统模式。大多数高职院校针对家庭经济困难学生开展思政教育的方式局限于合班课的思想政治教育基础课程以及辅导员的日常班会。由于思想政治教育基础课程属于公共基础课,上课人数较多,上课效果没有小班课好,很多学生人在心不在,真正接受到课堂思想政治教育的学生比较少。对于目前的班会来说,虽然国家和学校要求辅导员在学生的班会中要融入思想政治教育因素,但是由于班会没有固定的时间和固定的教室,很多班会均是讲了一些常规注意事项就草草结束,涉及学生思想政治教育的内容比较少。

（二）思想政治教育对象大众化,针对性不强

目前,我国高职院校的思想政治教育,均是针对全体在校学生,思想政治教育面向的对象太过大众化,没有专门针对高职院校家庭经济困难学生的思想政治教育。但是,高职院校家庭经济困难学生作为高职院校的特殊群体之一,有必要对其进行有针对性的思想政治教育。原因如下:第一,目前部分高职院校学生缺乏诚信意识,贫困学生如果缺乏诚信意识,就容易导致其拖延还贷或者逃避还贷,减弱我国助学贷款成效。因此,有必要开展针对高职院校院校家庭经济困难学生的思想政治教育,尤其是诚信教育,确保我国资助政策的顺利执行。第二,部分家庭经济困难学生存在着"等、靠、要"的想法,认为自己出身贫寒是上天不公,觉得获得国家资助金是理所当然,缺少自立自强的奋斗精神和正确的道德观、世界观、人生观和价值观。因此,需要开展专门针对高职院校家庭经济困难学生的思想政治教育,尤其是道德观和价值观教育,养成学生自立自强的良好品质。第三,一些家庭经济困难学生在接受援助之后,就觉得自己理应受到国家和学校的帮扶,如果某次资助没有自己,就会产生不满以及怨恨情绪,更不会知恩感恩。因此,对这些学生进行思想政治教育,尤其是感恩教育迫在眉睫。

（三）思想政治教育内容单一,提升不明显

由于受到出生环境的影响,很多贫困学生不仅物质生活条件较差,他们的社会交往能力往往也较弱,自身素质与综合能力有待提高。由于目前我国的思想政治教育多数是老

师对学生的单向沟通,老师教收,学生被动接收,这样容易使学生的思想政治素质提升效果不明显。此外,学校的思想政治教育内容,缺乏针对家庭经济困难学生的励志、诚信等教育内容。因此,在学生的思想政治教育中,可插入一些学生参与度比较高的团学活动、团体辅导活动以及素质拓展活动等,让家庭经济困难学生能够接受到更符合需求的思想政治教育。

（四）思想政治教育队伍缺乏,收效甚微

高职院校的思想政治教育是一项复杂且任务艰巨的工程,而涉及高职院校家庭经济困难学生的思想政治教育更加不能马虎。配备合理、素质较高、专业对口的思想政治教育团队,是确保高职院校思想政治教育工作有效性和持续性的有效途径之一。但是,我国高职院校思政队伍缺乏,队伍稳定性差,专业性不强降低了对学生的思想政治教育效果。第一,根据教育部的相关规定,辅导员应按照 1∶200 的规定配备齐全,但是,部分院校师资紧张,编制名额不够,使得很多辅导员所带学生较多,辅导员所带学生超过两百人是普遍现象,有的辅导员甚至带了 300 名以上的学生。可想而知,所带学生人数过多,肯定会降低辅导员对学生的思想政治教育效果。第二,由于辅导员的工作比较辛苦,个人价值感和成就感比较低,因此,很多人都不愿意当辅导员,使得目前高职院校对招聘的辅导员专业要求比较低,很多辅导员并不是思想政治教育出身,有的甚至是理工科专业毕业,这些非思政专业的辅导员都会降低对学生思政教育的效果。第三,有的人冲着进高校的目的,选择了门槛比较低的辅导员岗位,等进入高校之后,就会想方设法转岗,根本没有将辅导员工作作为自己的终身事业来看待,仅仅将辅导员岗位看作自己转岗的跳板,带着这种思想的辅导员在对学生进行思想政治教育时,也难以全身心地投入。第四,有的学校由于缺乏专职辅导员,只好请专职任课老师兼职当辅导员,但是任课老师身兼数职,由于受到自身精力和时间的限制,往往不能像专职辅导员一样全身心投入学生的思想政治教育,难以对学生进行科学的、系统的教育。

二、建立以思想援助为重点的高职院校发展型资助体系

（一）拓宽思想政治教育途径

要想做好高职院校贫困学生的思想政治教育工作,就需要以资助育人为目的,通过拓宽思想政治教育途径,结合"扶困"与"扶志",促进家庭经济困难学生健全人格的养成。首先,要将社会主义核心价值观融入资助育人工作全过程。在新媒体背景下,学生对新媒体的接受度比较高,认同感也比较强,因此要充分利用新媒体进行思想政治教育的便捷性,结合高职院校家庭经济困难学生认定工作和资助工作的特点和内涵,进行社会主义核心价值观以及爱国主义教育。其次,通过各种主题班会、座谈会、励志性助学金分享大会或者颁奖大会、资助政策宣传大会等途径,加强对家庭经济困难学生的思想政治教育,尤其是诚信教育、励志教育和感恩教育等。让得到资助的同学知恩感恩,珍惜来之不易的荣誉和帮扶,激励他们奋发向上;让没有得到资助的同学不要气馁,端正态度,树立良好的价

值观和道德观,鼓励他们通过自己的努力改善现状。

（二）细分思想政治教育重点

目前,在家庭经济困难学生群体中,"贫困观"比较盛行,"贫困观"是学生对家庭经济困难所产生的原因以及自己生存与发展影响的认知,主要是学生认为什么是家庭经济困难,自己如何看待家庭经济困难等。消极的"贫困观"容易使学生产生自卑、逃避和依赖等不良心理,不利于思想政治教育的开展。因此,在对高职院校家庭经济困难学生进行思想政治教育时,要对其进行细分,找到不同学生的教育侧重点,端正学生的贫困观,加强对学生的"三观"教育,让学生从思想上脱贫。

（三）丰富思想政治教育内容

家庭经济困难学生作为高职院校中的特殊群体之一,不仅要对其开展大众化的思想政治教育,还需要对其开展有针对性的诚信教育、励志教育和感恩教育。第一,对高职院校家庭经济困难学生加强诚信教育。由于目前助学贷款的简易化和容易化,很多家庭经济困难学生均会选择助学贷款这一方式减轻学费负担,因此对于受资助的家庭经济困难学生,要对其开展助学贷款诚信教育,让他们不仅知道助学贷款的贷款流程,还要明白助学贷款的还款流程,以及没有及时还款对自己信用造成的不良影响。第二,对高职院校家庭经济困难学生加强励志教育。对于家庭经济困难学生来说,家庭经济状况的好坏只是一时的,但是其对待家庭经济状况的态度却是影响深远的。因此,针对高职院校的家庭经济困难学生,要加强对其进行自立自强、乘风破浪的励志教育,让他们了解"天将降大任于斯人也,必先苦其心志,劳其筋骨,饿其体肤,空乏其身,行拂乱其所为,所以动心忍性,曾益其所不能"。鼓励他们树立直面人生、克服困难、积极向上的价值观。第三,对高职家庭经济困难学生加强感恩教育。感恩不仅是我国优秀的传统美德,而且还是每名公民需要坚守的基本道德准则。对于受资助的家庭经济困难学生来说,对其进行感恩教育,有利于对其进行正向引导,让学生明白自己的所得不是天经地义,而是来自政府、学校和社会的援助,这样可以提升学生对社会温暖的感知。此外,感恩教育还可引导受资助学生将感恩意识外化为具体的感恩行动,让受资助学生能够在自己的能力范围之内,向其他需要帮助的人伸出援手,有利于社会主义和谐社会的建立。

（四）稳定思想政治教育队伍

在高职院校中,辅导员是学生进入学校最先接触的群体,也是与学生交往时间最长,沟通交流最直接的群体,因此,要想做好学生的思想政治教育工作,必须从提高辅导员素质队伍开始。首先,为了便于开展思想政治教育工作,需要辅导员掌握相关的思想政治教育理论知识和实践经验,能够对学生开展及时、有效、学生乐于接受的针对性的教育。其次,学校要定期组织辅导员和学生资助工作人员参加相应的培训,提升自己的思想政治素质和业务能力,使得他们在开展工作过程中拥有足够的解决问题的能力和创新性思维,保证学生思想政治教育队伍的稳定性和可持续性。最后,要重视高职院校思想政治教育的后备人才储备,保证学校稳定的人才培养梯队,确保学校思想政治教育工作后继有人。

第五节　以身心扶助为支撑

一、我国高职院校身心发展现状

2018 年,习近平在全国教育大会上强调,要坚持中国特色社会主义教育发展道路,培养德智体美劳全面发展的社会主义建设者和接班人。提出要树立健康第一的教育理念,开齐开足体育课,帮助学生在体育锻炼中享受乐趣、增强体质、健全人格、锤炼意志。还提出要遵循教育规律,坚持改革创新,以凝聚人心、完善人格、开发人力、培育人才、造福人民为工作目标。通过全面加强和改进学校美育,坚持以美育人、以文化人,提高学生审美和人文素养。可见,我国教育对学生身体素质与心理素质的重视。而且,通过对学生的问卷调查了解到,目前绝大多数学生认为,在自己的成长过程中,自立自强的性格与艰苦奋斗的精神非常重要。此外,根据调查学生"对学校组织开展素质培养、技能培训的态度是",65.3%的同学认为要根据自身的需求来决定,如图 6.10 所示。而学生的需求则与身体素质以及心理素质息息相关,强健的体魄、稳健的心理素质能够提高学生参加素质培养以及技能培训的积极性,有助于学生朝着德智体美劳全面发展的方向前进。经过对我国高职院校家庭经济困难学生进行实践调查与理论研究,了解到我国目前高职院校学生的身心发展的现状主要有以下几点。

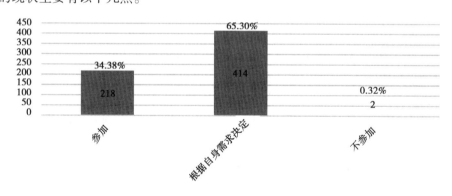

图 6.10　学生对学校组织开展素质培养和技能培训的态度

（一）高职院校家庭经济困难学生心理健康问题的突出表现

1.对自身状况存在自我否定的自卑心理

自卑心理是学生过多过分的自我否定而产生的自惭形秽、自我否定的情绪体验。由于部分高职家庭经济困难学生在经济条件和物质条件等方面比不上身边同学,导致其缺乏自信,产生低人一等的想法。长此以往,导致其对自己出现整体的自我否定,并引起其他系列心理问题和心理疾病。自卑心理是目前高职院校家庭经济困难学生由于家庭经济困难所引发的最明显、最常见的不健康心理表现之一。进入高职阶段之后，很多同学即将年满或者已经年满18周岁，身体的成熟使得学生的心理发展也逐渐趋于成熟，学生的人格独立性以及自我认识自主性也不断增强，在这一阶段，如果学生不能正确认识自己的家庭经济状况，就容易加大心理压力，造成心理问题。学生这种自卑心理，会造成学生的挫败感，使学生饱受焦虑之苦，轻则影响自己正常的学习、生活以及人际关系，重则会对社会造成负面影响。

2.对他人存在嫉妒心理

嫉妒心理，主要是指学生对在品德、家庭经济条件、才华、成就与能力等方面比自己优秀或出众的人产生的不满或者怨恨情绪的心态。很多家庭经济困难学生由于出生环境或者家庭经济条件不好，在生活方式、消费习惯以及人际交往方面与家庭富裕同学有差距，内心会产生不平衡的反应。如果这些状态没有被正确理性地对待，容易使学生产生畸形化的嫉妒心理、不满心理甚至怨恨心理，影响到学生的情绪与情感。长此以往，这种不平衡、不满的心态如果不能及时进行排解，加以纠正，就容易酿成大祸，造成惨剧，所以对于家庭经济困难学生的嫉妒心理必须加以警觉。

3.对人际交往存在封闭心理

封闭心理主要来源于自卑心态，是指学生不愿意参加集体活动，喜欢独来独往，通过将自己内心包裹得严严实实以减少与人交流。家庭经济困难学生作为自我意识成熟的个体，具有较强的人际交往需求，但是由于自己家庭经济基础较差，在与别人的交往中发现自己的消费习惯与别人不一样，想与别人交往，但是又害怕别人看不起自己，这种要交往又不敢交往的矛盾心理使得学生的自我压力较大，因此不敢参与到集体活动中来，通过游离于集体以外的封闭行为，减少与别人的交流机会，也排斥他人的关心与帮助。有的同学由于有着融入群体的强烈愿望，渴望通过人际交往得到同学的接纳、肯定和认可，但是来自内心深处的自卑和矛盾心理又容易造成其在交往过程中不能敞开心扉，这种情绪和情感上的波动和不平衡，容易让其他人感到难以与之相处，最终造成与同学的矛盾和冲突，加剧学生的封闭心理。

4.对社会存在仇富心理

在市场经济大背景下，我国仍然存在着贫富差距问题，部分家庭经济困难的学生在看待自己家庭经济困难这一问题上容易出现偏差，认为自己家庭经济困难是老天不眷顾，是社会不公，认为家庭经济状况可以决定一切。这就容易导致部分家庭经济困难学生对社会和他人产生不满情绪和愤恨情绪，引起心理失衡，出现仇富心理。云南大学马加爵事件就是因为该生家庭经济困难，自己认为受到了社会和同学的不公平待遇，最后走上不归路的典型案例。

5.对自己的未来存在焦虑心理

焦虑主要源于欲望没能得到满足，对自己前途命运的过度担心而产生的一种烦躁情绪。目前，随着社会竞争的加剧，很多群体都存在或多或少的焦虑情绪，在高职院校家庭经济困难学生中体现得尤为明显。高职院校家庭经济困难学生大多来自经济欠发达地区或者经济不发达地区。我国的高职院校大多处于大中城市,物价水平比小城市高,由于经济差距而导致的生活方式、消费方式以及生活习惯的差异,使得家庭经济困难学生需要比其他同学考虑、担心更多的事情,对结果的预期也比较高,容易在学习、工作、人际交往、情感及就业等方面产生焦虑心理。这些焦虑心理容易引发家庭经济困难学生的心理异常,影响他们的身心健康发展。

（二）学校对家庭经济困难学生的心理关怀缺乏针对性

加强对高职院校家庭经济困难学生的心理关怀,对做好家庭经济困难学生的思想政治教育工作非常重要。对促进家庭经济困难学生的全面发展也非常重要,只有学生有了健康的心理,才能很好地接受学校的教育,才能正常地学习和生活。根据对部分高职院校家庭经济困难学生的访谈了解到,目前我国大多数高职院校没有开展针对家庭经济困难学生的心理帮扶,导致学生对高职院校目前在心理疏导、勤工俭学以及思想教育的满意度不高。目前大多数学校沿用的仍然是开学对所有同学进行的心理普测,针对普测结果异常的同学再采取下一步帮扶或者心理疏导措施。目前,还没有专门针对家庭经济困难学生的心理测试、心理帮扶以及心理辅导活动。但是,家庭经济困难学生由于自己家庭经济状况不好的特殊性,其内心深处需要得到社会和周围人群更多的关爱。如果对家庭经济困难学生的帮扶没有针对性,没有对家庭经济困难学生的学习、生活与普通学生加以区分,没有对其进行足够的人文关怀,就会加剧家庭经济困难学生在求学期间的心理负担。

（三）学生的身体素质有待进一步加强

在我国应试教育的大背景下,学校和学生家长对学生学习的重视程度远远大于对学生身体的重视程度。很多中学尤其是在经济欠发达地区的中学,为了保证学生有足够的时间学习理论知识,在中学阶段就减少或者取消了体育课程,使得青年学生没有足够的时间来加强锻炼,身体素质不高。家庭经济困难学生由于家庭经济状况本来就与其他同学存在差异,如果身体素质跟不上,更会加剧家庭经济困难学生的特殊性,加重学生的心理负担。此外,没有良好的身体素质,也难以保证学生能够全身心投入学习和生活中,也会降低学生的学习、生活质量,减少其参加集体活动的频率,进而引发心理问题。

（四）忽视学生的个性发展

目前大多数高职院校的资助体系,看重"输血"大于"造血",通过经济资助,虽然可以解决受助学生的客观困难,但是容易造成学生"等、靠、要"的依赖心理。部分家庭经济困难学生由于尝到了资助的甜头,就会过于依赖国家和学校资助,失去生活的上进心,甚至误入歧途。部分同学为了获得更多的资助,全身心投入学习中,缺乏与其他同学的沟通交流,放弃自己的兴趣爱好,影响自己的个性发展。而学校如果没有及时发现并妥善解决这些问题,就容易忽视学生的个性发展,进而抹杀学生的创造力。

二、建立以身心扶助为支撑的高职院校发展型资助体系

（一）建立针对家庭经济困难学生的心理辅导体系

家庭经济困难的学生经历了高考这座独木桥，承载着振兴家庭的希望进入大学，来自家庭、学习、人际交往等方面的压力，使得这些学生会由于家庭经济困难而产生精神迷茫、心理困惑等个人性格方面以及心理健康方面的负性变化，容易出现心理异常。因此，高职院校在对家庭经济困难学生的帮扶中，要从单纯的经济救助观念中走出来，重视对贫困学生的心理疏导和心理引导，通过在教育教学和实践活动中融入团体辅导，通过咨询服务和预防干预开展个体咨询，以此建立针对贫困学生的心理健康教育辅导体系。通过互联网平台开展线上与线下相结合，通过团队心理辅导和个别心理咨询相结合的心理帮扶体系，提高家庭经济困难学生的心理素质，提高学生的心理承受力，促进学生身心健康成长。

（二）在经济资助的基础上开展有利于学生身心发展的心理解困活动，提升学生心理健康水平

经调查了解，家庭经济困难的学生希望通过自己在其他方面的优秀表现弥补自己家庭经济方面的不足，希望得到外界的肯定。因此，家庭经济困难学生在沟通交流、人际交往、自食其力等方面的愿望比较强，但由于受到自卑等心理问题的干扰，很多家庭经济困难学生在一定程度上压抑着自己的这种愿望。因此，在对家庭经济困难学生进行经济资助的基础上，适当地开展一些有助于学生身心解困的活动，有利于塑造学生健康的心理。大学生正处于成人化的关键时期，他们希望通过自己努力得到外界的肯定，因此，可以针对不同的家庭经济困难学生开展不同的心理帮扶活动，这些心理解困活动主要有以下几种。

第一，勤工助学，学生通过自己的劳动，收获经济收入，劳动价值被肯定，培养自食其力的思想。第二，社会实践活动，让学生深入社会，与同龄人一起去参加有意义的社会实践活动，开阔学生眼界，树立学生正确的价值观。第三，开展爱心志愿者等活动，通过成立受助大学生交流群体，组织家庭经济困难学生经常参与集体交流，并在自己能力范围之内帮助他人，奉献爱心，培养学生的自我认同度及发展的自主性。第四，开展针对家庭经济困难学生的团学活动或者团体辅导活动，让学生全身心参与进来，通过活动为学生提供交流的平台，为学生减压、减负。第五，开展各类学生喜闻乐见的社团活动，既能提升家庭经济困难学生在某个领域的水平，也能锻炼学生人际交往的心理素质。社团活动可与科技、艺术、体育、文娱、诗社、文学社等相关，也可充分利用各种节日，并结合学校学院特点，开展具有学校特色的庆祝活动，培养学生的集体荣誉感以及奋力争先的荣誉感，提升学生的心理素质。第六，在活动中要将家庭经济困难学生作为一个平等的教育主体去尊重、去了解，用欣赏期待的眼光发现学生身上的闪光点，培养学生的合作意识和集体荣誉感，引导他们用积极乐观的眼光去看待目前的经济困境，造就健康阳光、自立自强的大学生。

（三）营造和谐友爱的校园环境

和谐、友爱的校园环境对学生的人生观、价值观、道德观以及学生的心理健康都有着正向影响。在学生的校园环境营造中,不仅要注重校园文化环境,也要注重校园生态环境。在学校层面,可以通过开展丰富多彩的校园文化活动,并鼓励贫困学生积极参与其中,培养高职院校家庭经济困难学生的人际交往能力,让他们融入校园大家庭中,增进独立自信意识。此外,还要加强对家庭经济困难学生的中国传统美德教育,通过教育学生弘扬中华民族传统的勤俭节约精神以及艰苦奋斗精神,引导家庭经济困难学生树立正确的消费观,将他们的注意力从与人攀比转换到努力学习、掌握技能以及奉献社会之上。在学院层面,发挥学生党团支部、班级、宿舍的作用,开展各种爱心活动以及寝室文化活动等,营造团结友爱、相互关心、干净整洁以及和谐融洽的学习环境和生活环境,用友爱温暖家庭经济困难学生,减少家庭经济困难学生的心理孤独、压抑和自卑感。校园文化环境和校园生态环境的营造,有利于高职院校家庭经济困难学生健康心理的营造,也有利于促进他们健康、快乐地成长成才。

（四）重视学生的身体素质,加强学生身体锻炼

进入大学后,学习压力的减少,课余时间的增多,为很多学生提供了很多锻炼身体的机会。但是,随着网络的进一步发展,很多学生的课余时间都在网吧以及寝室度过,饿了就点外卖,成了典型的宅男宅女。在这种情况下,学校要加强对学生身体素质的重视程度,可以通过完善学校体育设施,开设有助于加强学生体育锻炼的选修课,开展有利于提高学生身体素质的活动如运动会,提高体育在学生综合素质中的比重等方式督促学生加强身体锻炼。

（五）发挥美育在培养家庭经济困难学生健康心理方面的积极作用

传统的大学生资助工作,重在物质资助。十八大以来,随着国家资助政策的变化,我国的资助工作已由物质资助逐步转向资助育人。高职院校继承传统资助工作的先进经验时,还要积极寻求新的亮点。比如可以将美育纳入发展型资助工作中,通过广泛宣传一些表现突出的受助学生的事迹,树立模范,让大学生感受到党和政府、学校和社会对自己的关爱。同时让学生学会在自己有能力时,也要反哺社会,将爱和美传递下去,这不仅能对高职院校家庭经济困难学生的道德、情操、理想、人生等产生正向影响,而且也能使学生在"资助——自助——助人"的过程中感受到美的滋润,培养他们良好的道德风尚和过硬的心理素质。

第六节　以技能辅助为手段

一、我国高职院校技能水平现状

根据我国高职院校的发展现状以及人才培养方案,结合对学生的问卷调查结果,当问

及学生"您认为本校的家庭经济困难学生资助工作对于优秀人才的培养情况表现为"时，有46.06%的同学认为本校的家庭经济困难学生资助工作为国家培养大量建设人才，对国家建设、社会进步做出巨大贡献，38.8%的同学认为本校的家庭经济困难学生资助工作为国家培养较多建设人才，对国家建设、社会进步做出较大贡献，其余同学认为本校的家庭经济困难学生资助工作对社会的贡献一般，或者缺乏贡献，或者毫无贡献可言，如图6.11所示。经过调查走访了解到，我国高职院校目前在学生技能水平和学习成绩方面的情况主要有以下几点。

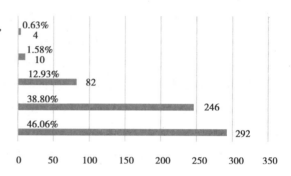

图6.11 学生认为本校的家庭经济困难学生资助工作对于优秀人才的培养情况表现

（一）针对学生的学习技能大众化，针对性不强

学习问题是所有高校、大学生及家长普遍关心的问题，要培养国家需要的技能型人才，不仅要让学生从学习上下功夫，还要力争提高学生的动手能力和技能水平，以此提高学生的综合素质。对高职院校的家庭经济困难学生来说，他们从内心深处希望通过自己努力学习以获得学校的各种奖助学金，他们从内心深处希望通过自己技能水平的提高而实现毕业找一个好工作，以期改善自己家庭的经济现状，因此，对于家庭经济困难学生来说，他们对于学习和技能提高的需求，往往比普通学生更强烈。

但是，部分家庭经济困难学生由于来自贫困山区，薄弱的基础使得他们与普通同学没有处于同一起跑线；部分同学由于过多担心经济问题，而不能心无旁骛地学习；有的同学心里比较自卑，害怕由于经济问题受到老师和同学的歧视，在学习上遇到不明白的，也不敢去问老师和同学，使得其学习成绩难以提高。如果对家庭经济困难学生的学习和技能指导与普通同学无异，目的仅仅是让学生顺利毕业，就容易打击家庭经济困难学生的积极性，甚至会激化家庭经济困难学生对社会和学校的不满思想和怨恨情绪，造成严重后果。

对高职院校家庭经济困难学生的学习和技能帮扶，可以针对学生在学习态度、学习目的、学习动力、学习难点等方面的差异进行细分，并开展针对性的帮扶活动。在帮扶过程中，可以根据学生的学习现状和家庭经济困难程度，对学生划分不同的类别，分类开展针对性的帮扶。在帮扶过程中，要随时关注帮扶措施的落实效果，学生的技能水平是否得到了提高，学习成绩是否有了进步，对知识的把握能否有自己的见解，学生的动手能力是否取得了进步等。

（二）扶贫与扶智没有有机结合

"不让一名学生因家庭经济困难而辍学"这一理念指导着我国高校的资助工作,并取得了长足的效果。但是,这一理念太过关注经济资助的成果,弱化了"扶贫要扶志",使资助工作虽然在一定程度上解决了学生的经济困难,但也忽略了对学生自身技能水平、学习能力、知识素养和动手能力的提高,忽略了学生综合素质的提高。首先,这种帮扶方式虽然可以帮助学生摆脱一时之困,但是缺乏发展的眼光,难以从长远上提高学生的技能水平,也未从解决学生就业的角度来解决了学生家庭经济困难的问题。其次,这一理念从帮扶范围来说,局限于对高职院校家庭经济困难学生的经济帮扶,注重对家庭经济困难群体的个体帮扶,而忽略了对其他大学生的综合素质帮扶。最后,这一理念虽然在一定程度上解决了学生的经济和生活问题,但是缺乏对学生技能的关注,难以形成可持续发展能力,也难以助推学生进一步成长成才。

（三）实习实训设备落后,缺乏时代性

高职院校的教育目的是培养国家需要的技术技能型人才,目前,高职院校为提升学生技能水平,会开设专门提高学生动手能力的实习实训课程。对于理工科专业而言,会让学生体验上班时的场所与环境,让学生提前适应工作后的生活。很显然,学校的出发点是好的,是希望让学生提前熟悉上班之后的工作氛围和工作种类,做好提前适应。但是,目前的现实问题是,学校为学生提供了实习实训的场所,比如物流实训中心、机电实训中心、汽车实训中心等,但是很多实训中心的实训器材和设备均比较陈旧,跟不上时代的节奏,有的学校为了节约成本,会直接购买企业更新换代被淘汰的设备,这样不利于学生学习最新的技能知识。众所周知,目前信息时代,知识和设备的更新换代速度非常快,如果经常沿用陈旧的设备,就算学生对设备使用达到轻车熟路的水平,但是进了企业之后,面对更新换代的新产品,学生在学校学习的技能水平不能派上用场,又要从头学起,这无疑浪费学生人力资源。

二、建立以技能辅助为手段的高职院校发展型资助体系

（一）加强对家庭经济困难学生的学业帮扶

从家庭经济困难学生的群体特点了解到,这部分同学虽然求知欲望很强烈,但是家庭经济因素导致的性格原因,导致学生不能全身心投入学习中,容易加重学生学习负担。而家庭经济困难学生一旦成为学业困难学生,对其进行学习帮扶的难度要比普通同学大得多。因为家庭经济困难学生表现出来的心理问题更多、心理资本更弱,而一旦学习问题与心理问题挂钩,就会加剧学生的学习和心理困难程度。因此,在对高职院校家庭经济困难学生进行经济资助时,还要留意学生的学习技能水平,随时关注学生的技能水平和学业发展情况,对于家庭经济困难且学业困难的学生,要给予有针对性的重点学业帮扶。对于"不让一名学生因家庭经济困难而失学"这一承诺,仅仅依靠经济资助是远远不够的,还需要及时关注学生的学业情况,对于学习困难的家庭经济困难学生要及时提供发展型资

助,帮助这些同学及时克服学业发展和技能水平上的困难,以便把学生培养成国家需要的技术技能型人才。

（二）建立家庭经济困难学生的学业指导体系

当前高职院校的在校学生大多是出生于2000年前后的独生子女,经过高考"厮杀"考入大学,很多学生在高中阶段由于压力过大,很早就盼望着进入大学可以轻松一下,很多同学从踏入大学的门槛之日起,就开始松懈。因此,在对高职院校学生的发展型资助体系中,要着重培养学生的动手能力,可以通过结合学生的勤工助学等活动,培养学生的劳动意识和技能水平,通过建立专门针对家庭经济困难学生的学业指导体系,开展针对性的帮扶。

第一,以工代赈,精准资助。高职院校可对目前学校提供的勤工助学岗位进行有机整合、分配,根据学生不同的性别、年级、性格和专业特点等为学生分配合适的勤工助学岗位,在实际工作中培养学生的技能水平。

第二,以"创"代"补",优质资助。高职院校可以通过组建创新创业团队、开展公益创业或实体创业等方式创新对学生的勤工助学模式和技能帮扶模式,让学生在校期间参与学校的创新创业项目,培养学生创新创业能力,让参与勤工助学的高职家庭经济困难学生从昨天"打工仔"转化为今天的"经理人",甚至明天的"投资人",通过高层次劳动提升学生的综合素质。

第三,以"订"代"赠",人文资助。高职院校应开设专门针对家庭经济困难学生的技能提升课程,了解学生在各种技能水平上的长处与短板,以问题为导向,有针对性地设计与实施,形成"以学生为中心"的人才培养格局,发挥学生在劳动技能和劳动实践中的主观能动性,提升资助育人实效。

（三）提升学生学习素养

随着时代的进步和我国经济的快速发展,社会对高职院校人才的需求已经不仅仅局限于学生的技能水平,目前"通才"比"专才"更加受到企业和社会的青睐。因此,还需要学生能够掌握和运用不同领域的知识,养成良好的学习和知识素养。对于"通才"的培养,学校可以通过以下途径来实现。首先,通过开设通识课程与相关讲座相结合的方式,满足社会对"通才"的需求,通过课堂内和课堂外的有机结合,通过一些实践拓展学生的学识,加深学生对自己所学知识的理解,提升学生的学识和学习素养。其次,开设专门针对高职院校的家庭经济困难学生的技能型培训或者资格性培训,比如GYB培训、人力资源管理师培训等,让学生通过培训掌握相关技能,获取相关职业资格证书。最后,通过相关讲座以及社会实践活动提高学生的综合能力。讲座和活动主要针对学生的职业技能、科研创新能力、社会实践能力、社会交往能力等方面进行培训和提高。

（四）提高以奖励为目的资助比例

高职学生的学业成绩可以体现其人力资本积累与发展,反映其掌握学科知识程度和基本专业能力。虽然对高职贫困学生进行经济资助可以满足学生在经济方面的需求,减少学生在经济方面的后顾之忧,但是长期接受国家、社会和学校的资助,容易使学生产生懒惰心理和依赖心理。在这种情况下,可以适当增加奖励性质的助学资金,提高学生的学习动力。实践证明,在国家奖学金、国家励志奖学金和国家助学金等类型中,以奖励为目的的国家奖学金和国家励志奖学金两项,对高职家庭经济困难学生的学习成绩提高有着显著的正影响作用。也就是说,获得国家奖学金、国家励志奖学金能够反过来促进学生的学习积极性,提高学生的学习成绩和技能水平。这说明,学生获得相关经济资助与学生获得好成绩之间有着显著的正相关关系,此外,获得更高的资助等级或者资助金额可以显著地提高学生取得良好技能水平和学业成绩的概率,而且,学生资助与学生的学习成绩的正相关关系还具有良好的稳定性。

第七节　以就业帮助为依托

一、我国高职院校就业状况现状

就业是民生之本、财富之源。习近平总书记强调,就业是最大的民生工程、民心工程、根基工程,是社会稳定的重要保障,必须抓紧抓实抓好。在2019年的中央经济工作会议上,提出要实施就业优先政策,重点解决好高校毕业生、农民工、退役军人等群体就业。经济的高质量发展正在呼唤高技能劳动大军。党的十八大以来,党中央、国务院高度重视职业教育。素质是立身之基,技能是立业之本。传承技术技能,职业教育使命在肩,高职院校更要通过构建学生发展型资助体系,在资助工作中落实好就业这个最大的民生。

（一）千变万化的就业环境与千篇一律的就业指导之间的矛盾

虽然不少高职院校均开设了职业生涯规划和就业指导相关课程,学生必须学习这些相关课程,但是就业指导课程多开设在大学一年级,而学生真正就业却发生在大学三年级。这使得很多学生接受就业指导时还处于懵懂的状态,导致授课效果不强,缺乏针对性。目前多数高职院校虽然有针对学生的相关就业指导课程,但大多数此类课程由于授课计划和课程标准变化不大,导致授课内容缺乏实用性,过于理论化的授课内容将来难以解决学生的实际就业需求。课堂上,很少有人听课,大家要么看手机,要么看其他书籍,学生从相关课程获取的有用信息不多,最后使得就业指导课程流于形式,不能从根本上提高学生的就业能力和综合素质。学生的就业环境每年都在发生变化,尤其是2020年疫情,更加剧了学生的就业压力。面对变化的就业环境,学校却总是相同的就业指导,就难以产生对学生的就业帮扶效果。根据针对高职院校家庭经济困难学生所做的调查,当问及学生"除经济资助以外,您最希望获得的帮助是",超过半数的同学表示自己最需要的是学校给予的就业帮助,具体如图6.12所示。

（二）学生对职业生涯怀有远大志向与自身能力有限之间的矛盾

目前我国在读的高职学生多为00后学生,大多数学生属于独生子女家庭,习惯于依

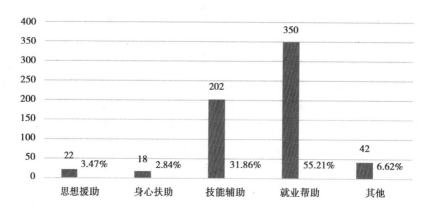

图 6.12　除经济资助以外,学生最希望获得的帮助

靠家里帮助,不愿面对社会。大多数家庭能够给予学生的就业指导较少,有少数学生家长甚至还停留在学校可以包分配工作的层面上,这在一定程度上也对学生的就业工作造成了阻碍。此外,越来越多的用人单位反馈:目前很多学生对自己的职业生涯规划怀有很高的期待,但是自己又缺乏面试经验,就业能力不强,使得"理想很丰满,现实很骨感"。而部分综合素质比较强的同学又存在着期望值过高,只想留在中心城区,不愿意去区县基层锻炼。个别同学还存在挑三拣四,眼高手低的问题,认为低工资供不起自己的高消费,这样就造成了学生对职业生涯怀有远大志向与自身能力有限之间容易产生矛盾。根据针对高职院校家庭经济困难学生所做的调查,当问及学生"您觉得现在困扰您的是",占比高达 80.76% 的同学表示目前自己最大的困扰是就业发展,如图 6.13 所示。可见,对于学生自身来说,学生有着进一步发展的需求与愿望。

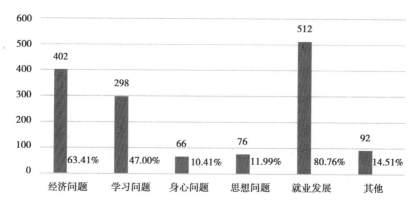

图 6.13　学生觉得现在的困扰

（三）学校学习环境单纯与社会就业竞争激烈之间的矛盾

根据对重庆某高职院校双选会中随机抽取 1 543 名毕业生进行的就业意向调查,结果显示这 1 543 名毕业生中,准备找工作的有 712 人,准备专升本的有 632 人,准备自己创业的有 43 人,准备出国留学的有 8 人,还有 148 人目前对未来比较迷茫,不知何去何从。可以看出目前高职院校毕业生的选择面比较广,准备就业的同学占比一半不到,一半以上

的同学目前没有就业需求。经对个别同学访谈了解到,部分同学觉得环境很好,学习压力不大,还有父母给予生活费,拿着国家和学校的补助,不愿意从学校的象牙塔里面走出去,不愿意面对社会残酷的竞争压力;部分同学存在着就业胆怯心理,他们将创业和专升本等作为自己的退路和借口,以此逃避找工作,逃避面对社会。

二、建立以就业帮助为依托的高职院校发展型资助体系

（一）构建完善的就业辅助体系,强化家庭经济困难学生技能培训,实现精准扶贫

通过构建完善的就业帮扶体系,对高职院校的家庭经济困难学生进行有效的就业指导,帮助其树立正确的择业观、就业观,是高职院校家庭经济困难学生发展型资助体系建立的要求。学校可以针对家庭经济困难学生制订一套完善的有针对性的就业辅导计划,通过联系与学校有合作关系的校企合作单位,通过订单班培养和顶岗实习的方式,为学生提供企业实习实训机会,加强对家庭经济困难学生的学习和技能指导,树立学生良好的就业心态,提高学生的就业竞争力并培养学生的综合素质。职业教育的目标是培养符合社会发展需求的技术技能型人才,属于"造血式"扶贫方式中的一种。根据每位家庭经济困难学生所处的市、县、镇的不同特色,采取针对性的技能培训方案,实现对创新型实用人才的培养。针对家庭经济困难学生的就业辅助体系,可以结合家庭经济困难学生的特征,制订有针对性的对口培训计划,增强家庭经济困难学生的就业竞争力。此外,各高职院校还可进一步宣传国家对大学生的创业资助政策,积极鼓励高职院校的家庭经济困难学生返乡创业,利用当地的资源优势和人文优势等,带动当地更多的人摆脱贫困,实现整个地区的全面脱贫,用自己的实际行动和所学知识积极回报祖国和社会,形成良好的文化氛围。

（二）加强对家庭经济困难学生的就业帮扶,提高学生就业竞争力

目前,在我国就业求职市场,个人能力逐渐成为企业看重的重要因素。因此,针对家庭经济困难学生,要从提高学生的综合素质以及整体能力出发,从学习到就业、从心理到生活等多方面对家庭经济困难学生进行帮扶。针对目前部分家庭经济困难学生存在现代技术基础薄弱的问题,可以开展专业的技能培训和讲座,让其及时掌握应用现代技术的本领。针对目前部分家庭经济困难学生由于经济压力导致的心理异常和就业压力,通过积极引导学生参加社团活动,来提高学生的人际能力、组织协调能力、沟通管理能力以及集体荣誉感。针对部分家庭经济困难学生缺乏实习经验的问题,积极开展相关的社会实践和就业实习活动,让学生积极主动地投入勤工俭学、暑期社会实践和顶岗实习中来,帮助家庭经济困难学生进一步认识社会、了解社会。对于部分家庭经济困难学生因学业成绩较差导致的就业不自信情况,要积极引导其抓好专业课的学习,在保证学习成绩的基础上,再利用课余时间把自己所学知识运用到勤工俭学中,保证"以学促工,以工赈学",为将来进入社会打下坚实基础。

（三）面向家庭经济困难学生,开展有针对性的职业生涯规划

高职院校除了开展针对所有同学的职业生涯规划之外,还要考虑到家庭经济困难学

生这一群体在职业规划、设计方面存在的特殊性,在进行普遍教育的基础之上,增设一些有针对性的环节,设计适合家庭经济困难学生的生涯路径,帮助家庭经济困难学生明确职业目标,促进自身的职业发展以及自我价值的实现。第一,加强就业形势与政策教育,树立正确的就业观。针对家庭经济困难学生在择业和就业时存在的就业胆怯心理以及就业期望过高心理,要及时让学生正视自己,帮助家庭经济困难学生正确分析目前面临的就业形势,引导家庭经济困难学生充分认识自己,充分认识就业市场,并树立准确的定位。第二,开展针对家庭经济困难学生的个性化咨询和辅导,让学生"知己"。家庭经济困难学生在生涯规划设计中会遇到与自身情况息息相关的具体的问题,这种情况下大众化就业指导往往效果不大,学校可以通过开设就业热线或设立专门的职业咨询室等方式,对学生进行一对一的指导,针对性地分析每位同学遇到的具体问题,并给出具体的解决方案。第三,帮助高职院校的家庭经济困难学生树立正确的就业观,通过向学生宣传就业政策,让学生"知彼"。目前,国家有很多针对高职院校家庭经济困难大学生的就业政策,比如三支一扶、西部计划等,对家庭经济困难学生尤其是建卡学生有优先录取权,这不仅解决了学生的就业问题,也为我国建设添砖加瓦了。第四,采取"请进来、走出去"的办法,通过顶岗实习、宣讲会和双选会等方式邀请用人单位进校招聘,让学生与用人单位面对面交流,更好地了解就业市场,熟悉用人单位的组织文化、经营状况和发展趋势,找到自己的就业兴趣点,减少将来就业选择的盲目性。此外,利用暑期或课余时间到单位去实习或实训,也可以让用人单位更全面地了解学生,增加学生的就业机会。第五,建立针对家庭经济困难学生的就业帮扶体系,学校可以根据每名学生的具体特点建立相应的家庭经济困难学生的档案,遇到合适的就业单位要优先推荐家庭经济困难学生。通过建立专门针对就业困难学生的微信群和QQ群等,及时推送相关就业单位,介绍就业经验。开展针对家庭经济困难学生的专场招聘会,为家庭经济困难学生提供更多就业机会。

（四）通过创建创业型勤工助学基地，提升学生就业创业能力

通过在高职院校内部建立有老师指导、管理,以学生为主体的创业型勤工助学基地,为学生提供平台,不仅可以让学生通过自己劳动收获相应的报酬,也能提升学生的就业创业能力。在创业型勤工助学基地的建立上,要坚持以下几点原则。第一,坚持资助育人的原则,通过勤工助学岗位与学生的专业实习、创业实践、就业教育、思想教育和服务师生相结合,达到资助育人的目的。第二,坚持以学生为主,充分发挥学生的智力因素和开拓精神,最大程度地磨炼学生意志,培养学生良好的精神品质。第三,坚持企业运营模式,按照市场规律运作,实行独立核算,参与市场竞争,让学生真实体会到企业运营,提高学生的创业成功率,激发学生的创业激情。第四,积极与校外创业孵化基地联合,为学生提供更多的平台。对于创业意愿特别强烈的家庭经济困难学生,通过争取地方政府的支持,对学生的创业项目开展资金支持、技能培训、专家指导、法律援助等系列公益性服务,为家庭经济困难学生创业提供更好、更多的平台,让学生不至于输在起跑线上。

第八节　高职院校家庭经济困难学生"五位一体"发展型资助体系的构建

在理论上,通过构建高职院校集经济、思想、身心、技能、就业等五方面为一体的"五位一体"的发展型资助育人体系,有利于通过资助完成育人目标。第一,对学生进行经济资助,有利于落实国家资助政策,实现"两不愁、三保障"目标。第二,对学生进行身心扶助,有利于实现扶贫与扶志相结合,塑造学生健康的身心。第三,对学生进行技能辅助,有利于实现扶贫与扶智相结合,完成《中国制造 2025》行动纲领赋予职业教育新的使命,塑造大国工匠精神。第四,对学生进行思想援助,有利于强化"立德树人"根本任务,培育和践行社会主义核心价值观。第五,对学生进行就业帮助,有利于提高学生就业创业能力,培育学生正确的成才观和就业观,构建"三全育人"的大格局。

在实践上,本专著在 2019 年高职院校扩招 100 万人的背景下,围绕高职院校双高建设目标,结合《中国制造 2025》与职业教育人才培养的新使命,通过文献梳理和访谈调查,对目前高职院校的资助育人体系的现存问题进行分析,对进一步完善高职院校发展型资助育人体系提供一定依据。第一,有利于通过资助促进教育公平,通过育人确保我国高职院校的社会主义办学方向,提高高职院校教育工作者的工作实效性,着力培养家庭经济困难学生自强不息、创新创业的进取精神,帮助高职学生成长成才。第二,"五位一体"发展型资助体系的建立,有利于完善高职院校资助育人体系,全面提高学生的学习、创新发展、社会实践及道德品质等方面能力,培育学生奋斗精神和感恩意识,培养德智体美劳全面发展的社会主义建设者和接班人。第三,随着高职扩招,学生人数的增加也加大了资助育人工作的难度,通过建立"五位一体"的发展型资助育人体系,构建物质帮助、道德浸润、精神激励、能力拓展、就业提升有效融合的资助育人长效机制,有助于实现"志智双扶"目标,培养多层次、多类型的高素质多技能的高职人才,为我国制造业强国的建设提供强有力的人力资本支撑。

第七章　高职院校"五位一体"发展型资助体系的绩效评价

第一节　建立高职院校"五位一体"发展型资助体系的绩效评价

上一章构建了高职院校的"五位一体"发展型资助体系,要想发展型资助体系真正起到育人的作用,还需要建立合理有效的针对资助体系的绩效评价体系,以便对发展型资助体系进行绩效评价,验证发展型资助体系的有效性。

纵观相关文献,并结合与学生的访谈结果,本书设计了针对"五位一体"发展型资助体系的三级指标评价体系以及相关的评价方法。本书基于高职院校学生特点,构建了以经济资助为基础、思想援助为重点、身心扶助为支撑、技能辅助为手段、就业帮助为依托的"五位一体"发展型资助体系,针对这一体系的五个一级指标:经济、思想、身心、技能和就业,每个一级指标占比 20 分,总分 100 分。构建对应的二级评价指标和三级评价指标,并针对每一级评价指标制定了相应的评价方法,详见表7.1。通过对每一级指标体系赋予相应的分值,如对高职院校的家庭经济困难学生进行考核,不符合指标体系的该项则扣除相应分值,最终得到的分值则为发展型资助体系在该名学生身上的考核分数,见表7.1。

一、经济资助的评价指标体系

要想知道对学生的经济帮扶是否有效,就需要从经济资助的公平性、经济资助的有效性以及经济资助的充分性入手。而体现经济资助公平性的指标主要有家庭经济困难认定、资金分配和学生身份认定。体现经济资助的有效性主要看经济帮扶是否有效改善了学生的经济条件,经济帮扶的执行情况是否合理合规以及经济帮扶的效果是否得到了高职院校家庭经济困难学生的认可。体现经济资助的充分性主要是看经济帮扶是否能有效充分地帮助学生渡过难关:比如经济资助是否覆盖了所有家庭经济困难学生,经济资助的金额是否对学生的学习生活、经济压力有充分的改善效果,对学生的经济资助过程是否严格按照国家的政策和流程执行,有无违规。

表 7.1　高职院校"五位一体"发展型资助三级指标评价体系

一级指标	二级指标	三级指标	评价方法
经济资助（20分）	经济资助的公平性（8分）	贫困认定的公平性（3分）	资助政策的宣传、贫困认定的流程、贫困认定的结果
		资金分配的公平性（2分）	家庭经济困难学生获得资助、家庭经济富裕的同学是否获得资助
		身份认定的公平性（3分）	是否能识别建卡贫困户、是否能识别其他特殊困难学生、是否做到一人一档
	经济资助的有效性（6分）	改善情况（2分）	基本生活消费是否得到保障、学习时间和精力是否得到保障
		执行情况（2分）	资助政策的宣传、资助政策的执行
		认可情况（2分）	学生对资助政策和资助效果的认可、社会对资助政策和资助效果的认可
	经济资助的充分性（6分）	覆盖面（2分）	政策宣传的覆盖面、经济资助的可持续性
		资助金额（2分）	资助资金是否用于家庭经济困难主体、资助资金使用的充分性
		政策执行（2分）	"奖、助、贷、勤、补、免"体系完善程度、学生资助工作的政策程度
思想援助（20分）	思政素质（7分）	政治素质（3分）	爱国情况、爱党情况、党团活动的参加情况
		思想素质（4分）	所获奖励、所受处分、集体活动参与情况、宿舍卫生
	道德素质（7分）	道德品质（4分）	道德荣誉情况、参与志愿活动情况、爱心捐助情况、见义勇为情况
		社会公德（3分）	社会主义核心价值观、诚实守信、社会公德
	法纪素质（6分）	法律观念（3分）	不触犯法律红线、行使法律权利、遵法守法懂法用法
		遵纪守法（3分）	遵守学生手册、遵守公民基本道德规范、个人感染力

续表

一级指标	二级指标	三级指标	评价方法
身心扶助（20分）	身体素质（8分）	身体形态机能（4分）	学生体重身高比、体能测试、就医记录、每周运动情况
		健康生活方式（4分）	作息时间、烟酒购买记录、饮食习惯、个人卫生
	心理素质（12分）	入学心理测评（5分）	认知能力、适应能力、人际关系、情绪管理、精神状态
		学期心理测评（5分）	认知能力、适应能力、人际关系、情绪管理、精神状态
		学生日常心理访谈（2分）	心理稳定性、心理适应性
技能辅助（20分）	学习情况（12分）	学习成绩（4分）	成绩排名、挂科门数、重修门数、奖学金获得记录
		学习表现（5分）	上课出勤率、图书馆借阅情况、课堂积极互动、课后积极答疑、进出图书馆次数
		学习能力（3分）	参加学术讲座、会议、论坛情况
	技能水平（8分）	职业技能（4分）	专业技能证书、外语听说能力证书、学术竞赛证书、参加技能比赛及获奖情况
		人文素质（4分）	参加文艺、辩论、演讲、体育等活动及获奖情况
就业帮助（20分）	就业选择（10分）	就业类型（6分）	就业、创业、专升本、出国留学、应征入伍、其他就业形式、待业
		就业情况（4分）	学生就业自信心、职业成熟度、职业决策知识、职业决策态度
	就业满意度（10分）	学生就业满意度（5分）	对学校就业服务的满意度、对学校提供就业单位的满意度、对学校提供就业岗位的满意度、对学校就业指导工作的满意度、对学校就业帮扶工作的满意度
		用人单位满意度（5分）	对学生职业素养、专业知识、技能水平、岗位匹配度、未来可塑性的满意度

二、思想援助的评价指标体系

高职院校学生的思想评价，主要可以从学生的思想政治素质，学生的道德修养和道德素质以及学生遵纪守法方面进行评价。在思想政治素质方面,主要包括政治素质和思想素质,政治素质主要是考察学生的爱国情况和政治素养等。思想素质考察学生在校期间的思想修养,其外在体现主要是学生的违纪情况、集体活动参与情况等。在道德素质方面,主要包括学生的道德品质和社会公德,道德品质主要是学生的外在道德修养,社会公德主要是学生的核心素养情况。法纪素质主要是学生的法律观念和遵纪守法意识,考查学生是否能够遵纪守法,遵守我国法律,遵守学生手册的相关规定。

三、身心扶助的评价指标体系

高职院校学生的身心扶助情况,主要从学生的身体素质和心理素质两方面进行考核。学生的身体素质主要是看学生的身体形态技能和学生是否有健康的生活方式。而学生的心理素质主要通过开学时的新生心理普测、每学期的学生心理测评以及学生日常的心理状态进行考核。

四、技能辅助的评价指标体系

高职院校学生的技能辅助情况,主要通过学生的学习情况和技能水平两个方面进行考核。学习情况的考核主要是体现学生学习精神状态和学习成果的学习成绩、学习表现以及学习能力。对于高职院校学生来说,学生的技能水平相当重要,学生的技能水平主要是参照学生的职业技能,如学生在校期间获得的职业资格证书情况。学生的人文素质,如学生在校期间参加的各种文体活动以及专业型技能大赛的奖项获得情况。

五、就业帮助的评价指标体系

对于高职院校的家庭经济困难学生来说,考核对其就业方面的帮扶效果,主要从就业选择和就业满意度两方面入手。就业选择主要看学生的就业种类是否是学生所需,以及就业种类细分下的就业情况是否符合学生的个人全面发展。而学生的就业满意度评价指标是学生自己对就业种类以及就业单位的满意度,以及用人单位对高职院校培养的学生的满意度。

六、大数据来源路径

通过对学生进行实地调查(包括问卷调查法和访谈法),并利用大数据技术获得相关大数据,可以有效根据数据结果及时对高职院校家庭经济困难学生的经济、思想、身心、技能和就业五方面进行指标体系评价,验证对学生经济、思想、身心、技能和就业这五方面的帮扶成果。

第二节　经济资助的绩效评价

一、经济资助的公平性(共8分)

（一）贫困认定的公平性(共3分)

贫困认定的公平性主要是看学校在资助政策宣传的公平性,资助认定全过程的公平性以及资助认定的结果是否公平。

（1）学校在资助政策宣传的公平性(占分1分)。主要是看学校、辅导员是否及时、有效地将国家和学校相关资助政策宣传到位,是否周知到每一位同学(尤其是家庭经济困难学生),以及受资助目标人群对资助方式的了解和知晓程度。

此项数据主要来源于学校资助管理中心的资助工作人员和辅导员的工作笔记、班会照片以及对学生的问卷调查结果和访谈结果。

该项数据如符合资助宣传的公平性,则该项得分1分,否则该项不得分。

（2）资助认定流程的公平性(占分1分)。主要是考核学校在进行家庭经济困难学生认定、助学金评定、资助资金发放等流程上是否符合国家资助政策的要求。

此项数据主要来源于学校资助管理中心的资助工作人员和辅导员的工作笔记、班会照片以及来源于对学生的问卷调查结果和访谈结果。

该项数据如符合资助认定流程的公平性,则该项得分1分,否则该项不得分。

（3）资助认定结果的公平性(占分1分)。主要考核学校对家庭经济困难学生认定的贫困档次,资助认定公示的结果是否公平,资助认定结果是否有学生投诉。

此项数据主要来源于学校资助管理中心的资助工作人员和辅导员的工作笔记、资助认定公示结果以及对学生的问卷调查结果和访谈结果。

该项数据如符合资助认定结果的公平性,则该项得分1分,否则该项不得分。

（二）资金分配的公平性(共2分)

资金分配的公平性主要体现在资助资金发放的公正性,是资助资金是否能够为高职院校的家庭经济困难学生提供及时、有效的帮助,即"好钢用在刀刃上,花钱花在根节儿上"。

（1）家庭经济困难学生获得资助(占分1分)。此项主要考核学校的所有家庭经济困难学生是否均获得了国家、社会和学校的相关资助。

此项数据主要来源于高职院校学生管理信息系统的大数据,通过学生管理信息系统可以查询到学校的贫困认定情况以及学生的资助情况。

如果高职院校的所有家庭经济困难学生均获得了资助,则该项得分1分,否则该项不得分。

(2)家庭经济富裕的同学是否获得资助(占分1分)。此项数据主要考核用于资助家庭经济困难学生的资助资金是否因为公私原因而被挪作他用,使得资助资金没有及时被送达到家庭经济困难学生手上,而是被少数不符合条件的同学获得。

此项数据主要来源于高职院校学生管理信息系统的大数据,通过学生管理信息系统可以查询到受资助学生的贫困认定情况和家庭经济情况。

如果高职院校的非家庭经济困难学生均未获得资助,则该项得分1分,否则该项不得分。

（三）身份认定的公平性(共3分)

身份认定的公平性主要看学校在资助工作中,是否能够精准地认定家庭经济困难学生,并对家庭经济困难学生划分合适的贫困档次。

(1)是否能够正确识别建档立卡贫困户,并给予及时有效的帮扶(占分1分)。建档立卡贫困户是各省(自治区、直辖市)在已有工作基础上,坚持扶贫开发和农村最低生活保障制度有效衔接,按照县为单位、规模控制、分级负责、精准识别、动态管理的原则,对每个贫困户建档立卡,建设全国扶贫信息网络系统。

此项数据可从全国扶贫信息网络系统获取。

如高职院校内部的所有建档立卡贫困户均被认定为家庭经济困难学生,则该项得分1分,否则该项不得分。

(2)是否能够正确识别其他特殊困难学生,并给予及时有效的帮扶(占分1分)。目前,高职院校的家庭经济困难学生除了建档立卡贫困户之外,还有低保家庭学生、伤残家庭学生、烈士子女、单亲家庭学生、孤儿、特殊困难家庭学生以及其他家庭经济困难学生,在对学生进行身份认定的时候,要求对所有家庭经济困难学生进行精准认定。

此项数据可从全国扶贫信息网络系统以及高职院校的学生信息管理系统获得。

如高职院校内部的所有其他困难学生均被认定为家庭经济困难学生,则该项得分1分,否则该项不得分。

(3)家庭经济困难学生是否一人一档(占分1分)。要对每位获得资助的家庭经济困难学生建立个人帮扶档案,通过个人档案材料是否与高职院校的贫困学生认定条件、认定记录、认定结果、资助记录以及资助结果一一对应,来反映高职院校对资助对象的身份认定情况。

此项数据主要来源于高职院校学生管理信息系统的大数据,通过学生管理信息系统可以查询到受资助学生的贫困认定情况和家庭经济情况。

如果高职院校家庭经济困难学生均建立个人资助档案,则该项得分1分,否则该项不得分。

二、经济资助的有效性(共6分)

（一）学生经济改善情况(共2分)

学生的经济改善情况主要从学生日常消费水平、基本生活经济危机解决情况以及基本学习时间保障等方面来体现。

（1）学生的日常生活消费是否得到保障（占分1分）。此项主要检验学校对学生的资助资金与学生在校消费总额之间的差距，资助资金是否能够保证学生的在校消费总额。学生的在校消费总额主要是学生每年所缴纳的学杂费、自己的生活费用以及其他开销。

此项数据主要来源于与学生的访谈与调查问卷。

如果高职院校对学生的资助能够保证学生在校期间的基本消费不受影响，能够保证学生的基本生活危机得到解决，则该项得分1分，否则该项不得分。

（2）学生在学习和学习实践活动方面的时间保障（占分1分）。此项数据主要检验学生除了勤工助学和兼职赚取生活费用占用的时间之外，是否可以保证学生的基本学习时以及参与学校社会实践活动的时间不受影响。

此项数据可以通过教务系统学生的学习成绩数据以及学生管理信息系统的学生社会活动参与情况获取。

如果高职院校家庭经济困难学生能够在学习和参加活动时间等方面不受影响的情况下，参与勤工助学等兼职活动，则该项得分1分，否则该项不得分。

（二）政策执行情况（共2分）

（1）学校对国家资助政策是否宣传到位（占分1分）。此项只检验学校是否按照国家资助管理中心的要求，"校务公开，阳光运作"，对资助认定的全过程是否真正做到资助政策宣传到每名同学、公示结果周知到每名同学。

此项数据主要来源于与学生的访谈与调查问卷。

如果高职院校对资助政策的宣传到位，能够保证每名同学了解国家和学校的资助政策，则该项得分1分，否则该项不得分。

（2）学校对国家资助政策是否执行到位（占分1分）。学校对资助政策的执行情况主要反映资助制度的设计和执行的有效性。此项指标主要验证学校资助工作是否按要求实行；学校资助工作是否按程序处理举报、投诉等争议事项；学校对家庭经济困难学生的资助制度体系是否健全；学校是否严格遵守国家和校级助学金、奖学金申请制度和发放制度；学校资助工作的业务管理是否合法、合规、完整。

此项数据主要来源于与学生的访谈与调查问卷以及学校资助工作的工作记录。

如果高职院校对资助政策执行到位，能够落实好国家和学校政策，则该项得分1分，否则该项不得分。

（三）学生及社会认可情况（共2分）

（1）学生对资助政策、资助效果的认可度（占分1分）。学生对资助工作的满意度是评价高职院校资助工作有效性的重要指标。学生的认可度主要从自己的物质生活条件是否得到改善，自己的精神生活是否得到提高、自己的学习技能是否得到提高、自己的身心是否健康以及自己毕业之后是否能够找到满意的工作等方面进行评价。

此项数据主要来源于对学生进行资助工作满意度的访谈与调查问卷。

如果学生对高职院校的资助工作给予肯定、正向评价,则该项得分1分,否则该项不得分。

(2)社会对资助政策、资助效果的认可度(占分1分)。社会对学校资助工作的认可度,主要来源于以下几个方面:第一,学校在对学生资助工作的资金投入水平方面是否充足、政策执行方面是否健全、工作人员的工作积极性是否到位等。第二,家庭经济困难学生失学率是否有效减少:保证高职院校的家庭经济困难学生不会因为经济问题而失去学习的机会。第三,学校对合格人才的培养情况:家庭经济困难学生是否能够通过资助,全身心投入学习,提高自己的综合素质,并成长为合格大学生。

此项数据主要来源于对社会进行资助工作满意度的访谈与调查问卷。

如果社会对高职院校的资助工作给予肯定、正向评价,则该项得分1分,否则该项不得分。

三、经济资助的充分性(共6分)

(一)经济资助的覆盖面(共2分)

(1)政策宣传的覆盖面(占分1分)。在资助工作开始之前,要想更好地推进学生资助工作,就需要将相关资助政策向所有学生进行宣传,让所有学生尤其是家庭经济困难学生了解资助体系的构成、资助政策的覆盖面。

此项数据主要来源于对学生的访谈与调查问卷。

如果资助政策宣传的覆盖面能够达到100%,则该项得分1分,否则该项不得分。

(2)经济资助的可持续性(占分1分)。高职院校对学生的资助具有公益性和福利性,因此好的资助模式是政府投入作为资助项目的源头,引导并激励其他资助渠道的资金投入,形成良性的项目自行运转机制。此外,对学生进行资助需要对学生产生持续的激励。因为,资助制度可看作促进对学生人力资本投资的手段,因此,其不仅要具有对受资助者的困难帮助功能,还要具有对受资助者的鼓励功能,最终获得更大的人力资本投资收益。

此项数据主要来源于对学生的访谈与调查问卷。

如果经济资助对学生的持续性较强,则该项得分1分,否则该项不得分。

(二)经济资助金额的使用充分性(共2分)

(1)对学生的资助资金是否全部用于家庭经济困难学生(占分1分)。全国资助中心相关学生资助工作的文献显示,国家的资助资金需要用于家庭经济困难学生的学习和生活,而不能用于其他人群。

此项数据可以通过对受资助学生进行访谈,以及通过大数据查询资助资金的打款去向获取。

如果资助资金的使用对象全部为家庭经济困难学生,则该项得分1分,否则该项不得分。

(2)对学生的资助资金是否全部用于学生资助工作(占分1分)。高职院校涉及学生的工作有很多,学生资助工作、学生教务工作、学生团学工作等,很多工作都涉及学生,也避免不了使用相关经费。但是学生的资助资金只能用于家庭经济困难学生的经济资助工作,而不能用于违规使用资金,坚决杜绝截留、挤占、挪用、虚列支出、虚报冒领资助资金等情况。

此项数据可以通过对受资助学生进行访谈以及通过大数据查询资助资金的打款去向获取。

如果资助资金的使用范围全部用于学生资助工作,则该项得分1分,否则该项不得分。

（三）政策执行的充分性(共2分)

(1)学校对于国家的奖、助、贷、勤、补、免等资助政策体系执行的完善程度(占分1分)。在高职院校的资助工作中,学校资助是否有着完善的国家奖助学金、国家助学贷款、学费补偿贷款代偿、勤工助学、校内奖助学金、困难补助、伙食补贴、学费减免等多种方式并举的资助政策体系,同时实施家庭经济困难新生入学"绿色通道",是反映学校对国家资助政策执行是否到位的重要标志。只有学校落实了国家的资助政策,才能提高资助工作的效率。

此项数据可以通过学校资助管理中心的相关大数据和工作记录得出。

如果学校能够很好地落实国家资助政策,则该项得分1分,否则该项不得分。

(2)学校内部对于学生资助工作的政策完善程度(占分1分)。目前,很多高职院校内部都设立了自己专门的资助政策体系,这些资助政策都比较符合学校自身的特点。比如重庆某高职院校设立了来自校友资助的"丰润励志奖学金",每年奖励学校内部品学兼优的家庭经济困难学生20名,每位学生奖励5 000元。比如重庆某高职院校设置了针对学生的寒暑假慰问补贴、寒暑假往返学校车票补贴等资助项目,这些均能或多或少地对学生产生资助和激励作用。

此项数据可以通过学校资助管理中心的相关大数据和工作记录得出。

如果学校内部有着完善的资助政策体系和资助项目,则该项得分1分,否则该项不得分。

第三节　思想援助的绩效评价

一、学生的思想政治素质(共7分)

（一）学生的政治素质情况(共3分)

(1)学生对祖国的热爱(占分1分)。作为青年大学生,首先是中华人民共和国的青年大学生,所以培养出来的学生必须是我国社会主义事业的建设者和接班人,必须热爱我们伟大的祖国。

此项数据可以通过学校学生的日常表现和综合测评等结果得出。

如果学生对祖国有着浓厚的热爱之情,则该项得分1分,否则该项不得分。

(2)学生对共产党的忠诚度(占分1分)。党的十九大报告将"坚持党对一切工作的领导"作为新时代坚持和发展中国特色社会主义基本方略的第一条,并作为最高政治原则写入党章。"教育是国之大计、党之大计"。培养什么人,是教育的首要问题。我国是中国共产党领导的社会主义国家,这就决定了我们的教育必须把培养社会主义建设者和接班人作为根本任务,培养一代又一代拥护中国共产党领导和我国社会主义制度、立志为中国特色社会主义奋斗终身的有用人才。因此,必须加强党对教育事业的全面领导。我国教育事业培养的社会主义接班人,也需要维护中国共产党的领导。

此项数据可以通过学校学生的日常表现和综合测评等结果得出。

如果学生维护党对教育事业的全面领导,则该项得分1分,否则该项不得分。

(3)学生参与党团活动情况(占分1分)。学生的政治素质,除了学生热爱祖国,拥护中国共产党的领导之外,还可以从学生参加党团活动的情况看出。学校举办的党团活动,是提高学生政治素质和政治素养的重要途径,学生自愿参与到党团活动中来,说明学生有着自我提高和自我发展的需求。

此项数据可以通过学生管理信息系统中学生的党团活动参与情况得出。

如果学生每个月坚持参加学校学院组织的党团活动,则该项得分1分,否则该项不得分。

(二)学生的思想素质情况(共4分)

(1)学生在校期间所获奖励情况(占分1分)。学生在校期间所获奖励情况不仅包括物质类奖励,而且包括精神类奖励。物质奖励包括国家奖学金、校内奖学金、单项奖学金、各种校友及基金会的津贴等;精神奖励包括精神文明先进个人、三好学生标兵、三好学生、优秀学生干部等荣誉称号。

此项数据可以通过学生管理信息系统的学生奖励和学生荣誉等大数据获取。

如果学生获得了一项及以上奖励或者荣誉,则该项得分1分,否则该项不得分。

(2)学生在校期间所获处分情况(占分1分)。学生在校期间应该遵守学校的相关管理和学生手册规定,如果学生出现了违反学校学生手册的言行,违反了学生手册要求的相关条目,根据学生手册的相关规定,就需要给予学生相关纪律处分。

此项数据可以通过学生管理信息系统的学生违纪处分等大数据获取。

如果学生在校期间没有受到任何纪律处分,则该项得分1分,否则该项不得分。

(3)学生在校期间集体活动参与情况(占分1分)。高职院校的很多集体活动比如班会、团组织生活、素质拓展活动等均是为了提高学生的思想政治素质,原则上要求全体学生共同参与。根据学生参与集体活动的次数以及学生参与集体活动所表现出来的集体荣誉感均能体现学生的思想素质。

此项数据可以通过学生管理信息系统的学生参与活动大数据得出。

如果学生每次班级集体活动均能参与,不存在无故缺席的现象,则该项得分1分,否则该项不得分。

(4)学生在校期间寝室卫生情况(占分1分)。在大学,由于学生不再像初高中时有固定的学习教室和固定的座位,所以学生的课余时间基本都会在寝室度过,寝室相当于学生的第二个家。与寝室同学相处的融洽程度,寝室的卫生状况等均能在一定程度上体现学生的思想素质。

此项数据可以通过学生管理信息系统的学生寝室管理等大数据得出。

如果学生寝室获得相应荣誉称号,比如优秀文明寝室等,则该项得分1分,否则该项不得分。

二、学生的道德素质(共7分)

(一)学生的道德品质情况(共4分)

(1)学生获得相关道德荣誉称号(占分1分)。学生在校学习期间,自己的道德行为在学校内部或者外部受到相关组织机构的认可,获得道德相关荣誉称号,能提供相应佐证材料。

此项数据可以通过学生提供的相关佐证材料,或者学生智慧校园的社会实践模块大数据得出。

如果学生本人获得了相应的道德荣誉称号,则该项得分1分,否则该项不得分。

(2)学生参与大学生志愿活动情况(占分1分)。大学生活相比初高中时期,课余时间多了很多。课余时间的度过方式也多种多样,部分同学选择待在寝室玩游戏,部分同学选择逛街,部分同学选择谈恋爱,部分同学选择服务于老师和同学……。此外,也有部分同学会选择参与志愿者活动来充实课余生活,比如去敬老院服务、关爱留守老人等。

此项数据可以通过学生提供的相关佐证材料或者学生智慧校园的社会实践模块大数据得出。

如果学生本人参与了大学生相关志愿活动,则该项得分1分,否则该项不得分。

(3)学生参与义务献血、爱心捐助等方面情况(占分1分)。学生在校期间可在自己力所能及的范围内参与学校或者社会组织的相关捐赠、捐助及义务献血等活动。

此项数据可以通过学生提供的相关佐证材料或者学生智慧校园的社会实践模块大数据得出。

如果学生本人参与了相关捐赠、捐助及义务献血等活动,则该项得分1分,否则该项不得分。

(4)学生参与拾金不昧、见义勇为等方面情况(占分1分)。学生在大学期间,应该努力发挥自己的爱国主义精神,弘扬社会主义核心价值观,参与拾金不昧、见义勇为等行为。

此项数据可以通过学生提供的相关佐证材料、新闻报告或者学生智慧校园的社会实践模块大数据得出。

如果学生本人参与了相关活动,则该项得分1分,否则该项不得分。

（二）学生的社会公德情况（共3分）

（1）学生的社会主义核心价值观（占分1分）。党的十八大提出,倡导富强、民主、文明、和谐,倡导自由、平等、公正、法治,倡导爱国、敬业、诚信、友善,积极培育和践行社会主义核心价值观,其中,爱国、敬业、诚信、友善是公民个人层面的价值准则。社会主义核心价值观是社会主义核心价值体系的内核,体现社会主义核心价值体系的根本性质和基本特征,反映社会主义核心价值体系的丰富内涵和实践要求,是社会主义核心价值体系的高度凝炼和集中表达。

此项数据可以根据班级同学和辅导员对学生的平时表现得出,目前很多高校的智慧校园也设置了这一板块。

如果学生具有良好的社会主义核心价值观,则该项得分1分,否则该项不得分。

（2）学生在诚实守信等方面的表现（占分1分）。诚实守信是做人的基本准备,作为高职院校学生也不例外。对在校大学生来说,尤其是对贫困大学生来说,对其诚实守信进行衡量的指标之一就是学生的助学贷款还款信用情况,以及学生的资助申请材料的真实性。

此项数据可以根据社会机构对学生的信用评级得出,也可参照学生的智慧校园系统。

如果学生具有良好的诚实守信品德,则该项得分1分,否则该项不得分。

（3）学生在遵守社会公德方面的情况（占分1分）。社会公德是指人们在社会交往和公共生活中应该遵守的行为准则,是维护社会成员之间最基本的社会关系秩序、保证社会和谐稳定的最起码的道德要求,社会公德主要包括文明礼貌、助人为乐、爱护公物、保护环境和遵纪守法等。

此项数据可以根据学生所在的生源地政府和当地社区得出,也可参照学生的智慧校园系统。

如果学生具有良好的社会公德,则该项得分1分,否则该项不得分。

三、学生的法律纪律素质（共6分）

（一）学生的法律观念情况（共3分）

（1）了解基本的法律常识,不触犯法律红线（占分1分）。作为高校大学生,必须了解基本的法律常识,才能保证自己能够正确维护自己的合法权益,更能保证自己不去触碰法律的红线。《中华人民共和国民法典》已由中华人民共和国第十三届全国人民代表大会第三次会议于2020年5月28日通过,自2021年1月1日起施行。全国各个高校也在师生中陆续开展民法典的宣讲活动,就是为了更好地在高校范围内普及相关法律知识。

此项数据可以从学生的个人档案信息中获取,也可根据学生生源地户籍所在地和当地派出所获取。

如果学生了解基本的法律常识,不触犯法律红线,则该项得分1分,否则该项不得分。

(2)懂得正确行使自己的法律权利,用法律武器保护自己(占分1分)。对于高校学生来说,不触犯法律红线是最基础的要求,更重要的是当面对侵权行为时,能够利用法律武器,正确保障自己的合法权益。

此项数据可以从学生提供的相应佐证材料中获取。

如果学生能够正确行使自己的法律权益,则该项得分1分,否则该项不得分。

(3)能够形成遵法、守法、懂法、用法的价值观(占分1分)。法律是治国之重器,法律面前人人平等,任何组织或者个人都不得有超越宪法和法律的特权。对于高职在校大学生来说,要坚持用法治理念去思考和解决问题,养成遇事找法、办事依法、解决问题靠法的行为习惯,以自己的模范行动,带动全社会树立对法治的信仰,汇聚起建设法治中国的强大力量。

此项数据可以从学生提供的相应佐证材料中获取。

如果学生能够正确形成遵法、守法、懂法、用法的价值观,则该项得分1分,否则该项不得分。

(二)学生的遵纪守法情况(共3分)

(1)遵守学校《学生手册》相关规定(占分1分)。每位大学生入校之后,学校就会组织学生进行相应的入学教育,其中,提高学生对《学生手册》的认识和了解是对学生进行入学教育的重要环节。这一做法就是为了让学生在大学期间能够提高对《学生手册》的理解,并用《学生手册》的相关规定来规范自己的行为。

此项数据可以从学生智慧校园中获取。

如果学生能够遵守《学生手册》相关规定,则该项得分1分,否则该项不得分。

(2)遵守我国公民的基本道德规范(占分1分)。根据《公民道德建设实施纲要》,我国公民基本道德规范是爱国守法,明礼诚信,团结友善,勤俭自强,敬业奉献。高职学生作为公民群体的重要组成部分,更要合理规范自己的言行,做一名合格公民。

此项数据可以从学生的个人档案信息中获取,也可根据学生生源地户籍所在地和当地派出所获取。

如果学生遵守我国公民道德规范,则该项得分1分,否则该项不得分。

(3)能够用自己的实际行动感染身边的人,主动劝解身边违纪违法行为(占分1分)。经观察不难发现,目前在高职院校里面,不乏存在一些不文明现象以及个别学生的不文明行为。作为一名高素质大学生,不仅要学会规范自己的言行,而且要通过自己的实际行动感染身边的人,主动劝解身边违纪违法行为,减少校园不文明现象和事件的发生。

此项数据可以从学生智慧校园中获取。

如果学生能够通过自己的实际行动规范身边的人,则该项得分1分,否则该项不得分。

第四节　身心扶助的绩效评价

一、学生的身体素质情况(共8分)

（一）学生的身体形态及身体机能(共4分)

(1)学生的体重身高比(占分1分)。目前,较普遍采用的体重身高比主要有两种,一种是[身高(cm)-100]×0.9=标准体重(kg);另外一种是男性:身高(cm)-105=标准体重(kg);女性:身高(cm)-100=标准体重(kg)。对于高职在校大学生的体重身高比,可以参照以上两种体重身高比的测量方法。

此项数据可以通过学生的体检,或者对学生进行测量获取。

如果学生体重身高比在正常范围内,则该项得分1分,否则该项不得分。

(2)学生每学期体能测试结果情况(占分1分)。根据《国家学生体质健康测试》相关规定,高职大学生每年都会进行体能测试。根据《学生体质健康标准》的要求,大学生需要完成六项测试,分别是身高、体重、肺活量、台阶试验、50米跑或立定跳远(选测一项)、握力或仰卧起坐(女生)或坐位体前屈(选测一项)。

此项数据可以通过学生智慧校园的体能测试成绩得出。

如果学生体能测试为合格,则该项得分1分,否则该项不得分。

(3)学生平时的就医记录(占分1分)。青年大学生处于朝气蓬勃的年纪,也是身体状态最佳的时段,身体抵抗力会比较高。对于绝大多数高职大学生来说,大学期间的就医记录次数应该不多。

学生的就医记录可通过学生的医保信息获取。

如果学生就医记录在正常范围以内,则该项得分1分,否则该项不得分。

(4)学生的运动打卡情况(占分1分)。由于生活节奏的加快以及社会压力的加重,人们越来越重视运动,运动可以使人健康、使人聪明、使人快乐。现在衡量运动成绩和效果的方式非常多,学校有专门的晨跑打卡机,手机也可安装相应的运动健康App,一些公司也推出了相应的运动手表等对使用者的运动量进行记录和测试。

此项数据可通过学校的打卡系统或者学生自己提供的运动记录获取。

如果学生运动记录在正常范围以内,则该项得分1分,否则该项不得分。

（二）学生是否拥有健康的生活方式(共4分)

(1)学生的作息时间是否规律(占分1分)。很多高校学生都将大学生活视为对自己初、高中辛勤学习的补偿,认为大学生活是用来休息的,用来放纵的。有的同学甚至上网到凌晨,睡觉至中午,这些都是错误的作息时间。大学生是我国的栋梁,应该养成良好的作息习惯,并自主安排自己的学习、生活。现介绍一份合理的大学作息时间表,供大家参考。6:30,身体已经准备好一切了。打开窗帘,告诉身体的每一个部分,尽快从睡眠中醒来,调整好生物钟。8:00—11:50,一上午专注的工作和学习需要正常的血糖来维持,因此,吃一份丰盛的早餐是必需的。12:00,午餐是用来补充自己身体能量的时候,一定要吃好! 可以调整时间来避开高峰期。粗粮配蔬菜,杂食为宜,葱蒜为宜,喜欢吃的不一定合理。13:00,餐后可以散散步,或者抓紧时间午睡一小会儿,为了避免下午精神不好,小憩一会儿也是很有帮助的。17:00—19:00,晚餐后稍作休息,可以开始健身了。你可以选择相对温和的快步走,也可以慢跑,既可以消耗晚餐热量,也能够轻松瘦身。最关键的是需要长期坚持。20:00—22:00,如果希望自己学习更多的东西,不如看些专业的书籍,这对你的个人积累很重要。如果学习太辛苦就看会儿电视或书籍杂志,反而会让你更轻松。23:00,为了保证充足的睡眠和身体各个系统的运行,是时候该睡觉了! 洗漱一下,让身体彻底舒缓下来,洗去一天的疲惫。放松睡一个好觉,明天又是美好的一天!

此项数据可通过学生提供的作息时间表获取。

如果学生有一个规律的作息时间,则该项得分1分,否则该项不得分。

(2)学生是否存在酗酒、抽烟和赌博等行为(占分1分)。很多大学生自认为步入大学之后,属于成年人了,可以和大人一样酗酒、抽烟和赌博了。尤其对于高职院校的大学生而言,很多学生之所以选择高职院校,是由于自己在高中时学习成绩靠后,高考分数只能选择高职院校,部分同学在高中时就养成了酗酒、抽烟和赌博等恶习。

此项数据可通过检查学生寝室或者通过学生的购买消费记录获取。

如果学生不存在酗酒、抽烟和赌博等行为,则该项得分1分,否则该项不得分。

(3)学生的饮食习惯(占分1分)。饮食习惯的好坏,会直接对学生的脾胃功能消化及营养的吸收产生影响,如果高职大学生没有养成良好的饮食习惯,容易引发一些慢性疾病。由于网络的发展进步以及外卖行业的兴起,很多高职大学生逐渐变成宅男宅女,有课才出寝室,没课就一直待在寝室,饿了就点外卖,而外卖的健康和营养程度都得不到充分的保障。此外,近些年,国外的垃圾食品也不断涌入我国,并受到了青少年一代的喜爱,这都打乱了高职大学生的健康饮食习惯。

此项数据可通过检查学生的购买消费记录获取。

如果学生有良好的饮食习惯,则该项得分1分,否则该项不得分。

(4)学生的个人卫生情况(占分1分)。从一定意义上说,一个人的卫生情况是一个人精神面貌的有效折射。对于高职大学生来说,其个人的卫生状况不仅反映在学生的衣着打扮,更重要的反应在学生的寝室卫生。有的学生虽然每天上课的时候打扮得光鲜亮丽,但是其寝室卫生却是一塌糊涂,所以学生的个人卫生情况,不仅要看学生的衣着卫生情况,更要看学生的寝室卫生情况。

此项数据可通过检查学生的寝室卫生情况获取。

如果学生能养成良好的卫生习惯,则该项得分1分,否则该项不得分。

二、学生的心理素质情况(共 12 分)

(一)学生的入学心理测评情况(共 5 分)

(1)学生的入学认知能力(占分 1 分)。认知能力是人脑对信息的加工、储存和提取等方面的能力,表现为对事物的构成、性能与他物的关系、发展的动力、发展方向以及基本规律的把握能力。一个人的知觉、记忆、注意、思维和想象的能力都被认为是认知能力。在社会化过程中,高职院校家庭经济困难学生与非家庭经济困难学生相比面临着更多不利因素影响,表现出不同程度的社会性发展延缓,这或多或少会对学生的认知能力产生不良影响。

此数据可通过学生入学心理测评结果获取。

如果学生的认知能力在正常范围内,则该项得分 1 分,否则该项不得分。

(2)学生的入学适应能力(占分 1 分)。学生进入大学之后,摆在学生面前的首要任务就是要及时适应学校的学习、生活、饮食习惯、周围人群和环境等。因此,学生的入学适应能力也是学生入学心理的很好折射。

此数据可通过学生入学心理测评结果获取。

如果学生的入学适应能力在正常范围内,则该项得分 1 分,否则该项不得分。

(3)学生的入学人际关系(占分 1 分)。学生是社会性群体,不是孤立的个人。进入大学之后,学生不仅要学会适应大学生活,还要学会如何与寝室同学、班级同学进行良好的沟通、交流。如果学生入学人际关系糟糕,则会对学生的入学心理产生不良的影响。

此数据可通过学生入学心理测评结果获取。

如果学生的入学人际关系在正常范围内,则该项得分 1 分,否则该项不得分。

(4)学生的入学情绪管理(占分 1 分)。情绪管理,主要是个体对自身情绪以及他人情绪的认知情况,通过提高自己驾驭情绪的能力,从而提升良好的情绪管理能力。良好的情绪管理能力要求学生能够及时调适和缓解自身的不良情绪,避免不良情绪对自己的学习、生活造成不良影响。

此数据可通过学生入学心理测评结果获取。

如果学生的入学情绪管理在正常范围内,则该项得分 1 分,否则该项不得分。

(5)学生的入学精神状态(占分 1 分)。精神状态是学生在某种心理状态下的很好反馈,不同心理状态下的精神状态也是不一样的。学生初入大学,面对陌生的人群和陌生的环境,学生可能会产生心理不适感,这在一定程度上也会对学生的精神状态产生影响。

此数据可通过学生入学心理测评结果获取。

如果学生的入学精神状态在正常范围内,则该项得分 1 分,否则该项不得分。

(二)学生的每学期心理测评情况(共 5 分)

(1)学生每学期的认知能力(占分 1 分)。学生每学期的认知能力与入学时的认知能力会有一定差异,因此每学期都要对学生的认知能力进行测评。

此数据可通过学生每学期的心理测评结果获取。

如果学生每学期的认知能力在正常范围内,则该项得分1分,否则该项不得分。

(2)学生每学期的适应能力(占分1分)。学生入学之后,随着接收到的新鲜事物越来越多,也会对学生的适应能力产生或多或少的影响。有的学生对于新环境的适应能力较强,可能入学适应能力也较强,但是如果学生的持续适应能力较弱,也会影响学生每学期的适应能力。

此数据可通过学生每学期的心理测评结果获取。

如果学生每学期的适应能力在正常范围内,则该项得分1分,否则该项不得分。

(3)学生每学期的人际关系(占分1分)。学生的人际关系能力是一个动态变化发展的过程,入学时人际关系较好,不代表读书过程中一直有着较好的人际关系能力。所以,对学生的人际关系能力要随时关注,学生近期与班级同学发生矛盾,学生近期遭遇寝室人际关系困扰等,都会成为影响学生人际关系的重要因素。

此数据可通过学生每学期的心理测评结果获取。

如果学生每学期的人际关系在正常范围内,则该项得分1分,否则该项不得分。

(4)学生每学期的情绪管理(占分1分)。相比人际关系而言,学生的情绪管理能力算是比较稳定的因素,但是也需要随时进行关注。因为季节变化、家逢变故、人际关系或者学习状态等都会成为影响学生情绪的重要因素。

此数据可通过学生每学期的心理测评结果获取。

如果学生每学期的情绪管理在正常范围内,则该项得分1分,否则该项不得分。

(5)学生每学期的精神状态(占分1分)。精神状态是学生在某种心理状态下的很好反馈,不同心理状态下的精神状态也是不一样的。大学校园是充满活力、充满青春的场所,通过对学生进行知识的熏陶,有助于提升学生的精神状态和气质面貌,保持学生稳定的精神状态。

此数据可通过学生每学期的心理测评结果获取。

如果学生每学期的精神状态在正常范围内,则该项得分1分,否则该项不得分。

(三)学生的日常心理访谈情况(共4分)

(1)学生的心理稳定性(占分1分)。社会性发展是一个多维、动态的概念,对学生来说,包括学生认知发展以外的诸多内容,表现为学生对自我认知、社会情境、人际情境方面的成长。在这种社会动态的发展过程中,如何在不稳定的发展中保持稳定的心理状态,对高职学生来说非常重要,需要通过日常心理访谈对学生的心理稳定性进行监测。

此数据可通过与学生的谈心谈话或者心理测评获取。

如果学生的心理稳定性在正常范围内,则该项得分1分,否则该项不得分。

(2)学生的心理适应性(占分1分)。学生进入大学之后,家庭经济困难学生与非家庭经济困难学生相比较面临着更多不利因素影响,表现出不同程度的心理适应性差,在社会情感上容易出现感恩意识淡薄、漠视社会道德情感等现象;在社会行为上容易出现独立意识较弱、社会适应能力差等现象。这就需要通过日常心理访谈对学生的心理适应性进行监测。

此数据可通过与学生的谈心谈话或者心理测评获取。

如果学生的心理适应性在正常范围内,则该项得分1分,否则该项不得分。

第五节　技能辅助的绩效评价

一、学生的学习情况(共12分)

(一)学生的学习成绩(共4分)

(1)学生每学期的成绩排名(占分1分)。目前,由于信息系统使用的广泛化,学生的学习成绩、绩点、排名等情况均能通过大数据技术及时导出。学生每学期的学习成绩排名是反映学生在校期间学习成绩的重要依据,有着重要的参考价值。

此数据可通过智慧校园的教务系统获取。

如果学生的学习成绩排名在前60%以内,则该项得分1分,否则该项不得分。

(2)学生累计的挂科门数(占分1分)。在大学阶段,学生由于考试不及格而引起的挂科现象并不罕见,甚至在大学流传着一句话——"不挂科的大学生活是不完整的大学生活"。但是实际上,一位真正合格的大学生,是不应该有挂科记录的。

此数据可通过智慧校园的教务系统获取。

如果学生累计挂科门数在5门以内,则该项得分1分,否则该项不得分。

(3)学生累计的重修门数(占分1分)。在大学阶段,对学校设置的必修课程来说,如果学生的期末考试不及格,还有补考机会,如果补考仍然不及格,就只能重修该门课程。

此数据可通过智慧校园的教务系统获取。

如果学生累计重修门数在3门以内,则该项得分1分,否则该项不得分。

(4)学生累计的奖学金获得记录(占分1分)。对于高职院校的家庭经济困难学生,国家不仅设置了国家励志奖学金和国家助学金,在国家层面还设有国家奖学金,在学校层面,还设有校内奖学金和各种类型的单项奖学金。学生的奖学金获得情况可以很好地反映学生在大学期间的学习成绩。

此数据可通过智慧校园的教务系统获取。

如果学生累计的奖学金获得记录在一次及以上,则该项得分1分,否则该项不得分。

(二)学生的学习表现(共5分)

(1)学生的上课出勤率(占分1分)。学生的上课出勤率可以很好地反映学生的学习态度,有的家庭经济困难学生由于学习方法问题,可能学习效果不太理想,但是只要有端正积极的学习态度,也可以实现笨鸟先飞。

此数据可通过智慧校园学生的上课打卡记录获取。

如果学生每学期旷课在两次以内(三次迟到算一次旷课,迟到十分钟以内算迟到,迟到 10 分钟以上算旷课),则该项得分 1 分,否则该项不得分。

(2)学生在图书馆借阅书籍情况(占分 1 分)。在大学期间,学生的课余时间比初高中时期多了很多,课余时间的合理利用也是验证学生时间管理能力的一项指标。很多家庭经济困难学生由于初高中学校教学质量相对落后,学校没有完善的图书馆资源,很多学生进入大学之后就喜欢经常出入图书馆借阅相关书籍充实自己的课余生活。

此数据可通过学校图书馆借阅系统记录获取。

如果学生每学期在图书馆借阅书籍超过十本,则该项得分 1 分,否则该项不得分。

(3)学生的课堂互动情况(占分 1 分)。学生的课堂互动情况能够很好地体现学生的学习热情和学习兴趣,调查显示,学生课堂互动程度越高,学生对相关知识的领悟程度就越深。

此数据可通过任课老师的课程记录获取。

如果学生每学期累计课堂互动次数超过五次,则该项得分 1 分,否则该项不得分。

(4)学生课后的答疑情况(占分 1 分)。学生的课后答疑情况能够很好地体现学生的学习热情和学习自觉性,调查显示,学生课后答疑程度越高,学生对相关知识的领悟程度就越深。

此数据可通过任课老师的课程记录获取。

如果学生每学期累计课后答疑次数超过五次,则该项得分 1 分,否则该项不得分。

(5)学生进出图书馆的次数(占分 1 分)。很多学生进入大学之后就喜欢经常出入图书馆看书。此外,由于大学期间没有固定的教室,学生想要找一个安静的地方上自习,图书馆也是很好的选择之一。

此数据可通过学校图书馆出入系统记录获取。

如果学生每学期进入图书馆超过十次,则该项得分 1 分,否则该项不得分。

(三)学生的学习能力(共 3 分)

(1)学生参加学术讲座的情况(占分 1 分)。在大学期间,安排一次学术讲座对学校来说很不容易,不仅要涉及场地、时间等的协调,还要邀请相应专家现场进行宣讲。如果学生能够积极参加学术讲座,不管是对学生的学习成绩,还是对学生的学术视野拓展都有着重要的意义。

此数据可通过学生参加学术讲座的考勤记录获取。

如果学生每学期参加学术讲座超过一次,则该项得分 1 分,否则该项不得分。

(2)学生参加学术会议的情况(占分 1 分)。对高职学生来说,能够参加学术会议是一次很难得的机会,因为现在很多学术会议要求"以文赴会",对于高职学生来说,能够写出一篇合格的学术会议论文是非常难能可贵的。

此数据可通过学生参加学术会议的照片或者出版的专辑获取。

如果学生大学期间能够参加一次学术会议,则该项得分1分,否则该项不得分。

(3)学生参加学术论坛的情况(占分1分)。学术论坛与学术会议类似,需要学生提前投稿,并在论坛上积极发言,这对于高职院校学生来说,是很好的提升学术能力的机会。

此数据可通过学生参加学术论坛的照片或者出版的专集获取。

如果学生大学期间能够参加一次学术论坛,则该项得分1分,否则该项不得分。

二、学生的技能水平情况(共8分)

(一)学生的职业技能情况(共4分)

(1)学生的专业技能证书获取情况(占分1分)。目前,很多高职院校在实行"1+X"制度(学历证书+若干职业技能等级证书),"1"为学历证书,"X"为若干职业技能等级证书。这是"职教20条"的重要改革部署,也是重大创新。"1+X"制度有利于按照高质量发展的要求,坚持以学生为中心,深化复合型技术技能人才培养培训模式和评价模式改革,提高人才培养质量,畅通技术技能人才成长通道,提高学生的就业创业本领。

此数据可通过学生智慧校园的教务系统信息获取。

如果学生符合学校的"1+X"制度要求,则该项得分1分,否则该项不得分。

(2)学生的外语资格证书获取情况(占分1分)。目前,英语作为学生从小到大的必修课程,作为学生沟通交流的依据,受到了一定的重视。对于英语技能的考核,不仅有AB级和四六级,还有相应的英语听说能力证书,这都在从侧面反馈着学生的学习情况。

此数据可通过学生智慧校园的教务系统信息获取。

如果学生符合学校对英语资格证书的毕业要求,则该项得分1分,否则该项不得分。

(3)学生参与专业学术竞赛的证书获取情况(占分1分)。为了促进高职学生的全面发展,目前我国教育部、各个教育部门以及各种行业协会都组织和开办了针对提高学生专业能力的专业技能比赛。在部分省市,学生获得国家级技能比赛二等奖以上,专升本还具有免考资格。

此数据可通过学生智慧校园的教务系统信息获取。

如果学生参加并获得至少市级三等奖以上比赛,则该项得分1分,否则该项不得分。

(4)学生参加专业外技能比赛及获奖情况(占分1分)。为了促进高职学生的全面发展,除了专业技能比赛之外,我国教育部、各个教育部门以及各种行业协会还组织了提高学生综合能力的技能比赛,比如每年一届的"互联网+"大学生创新创业大赛、大学生课外学术科技作品竞赛暨"挑战杯"全国竞赛、大学生职业生涯规划大赛、大学生职场模拟招聘大赛等。

此数据可通过学生智慧校园的教务系统信息获取。

如果学生参加并获得至少市级三等奖以上比赛,则该项得分1分,否则该项不得分。

(二)学生的人文素质情况(共4分)

(1)学生参加文艺活动及获奖情况(占分1分)。文艺活动可以体现学生的艺术才能,陶冶学生情操,在大学生活中,会遇到学校开展的各种团学活动,家庭经济困难学生积极参与进来,不仅可以提高学生的自信,也可以丰富学生的大学生活。

此数据可通过学生提供的活动照片或者获奖证书获取。

如果学生参加校级以上文艺活动,则该项得分1分,否则该项不得分。

(2)学生参加辩论活动及获奖情况(占分1分)。辩论,是通过一定的理由来说明自己对事物或问题的见解,揭露对方的矛盾,以便在最后得到共同的认识和意见。对于高职院校家庭经济困难学生来说,参加辩论活动有利于培养学生的思维能力。

此数据可通过学生提供的活动照片或者获奖证书获取。

如果学生参加校级以上辩论活动,则该项得分1分,否则该项不得分。

(3)学生参加演讲活动及获奖情况(占分1分)。演讲是在公众场合,学生以有声语言为主要手段,以体态语言为辅助手段,针对某个具体问题或者某个观点,发表自己的见解和主张。对于高职院校的家庭经济困难学生来说,参加演讲活动有利于学生阐明事理或抒发情感,并提高语言交际能力。

此数据可通过学生提供的活动照片或者获奖证书获取。

如果学生参加校级以上演讲活动,则该项得分1分,否则该项不得分。

(4)学生参加体育活动及获奖情况(占分1分)。大学期间的体育活动形式多样,不仅有自由活动,也有相关游戏活动,也包括相关素质拓展活动或者团体心理辅导活动。高职院校家庭经济困难学生经常参加体育活动有利于有效地放松身心。

此数据可通过学生提供的活动照片或者获奖证书获取。

如果学生参加校级以上体育活动,则该项得分1分,否则该项不得分。

第六节　就业帮扶的绩效评价

一、学生的就业选择(共10分)

(一)学生的就业类型(共6分)

由于社会就业分工的逐渐精细化,社会的就业形式也多种多样。对于高职应届毕业生来说,学生的就业类型主要包括就业(占分1分)、创业(占分1分)、专升本(占分1分)、出国留学(占分1分)、应征入伍(占分1分)以及其他就业形式(包括自由职业者、网红等)就业(占分1分)。只要学生毕业之后不是在家待业,只要学生毕业之后找到适合自己的出路,都属于已就业。

此数据可通过高校就业信息平台数据获取。

如果学生属于就业、创业、专升本、出国留学、应征入伍以及其他就业形式这六种就业形式中的一种,则该项得分6分,否则该项不得分。

（二）学生在单位的就业情况(共 4 分)

(1)学生的就业自信心(占分 1 分)。根据用人单位的反馈情况,常常有家庭经济困难学生在就业过程中会出现自信心缺乏,工作情绪相对焦虑,就业压力感大等问题。因此,在大学教育中,提升学生的就业自信心也是重要教育环节。

此数据可通过就业单位的数据反馈获取。

如果学生在工作过程中充满自信,则该项得分 1 分,否则该项不得分。

(2)学生的职业成熟度(占分 1 分)。学生的职业成熟度主要是指学生在职业决策方面的准备妥当状态的程度,这主要是基于学生的职业决策知识和职业态度而做出的与学生的个性以及能力相匹配的职业定位和选择。由于受家庭经济状况水平、父母职业类型以及职业现状等因素的影响,很多高职院校家庭经济困难的应届毕业生在进行职业选择和决策时面临着很多困惑和问题。因此,对于这部分家庭经济困难学生来说,提升职业成熟度显得非常重要,这不仅决定着学生未来的职业选择,也决定着学生未来职业发展的满意度。

此数据可通过就业单位的数据反馈获取。

如果学生在工作过程就业成熟度比较高,则该项得分 1 分,否则该项不得分。

(3)学生的职业决策知识(占分 1 分)。根据目前大多数学者对学生职业决策知识的划分,学生在就业单位的职业决策知识包括以下方面:学生的职业自我认知知识、学生的职场世界知识、学生的专业能力知识、学生职业规划知识及学生的职业人际沟通策略。

此数据可通过就业单位的数据反馈获取。

如果学生的职业决策知识符合用人单位要求,则该项得分 1 分,否则该项不得分。

(4)学生的职业决策态度(占分 1 分)。学生的职业决策态度也包括五个方面:学生的求职主动性、学生的就业灵活性、学生的就业独立性、学生的就业客观性以及学生的就业自信心。

此数据可通过就业单位的数据反馈获取。

如果学生在工作过程中职业决策态度端正,则该项得分 1 分,否则该项不得分。

二、就业满意度(共 10 分)

（一）学生的就业满意度(共 5 分)

(1)学生对学校就业服务的满意度(占分 1 分)。在高职院校,学校的就业服务工作涉及方方面面,涵盖学生在校期间的全过程,学校在大一大二年级开设的就业指导课程和职业生涯规划课程,有利于为学生的就业指明方向。学校在学生大三期间提供的就业单位、为学生创造的就业便利性有利于促进学生就业。大学期间学校组织的相关就业团学活动有利于学生树立良好的就业观和择业观。

此数据可通过学生的就业满意度调查数据获取。

如果学生对学校的就业服务比较满意,则该项得分 1 分,否则该项不得分。

(2)学生对学校提供就业单位的满意度(占分1分)。对于高职院校来说,学生进入大三之后,学校和各个二级学院都会举行或多或少的双选会以及单场招聘会以促进学生就业。但是,由于来校招聘的就业单位比较多,就业单位是否符合学生的实际需要,就只有通过学生的实际就业体验才知道。

此数据可通过学生的就业满意度调查数据获取。

如果学生对学校提供的就业单位比较满意,则该项得分1分,否则该项不得分。

(3)学生对学校提供就业岗位的满意度(占分1分)。双选会和单场招聘会会为学生提供相应的就业岗位,就业岗位是否满足学生需要,就业岗位是否符合学校的专业设置,这些问题只有通过对学生进行调查才能知晓。

此数据可通过学生的就业满意度调查数据获取。

如果学生对学校提供的就业岗位比较满意,则该项得分1分,否则该项不得分。

(4)学生对学校就业指导工作的满意度(占分1分)。当前,国家非常重视高职教育,高职教育也面临着前所未有的发展机遇。但是,随着高职院校扩招,尤其是2020年受新冠疫情的影响,更加大了高职学生的就业难度。在这种情况下,高职院校对学生进行的就业指导工作就显得尤为重要。学校提供的就业指导工作是否具有针对性与专业性,学校是否有专业的就业指导教师团队,学校对学生提供的就业指导工作是否具有科学性与系统性,学校对学生提供的就业指导工作是否能贯穿学生大学生活全过程,甚至贯穿学生职业生涯全过程,是值得高职院校深思的问题。

此数据可通过学生的就业满意度调查数据获取。

如果学生对学校提供的就业指导比较满意,则该项得分1分,否则该项不得分。

(5)学生对学校就业帮助工作的满意度(占分1分)。在学校的就业帮助工作中,帮助对象主要是就业困难学生,就业困难学生主要包括家庭经济困难学生、心理困难学生、学业成绩困难学生等。学校要通过各种途径,对困难学生提供有针对性的帮助措施,比如通过一对一提供就业岗位、对学生提供就业资助、为学生提供一对一的就业指导工作等。此外,通过多种途径,了解接受资助学生在接受就业帮助之后的效果,就业帮助对困难学生生活状况的改善情况,就业帮助是否能够解决学生实际的就业困难等。

此数据可通过学生的就业满意度调查数据获取。

如果学生对学校提供的就业帮扶比较满意,则该项得分1分,否则该项不得分。

(二)用人单位和社会对学生的满意度(共5分)

学生毕业进入工作岗位,并不意味着学校就业工作的结束,学校要针对学生开展持续性的就业服务和调查工作,了解学生在就业单位的情况,了解就业单位对学生的满意度,以便更有针对性地培养符合国家一级企业需要的技术技能型人才。

(1)用人单位对学生职业素养的满意度(占分1分)。学生的职业素养是学生在就业单位或者职场活动中需要遵守的行为规范,职业素养是学生的职业内涵,个体行为是学生的外在表象。良好的职业素养有利于提升学生的职业满意度和工作效率。

此数据可通过就业单位的就业满意度调查数据获取。

如果就业单位对学生的职业素养比较满意,则该项得分1分,否则该项不得分。

(2)用人单位对学生专业知识的满意度(占分1分)。专业知识是学生对职业所需特定知识的掌握程度,专业知识掌握得越深刻,学生在职业生涯过程中创造的价值就越高。

此数据可通过就业单位的就业满意度调查数据获取。

如果就业单位对学生的专业知识比较满意,则该项得分1分,否则该项不得分。

(3)用人单位对学生技能水平的满意度(占分1分)。技能水平是学生对职业所需相关技能的掌握程度,主要泛指学生的动手能力。对于高职学生来说,在校期间对学生进行技能水平的培养和提高是人才培养方案的要求之一。

此数据可通过就业单位的就业满意度调查数据获取。

如果就业单位对学生的技能水平比较满意,则该项得分1分,否则该项不得分。

(4)用人单位对学生岗位匹配度的满意度(占分1分)。岗位匹配度也可称为人岗匹配,主要是指学生的就业能力是否符合企业的岗位设置;岗位设置的职责是否与学生的个性特点相匹配;岗位的报酬设置是否与学生的能力以及付出相匹配。

此数据可通过就业单位的就业满意度调查数据获取。

如果就业单位对学生的岗位匹配度比较满意,则该项得分1分,否则该项不得分。

(5)用人单位对学生未来可塑性的满意度(占分1分)。可塑性主要是指人可被塑造的可能性。而对于应届毕业生来说,可塑性主要是指学生在就业单位继续被培养改造的可能性及上升空间。

此数据可通过就业单位的就业满意度调查数据获取。

如果就业单位对学生的可塑性比较满意,则该项得分1分,否则该项不得分。

第八章 高职院校"五位一体"发展型资助体系的认定评价操作流程

第一节 认定指标体系量化认定系统的构建

一、可供量化的指标与可供获取的数据

在第七章中,建立了高职院校"五位一体"的发展型资助育人体系,并对该体系的各个指标的内涵进行了解释,提出了每项指标的数据获取方法及具体量化分数,这些指标均是可量化的。其中,认定系统设置一级指标共五个,二级指标共十二个,三级指标共 29个,每项指标均有其获取数据的相应途径,具体各级指标体系量化方式及大数据来源请详见表 8.1。

二、可供量化的权重值以及可供计算的总分

在确定了可供量化的指标以及可供获取的大数据资源后,要想了解所构建的"五位一体"发展型资助认定体系是否具有可行性与可操作性,需要进一步对所构建的指标体系赋予相应的权重。为了便于计算,将参考值的总分设定为 100 分,并对认定系统的 5 个一级指标,12 个二级指标,29 个三级指标,以及三个等级指标涉及的 100 条具体指标的评价方法进行赋值。为便于计算,这 100 条具体指标中,所有指标项的结果赋值均设置为正值,也就是如果高职院校的家庭经济困难学生符合指标的标准要求,则得分 1 分,否则该项不得分(具体赋值请详见第七章)。

最后,针对高职院校的所有家庭经济困难学生建立一个贫困档案,并按照"五位一体"发展型资助认定体系对学生涉及的相关信息进行整理,并根据相应权重进行赋值并计算每位家庭经济困难学生的总分。根据"五位一体"发展型资助认定体系的相关要求,学生的体系得分总分越低说明针对学生进行的发展型资助考核分数越低,说明学生越需要相关资助。在实际操作过程中,可以对所有的家庭经济困难学生进行总分的从小到大排序,越是排在前面的同学,越需要得到学校的关注、关心、关怀与资助。

表 8.1　高职院校"五位一体"发展型资助体系具体数据来源

一级指标	二级指标	三级指标	数据来源
经济资助	经济资助的公平性	贫困认定的公平性	此项数据主要来源于学校资助管理中心的资助工作人员和辅导员的工作笔记、资助认定公示结果以及对学生的问卷调查结果和访谈结果
		资金分配的公平性	此项数据主要来源于高职院校学生管理信息系统的大数据,通过学生管理信息系统可以查询到受资助学生的贫困认定情况和家庭经济情况
		身份认定的公平性	此项数据可从全国扶贫信息网络系统以及高职院校的学生信息管理系统获得
	经济资助的有效性	改善情况	此项数据主要来源于与学生的访谈与调查问卷、教务系统学生的学习成绩数据,以及学生管理信息系统的学生社会活动参与情况
		执行情况	此项数据主要来源于与学生的访谈与调查问卷以及学校资助工作人员的工作记录
		认可情况	此项数据主要来源于对学生和社会进行的资助工作满意度的访谈与调查问卷
	经济资助的充分性	覆盖面	此项数据主要来源于对学生的访谈与调查问卷
		资助金额	此项数据可以通过对受资助学生进行访谈,以及通过大数据查询资助资金的打款去向得出
		政策执行	此项数据可以通过学校资助管理中心的相关大数据和学校资助工作人员的工作记录得出
思想援助	思政素质	政治素质	此项数据可以通过学校学生的日常表现和综合测评等结果看出
		思想素质	此项数据可以通过学生管理信息系统的相关大数据得出
	道德素质	道德品质	此项数据可以通过学生提供的相关佐证材料或者学生智慧校园的社会实践模块大数据得出
		社会公德	此项数据可以从学生所在的生源地政府以及相关社会评级机构得出,也可参照学生的智慧校园系统
	法纪素质	法律观念	此项数据可以从学生提供的相应佐证材料或者学生个人档案获取
		遵纪守法	此项数据可以从学生智慧校园系统中获取

续表

一级指标	二级指标	三级指标	数据来源
身心扶助	身体素质	身体形态机能	此项数据可以通过学生智慧校园数据或者学生自己提供的信息得出
		健康生活方式	此项数据可通过检查学生的消费记录或者通过智慧校园系统获取
	心理素质	入学心理测评	此项数据可通过学生入学心理测评结果获取
		学期心理测评	此项数据可通过学生每学期的心理测评结果获取
		学生日常心理访谈	此项数据可通过与学生的谈心谈话或者从心理测评中获取
技能辅助	学习情况	学习成绩	此项数据可通过智慧校园的教务系统获取
		学习表现	此项数据可通过学校智慧校园系统、图书馆借阅系统、任课老师课程记录获取
		学习能力	此项数据可通过学生参加活动的考勤或者相关照片获取
	技能水平	职业技能	此项数据可通过学生智慧校园的教务系统信息获取
		人文素质	此项数据可通过学生提供的活动照片或者获奖证书获取
就业帮助	就业选择	就业类型	此项数据可通过高校就业信息平台数据获取
		就业情况	此项数据可通过就业单位的数据反馈获取
	就业满意度	学生就业满意度	此项数据可通过学生的就业满意度调查数据获取
		用人单位满意度	此项数据可通过对就业单位的就业满意度调查数据获取

第二节　认定评价操作主体

本书所构建的"五位一体"发展型资助体系不仅包括认定指标体系、操作流程、权重赋值等内容,而且包括指标体系认定评价的操作主体。操作主体主要是指享受权利和承担义务的个人,对于"五位一体"发展型资助体系来说,其认定评价操作主体主要包括认定主体——被认定的高职院校家庭经济困难学生,以及责任主体——对高职院校家庭经济困难结果负责的高职院校资助工作人员。

一、"五位一体"发展型资助体系的认定主体

高职院校发展型资助体系的认定主体主要是指高职院校认定的家庭经济困难学生。其权利主要是指学校对其家庭经济情况进行认定,并得出认定等级,根据家庭经济状况认定等级给予相应的经济资助,如学费减免、生活补助等,以保证这部分同学可以继续完成学业。其义务主要是保证好钢使在刀刃上,保证国家资助的每一分钱,都用在自己的学习和生活上,而不是用于铺张浪费。因此,在对学生进行家庭经济状况的认定过程中,要鼓励学生认真对待相应佐证材料,提供真实可靠的个人材料,在对学生进行资助的过程中,要建立以经济资助为基础、思想援助为重点、身心扶助为支撑、技能辅助为手段、就业帮助为依托的"五位一体"发展型资助体系。

二、"五位一体"发展型资助体系的责任主体

高职院校发展型资助体系的责任主体主要是指高职院校的家庭经济困难认定小组,包括班级选出的民主评议小组、辅导员、二级学院的认定小组以及学校的贫困认定小组,高职院校发展型资助体系的责任主体要对高职院校所认定的家庭经济困难学生的认定档次和认定结果负责。因此,在对学生进行家庭经济困难认定的时候,要求高职院校的家庭经济困难认定小组能够做到公开、公平、公正,不仅要确保资助资金毫无保留地送达贫困学生手中,保证所有贫困学生得到相应的资助,而且要保证国家的资助资金能够切实解决学生的学习、生活困难。

第三节　认定评价操作过程

建立以经济资助为基础、思想援助为重点、身心扶助为支撑、技能辅助为手段、就业帮助为依托的"五位一体"发展型资助体系,并进行绩效评价,根据绩效评价结果对学生进行有针对性的帮扶,促进学生的全面、可持续发展。在对学生进行认定评价的操作过程中,可以通过健全和完善"五位一体"发展型资助体系的管理运行机制、教育引领机制、配套完善机制、评价反馈机制的建设来进一步完善该体系的操作过程。

一、"五位一体"发展型资助体系的管理运行机制

目前,我国对家庭经济困难学生进行资助主要是解决学生的学习、生活困难,通过教育扶贫,从根本上改变学生的命运,并提高学生的综合素质,强化学生的个人能力,提高学生的就业能力和技巧,保持学生健康的身心状态,实现学生的持续性发展。本书在充分考虑高职院校办学理念和宗旨以及高职院校家庭经济困难学生特点的基础上,所构建的"五位一体"发展型资助体系,主要是以经济资助为基础、思想援助为重点、身心扶助为支撑、技能辅助为手段、就业帮助为依托的矩阵式发展体系。发展型资助体系,在具体运行过程

中,不仅对学生进行经济上的资助,还将学生的思想教育摆在突出位置,重视将对学生的"资助"与"育人"相结合,也不忘记学生的身心健康和学习成绩的提升,通过培养学生健康的思想道德观念和积极阳光的心态,促进学生成为合格的社会主义事业接班人。

可持续发展战略是构建"五位一体"发展型资助体系的战略指导思想之一,在具体操作过程中,不仅重视解决学生的基本生活困难,而且注重培养学生的个人能力,提高学生的专业技术水平,破除学生"等、靠、要"思想,通过扶贫与"扶志""扶智"相结合,真正实现资助的"造血"功能。学校不仅要重视落实国家和学校的资助政策,将资助资金毫无保留地送达学生手中,还要充分发挥校友会的力量,通过建立起与已毕业校友之间的联系,利用社会资源,共同推进高职院校的学生资助工作。此外,还要落实"三全育人"理念,将资助育人理念贯穿于学生资助的全过程,让受资助学生不仅在学校得到相关资助和关心,而且要保证学生在毕业后还能得到资助政策的持续影响。通过向学生灌输"喝水不忘挖井人"的理念,让受资助学生通过提高个人素质和就业能力,提高其社会地位,并通过捐赠者的身份,以社会人的身份,重新参与到对母校或者高校的学生资助工作之中,从而实现学生资助工作的良性循环与可持续发展。

二、"五位一体"发展型资助体系的教育引领机制

"五位一体"的发展型资助体系主要基于高职院校的学生教育工作,通过落实国家资助政策和教育政策,将与学生资助工作有关的高职院校学生教育政策和教育项目融入到对高职院校学生的教育中。尤其针对高职院校的家庭经济困难学生,更加要注重资助政策和教育政策的融合,涉及高职院校家庭经济困难学生的相关工作时,尤其是教育问题时,可作为学生管理工作的特殊事项进行对待,对重要的事项,经由学校学生工作部门为主导,各二级学院学生管理科室的学生教育工作者负责具体事务的处理,让涉及家庭经济困难学生的重要议题引起相关部门的重视,并积极进行落实。

三、"五位一体"发展型资助体系的配套完善机制

目前,随着国家教育部的重视以及高校资助工作的逐步精准化,我国高校的学生资助工作目前非常重视辅助与补充工作的配套建设,并初见成效。但是,要想进一步推进高职院校的发展型资助体系,还需进一步注重相关项目的配套支持。相关部门和机构提供的大数据和相关信息可以作为高职院校学生发展型资助体系有效运行的有力补充。

(一)校内相关机构的配套

在高职院校内部,几乎所有部门都涉及学生工作,因此,与学生资助相关的部门也不在少数。首先,各个二级学院需要掌握所有学生的基本情况,尤其是家庭经济困难学生的基本情况。其次,负责学生资助的学工部,需要对贫困学生的相关资料进行进一步核实整理。此外,"五位一体"的发展型资助体系涉及的相关大数据提供部门,比如教务处、后勤处、信息化处、招生就业处等,需要对提供的发展型资助体系中的相关指标体系涉及的大

数据负责,以便准确地对发展型资助体系进行绩效评价。

（二）校外相关机构的配套

"五位一体"的发展型资助指标体系中的相关大数据,除了校园内部的相关机构部门的配合之外,还需要校外相关机构的积极配合,以便进一步完善该体系。校外相关机构涉及的部门主要是学生生源地的派出所和相关社区,学生消费和支付涉及的相关金融部门,学生就业涉及的相关就业单位等。

四、"五位一体"发展型资助体系的评价反馈机制

本书涉及的"五位一体"发展型资助体系的评价反馈机制主要包括对该体系进行的绩效评价及其等级,以及学生发展型资助效果评估。

（一）学生"五位一体"发展型资助体系的绩效评价

学生"五位一体"发展型资助体系的绩效评价主要基于本书构建的"五位一体"发展型资助体系,以及体系涉及的经济、思想、身心、技能和就业五个一级指标,以及12个二级指标,29个三级指标,以及三级指标涉及的100条具体指标的评价方法。基于目前的大数据技术,通过采集并整合学生资助相关的基础数据,对指标体系涉及的100条具体指标进行量化处理,如果符合每条具体指标,则得1分,否则该项不得分,随后将每名家庭经济困难学生的100条指标分数进行加总求和,计算出每名家庭经济困难学生的具体综合总得分。随后,将每名家庭经济困难学生按照总分从低到高的顺序进行排列,并按照学生分数等级排列的规律和特征划分为若干个可以体现学生资助效果等级差别的组别,确定每名学生所受资助效果的等级,再根据不同等级的不同学生特点,采取有针对性的帮扶措施,设置有针对性和高职院校特色的帮扶项目,达到精准化资助的目的。

（二）学生"五位一体"发展型资助体系的效果评估

对建立的发展型资助体系进行效果评估是建立该体系的重要环节,因为体系是否能够真正提升高职院校家庭经济困难学生的帮扶效果,需要通过对该体系进行评估、考核才能知晓,也只有通过效果评估,才能进一步改进和完善该体系,持续促进学生资助工作的有效性和针对性。

对该体系进行效果评估的指标主要包括该体系的覆盖面、学生资助完成情况及效果、学生资助体系与学生发展之间的匹配度、学生资助体系在家庭经济困难学生群体中的影响力以及家庭经济困难学生对该资助体系的满意度等。

对该体系进行效果评估的方式主要是通过负责学生资助项目的工作人员对学生"五位一体"发展型资助体系和资助育人工作进行汇报,由学校相关职能部门和二级学院相关领导和老师,以及受资助学生及其家长对其汇报结果进行评价。此外,还要对高职院校的家庭经济困难学生进行随机抽样调查,了解受资助学生对资助效果的评价和反馈,以便通过评估促进学生资助工作更好地发展。

第九章 "五位一体"发展型资助体系形成合力提升育人效果的战略与路径

　　高职院校的学生资助工作相关事务虽然主要由学生的辅导员负责,但是在具体实施过程中却需要多主体进行协助,才能通过资助实现育人的目的。根据"三全育人"的教育理念,高职院校的学生培养工作是一个系统工程,不是一朝一夕,或者单个个人、单个部门就能实现的,在培养学生的过程中,辅导员仅仅起到学生引路人,推动学生成长的作用。但是,要培养符合国家需要的高职院校技能型人才,还需要多主体共同努力,形成资助育人的育人环境,实现资助育人的目标。"全员育人"是"三全育人"的要求之一,"全员育人"要求高职院校的育人主体实现多元化,高职院校的育人主体不仅仅包括高职院校的教师、辅导员和学校的其他机构和部门的老师,还包括国家对学生的资助、社会对学生的捐助以及学生所在家庭的自助,这些主体都承担着对家庭经济困难学生的育人职责,在实现学生育人目标的同时,要用好全社会的强大合力,使这些主体主动参与到育人工作中,体现"以学生为本"的教育理念,形成育人合力,凝聚起推动精准资助的强大正能量,提升育人效果。通过"全员资助育人"的理念来提高高职院校学生的综合发展能力,落实高职院校立德树人的根本任务。

第一节　国家资助

一、制定发展型资助制度

　　目前,我国对高职院校家庭经济困难学生的大部分资助资金,均来源于国家的国家励志奖学金、国家助学金以及生源地贷款等,这些都得益于国家资助政策。我国资助工作的重心由"资助"逐渐转向"育人",推进教育公平和教育扶贫等工作,也是在国家资助制度的有效指导下进行的。随着社会的不断进步和国家资助政策的不断发展,学生的资助制度要更多地体现"以生为本"的理念,从促进教育公平和学生全面发展的宗旨出发,保证国家资助制度朝着发展型资助制度的方向发展。

　　第一,要明确高职院校学生资助的对象群体。高职院校受资助的学生群体均是高职院校的在校大学生,他们充满朝气、有目标、有信念、有理想,有自己的世界观、人生观和价值观。因此,在制定相应资助制度时,要全面考虑受资助学生的个人特点和年龄特征,使得发展型资助制度能够切合学生的实际需要,能够在对学生进行经济资助的基础上,真正促进学生的全面发展。

第二,明确发展型资助体系建立的背景是大数据时代。在大数据时代,我们要充分利用该时代获取数据的便利性和高效性,通过将大数据的理念和技术运用于高职院校家庭经济困难学生的资助工作之中,随时对家庭经济困难大学生群体的思想和心理动态进行监测和了解,经常对值得资助的学生进行关注和引导,有利于进一步促进高职院校家庭经济困难学生资助工作的思想政治教育功效。

第三,树立"一切为了学生,为了一切学生,为了学生一切"的教育理念,在发展型资助工作中,要充分重视学生的自主性和发展性,在对学生进行经济资助的同时,不能遗漏对学生学习技能的培养,不能遗忘对学生的心理关怀,不能遗忘对学生社会适应能力和就业能力的提高。

二、建立发展型资助体系

建立由国家政府起主导作用、高职院校负责具体执行、全校师生全员参与、社会企业进行监督、家庭力量进行补充的发展型资助体系,有利于动员全社会力量共同参与到学生资助工作中来。

第一,发挥政府在学生资助工作中的主导作用,保证高职院校的学生资助工作有着一个稳定的外部环境,通过政府整合各方面资源,确保学生资助工作沿着发展型的轨道平稳运行。

第二,发挥各高职院校在学生资助工作中的具体执行功能,动员全校师生都参与到学生资助工作中来,保证高职院校学生资助工作有一个良好的、公平的内部环境,通过发展型资助促进学生养成自立自强、艰苦奋斗、诚实守信的良好品质。

第三,动员全社会力量进行监督,打造一个良好的外部监督环境,确保国家和学校的每一分资助资金都能顺利地到达家庭经济困难学生手中,以解决学生实际的经济困难,保证学生没有经济压力的后顾之忧,促进学生健康成长成才。

第四,发挥家庭经济困难学生的家庭作用,让家庭力量成为学生全面发展的补充力量。目前,很多家庭经济困难学生的家庭给予学生的经济资助是有限的,但是可以鼓励家庭成员多给予学生正向鼓励,树立学生自立自强的品质,让学生不会因为自己的家庭经济状况不佳而怨天尤人,让学生不会因为自己的家庭环境不好而自卑。

三、构建发展型资助结构

明确各级政府和各级教育部门的职责,明确学生资助工作的各分责任田,促进高职院校学生资助工作的信息化建设、法治化建设、规范化建设和公平化建设。

第一,改政府资助资金按人数或者平均分配到各高校为按需分配。目前,各省市政府和教委给各高职院校分配资助资金、国家励志奖学金和助学金等时,大多按照平均分配的原则,或者按照各高职院校的总人数或者家庭经济困难学生的总人数进行分配,而不是按照各高职院校的需求进行分配。在实际操作过程中,可按照各高职院校发展型资助体系的现状,根据学生的特点进行分配。如果某高校品学兼优的家庭经济困难学生比较多,可以多分配一些励志奖学金名额;如果某高校在学习成绩和技能方面出彩的家庭经济困难学生不多,但是整体来说普通家庭经济困难学生比较多,可以倾向于多分配一些助学金名额。

第二,及时对高职院校的学生资助工作进行事后检查、督查。学生资助资金的下发并不代表学生资助工作的结束,学生资助资金下发之后,还要对各高职院校的学生资助工作进行回访,了解学生资助资金是否分配给了家庭经济困难学生,是否解决了其燃眉之急。通过建立事后奖惩制度来提高各高职院校资助资金的使用效率。

第三,从国家层面动员社会慈善机构和社会资金积极加入高职院校的学生资助工作中,扩宽资助资金的渠道,优化资助资金的结构。此外,政府还可以从减免税收的角度适当减免个别在对学生资助工作中贡献较大的企业的税收,树立社会和企业对家庭经济困难学生进行捐助的全民氛围。

第二节　学校奖助

一、树立"以人为本"的高职院校学生发展型资助理念

国以人兴,政以才治。当今世界的竞争,归根到底是人才的竞争。在新时代党的组织路线下,坚持"以人为本"的教育理念,通过走人才兴国之路,实现中华民族伟大复兴的中国梦将越来越近。而高职院校的学生资助工作是高职院校思想政治教育工作的重要部分,通过在学生资助工作中融入"以人为本"的教育理念,可以培养高职院校家庭经济困难学生养成积极、健康、向上、乐观、阳光的心态。

在对高职院校家庭经济困难学生进行"以人为本"的教育时,要着重加强对学生的诚信教育。因为国家对家庭经济困难学生进行资助时,是让渡了一部分利益来换取学生公平的教育机会和成长成才机会。在国家的资助方式中,国家助学贷款对学生的诚信要求尤其重要,如果学生在有能力偿还助学贷款时缺乏诚信,不愿意按期偿还,这将使国家利益受到损失。因此,在高职院校要加大对家庭经济困难学生的诚信观教育,将诚信教育普及到全校范围,并建立每位家庭经济困难学生的诚信档案,对违背诚信的部分同学要及时进行惩处。

二、坚持对家庭经济困难学生进行物质资助与精神育人并举

在高职院校的家庭经济困难学生群体中,往往容易出现经济困难与心理精神困难同时发生的现象,部分同学由于家庭经济困难,其价值观、心理和信念等会受一定影响。因此,在对学生进行发展型的资助过程中,不仅要重视对学生进行物质资助,更重要的是要对学生进行身心帮扶,确保学生有一个健康的身心,实现学生的全面发展。

第一,培养学生自立自强的奋斗精神。

对家庭经济困难学生来说,培养其自立自强的奋斗精神,鼓励其用自己的能力改变现状,对学生来说尤其重要,这不仅发挥了学生的能动作用,还可以激发学生的自信和内在潜力。因此,各高职院校可以多多开展对优秀学生励志成长成才故事的宣传,也可在相应征文活动、团学活动中加大融入学生的自立自强奋斗精神,鼓励学生通过自己的努力获得成功。

第二,培养学生心怀感激的感恩精神。

感恩精神和感恩意识是中华民族的优秀传统,是每位中国人都必须具备的良好品质。对于高职院校家庭经济困难学生来说,他们由于受到国家、社会和学校的资助而获得了受教育的机会,更应该培养其感恩精神和感恩意识。高职院校可以通过感恩人物进行宣传、主题班会和团学活动进行宣传,营造良好的感恩氛围,让受资助学生知恩,懂恩,感恩。

第三,培养学生的受挫折和抗打击能力。

目前,大多数高职院校在读学生属于独生子女家庭,从小在顺境中长大,受挫折机会较少,大多数家庭经济困难学生由于受到经济上的压力,容易造成其心理压力。因此,要重视和培养学生的受挫折能力和抗打击能力,可通过开展相应实践活动提高学生的抗打击能力,比如让学生参加素质拓展训练,参加"三下乡",参加军训等活动,让学生学会在逆境中成长,培养学生的受挫折和抗打击能力。

三、在教育公平的基础上提高高职院校资助工作的精准化程度

对高职院校学生进行资助,目前坚持的原则是效率和公平的统一原则。效率型资助主要包括励志奖学金的设置以及勤工助学岗位的设置,这些资助需要学生凭自己努力去争取,在保证学生基本学习需求的基础上,还能满足学生部分经济需求。公平型资助主要是国家提供的助学贷款和国家助学金,这能保证学生基本的学习需求,学生只要符合贫困认定的基本条件,就可以获得。在发展型资助体系中,要更充分地体现效率和公平,协调好效率和公平的关系,以促进高职院校的资助工作推向精准化。

四、利用大数据技术创新高职院校的学生资助工作

在大数据时代,要依托目前各高职院校的智慧校园系统,构建"大数据+资助"的数据系统,根据学生特点和学校资助体系的设计特点,通过信息技术为每名家庭经济困难学生建立一个贫困档案。通过"大数据+资助"的数据系统,可以获取学生的经济、思想、身心、技能和就业等"五位一体"资助系统的海量信息。可通过系统完成对每名家庭经济困难学生的全过程、全覆盖跟踪,了解学生的受资助情况和效果,并根据学生实际特点,及时调整资助方式,确保所有高职院校的家庭经济困难学生都能获得及时的、适合自己的、自己需要的资助项目。

第三节 社会捐助

一、形成社会多方联合救助网络

高职院校学生的资助工作,不仅仅依靠国家和学校本身,还要发挥社会各界力量,比如社会中的部分企业,校友企业、慈善机构和个人。目前,企业的社会责任在企业中变得越来越重要,企业社会责任的其中之一就是企业要履行对社会的责任。因此要积极调动企业的社会责任感,通过各种平台向企业进行宣传,让企业加入对学生的资助工作中。此外,很多校友企业都会对母校进行捐赠,可动员校友企业和优秀校友成立励志奖学金基金会,定期在全校范围内进行励志奖学金获得者的评选活动,并通过校友励志奖学金基金会发放资助资金。其次,也可通过向部分企业输送家庭经济困难学生就业的方式来对学生进行资助,这不仅能解决企业的招聘难题,同时也能解决家庭经济困难学生的就业问题。

二、在社会中扩大对学生发展型资助的宣传

要想通过社会各界力量,促进高职院校的资助工作,在社会中扩大对学生发展型资助的宣传工作必不可少。要通过网络媒体、传统媒体等各种线上线下的宣传,加大对高职院校资助工作重要性的宣传,让发展型资助理念能够更好地在社会中进行传播,从而引导更多的社会力量加入学生资助工作中。此外,要及时将部分品学兼优学生的励志故事在校外进行宣传,让这些励志故事不仅仅在校园内进行传播,还要在社会上进行流传,让社会机构能够看到资助的成果和重要性,提高社会机构对学生进行资助的意识。

三、发挥社会救助对家庭经济困难学生的人文关怀

家庭经济困难学生由于受到经济条件的限制,容易形成自卑心理,当今社会是竞争的社会,但是也免不了一些人通过权力和经济走关系,这容易对家庭经济困难学生产生不良影响,在他们内心,他们是希望受到社会的公平对待的。因此,社会机构在对家庭经济困难学生进行经济救助时,也不能忘记对家庭经济困难学生的人文关怀,在对学生进行资助宣传时,要注意保护受资助者的隐私,多站在学生的立场考虑。

第四节 家庭自助

"授人以鱼,不如授人以渔",在对家庭经济困难学生进行资助的过程中,不能仅仅依靠国家、学校和社会力量,学生的家庭和学生本人在资助过程中也发挥着重要作用。

目前,很多经济困难家庭由于受到经济条件影响,认为自己经济条件有限,给予孩子

的资源也有限,因此从小树立了学生"等、靠、要"的错误思想,这容易导致学生心理贫困。虽然,受到经济条件限制,部分家庭能够给予学生的经济资源有限,但是,家庭却可以通过发挥家庭自助的功能,从小树立学生艰苦奋斗、知恩感恩、诚实守信的品德,懂得"吃得苦中苦,方为人上人"的品德,了解"天将降大任于斯人也,必先苦其心志,劳其筋骨,饿其体肤,空乏其身,行拂乱其所为,所以动心忍性,曾益其所不能",让学生具备丰富的精神食粮,学会从精神上脱贫,让学生虽然不能有富裕的家庭,但是有着健康的心理和正确的价值观、人生观和世界观。

第十章　相关附件

第一节　调查问卷

调查问卷一:高校家庭经济困难学生认定工作调查问卷

问卷填写说明:同学您好,我们正在进行一项关于家庭经济困难学生认定工作的调查,您对本次问卷调查的配合将对我们的研究提供重大帮助,也会为我校的学生资助政策的高效精准实施提供数据支持。

本调查采用匿名方式进行,请诚实作答,问卷结果仅供学术研究之用,个人信息不对外公开。谢谢您的合作!

一、个人信息部分

1.性别(　　)。

　　A.男　　　　　　　　　　　　B.女

2.民族(　　)。

　　A.汉族　　　　　　　　　　　B.少数民族

3.年级(　　)。

　　A.大学一年级　　　B.大学二年级　　　C.大学三年级

4.所学专业类别(　　)。

　　A.自然科学(理工类)　　　　　B.社会科学(文史类)

5.是否为独生子女?(　　)

　　A.是　　　　　　　　　　　　B.否

6.您的户口是(　　)。

　　A.农村户口　　　　　　　　　B.城镇户口

二、个人消费特征

7.请问您每月的生活费是多少?(　　)

　　A.小于等于500元　　　　　　　B.501~1 000元

　　C.1 001~1 500元　　　　　　　D.1 501~2 000元　　E.大于2 001元

8.请问您每月的平均开销是多少?(　　)

A.小于等于 500 元　　　　　　　　　B.501~1 000 元

C.1 001~1 500 元　　　　　　　　　D.1 501~2 000 元　　E.大于 2 001 元

9.(可多选)请问您最愿意通过什么方式来减轻学业经济压力?(　　)

A.奖助学金　　　　B.助学贷款　　　　C.勤工助学　　　　D.校外兼职

E.其他

10.请问您是否申请了助学贷款?(　　　)

A.是(跳转 11 题)　　　　　　　　　B.否(跳转 12 题)

11.(跳转题)请问助学贷款在多大程度上满足您学习上的费用需求?(　　　)

A.极大程度上　　　B.很大程度上　　　C.较大程度上　　　D.一般程度上

E.基本没有帮助

12.(跳转题)请问您不申请助学贷款的原因是什么呢?(　　　)

A.程序太复杂,花费时间长　　　　　　B.成绩不达标

C.还款压力太大　　　　　　　　　　　D.家庭不同意　　　　E.其他

13.请问您是否申请过助学金?(　　　)

A.是　　　　　　　　　　　　　　　　B.否

14.请问您是否获得过助学金?(　　　)

A.是 (跳转 15 题)　　　　　　　　　B.否(跳转 16 题)

15.(跳转题)您获得助学金后,请问助学金在多大程度上帮助您顺利完成学业?(　　　)

A.极大程度上　　　　　　B.很大程度上　　　C.较大程度上

D.一般程度上　　　　　　E.基本没有帮助

16.(跳转题)请问您没有获得助学金的原因是什么呢?(　　　)

A.申请了但名额不够,没有评上　　　　B.感觉评选过程丢脸

C.成绩不达标　　　　　　　　　　　　D.其他

17.(跳转题)您获得助学金后,请问助学金主要使用在以下哪些方面呢?(　　　)

A.生活费　　　　　　　　　　　　　　B.学费

C.课外兴趣爱好提升班　　　　　　　　D.娱乐　　　　　　E.其他

18.(填空题)校内餐厅消费:您每月在学校食堂的消费总额大概为(　　　),您每天在食堂的消费金额平均为(　　　),您每天一卡通的消费金额最大为(　　　)。

19.(可多选)您出行一般选择的交通方式是(　　　)。

A.自驾　　　　　　B.打车　　　　　　C.乘火车　　　　　D.乘飞机

E.乘公交车或大巴　　　　　　　　　　F.其他(请注明)

20.您是否经常出入高档消费场所?(　　　)

A.是　　　　　　B.否

21.您的手机价格为(　　　)元。

A.小于等于 1 000　　　　　　　　　　B.1 001~2 000

C.2 001~5 000　　　　　　　　　　　D.5 001~8 000)　　　E.大于 8 001

22.您的电脑价格是多少? (　　)

    A.小于等于 3 000 元　　　　　　　B.3 001~5 000 元

    C.5 001~8 000 元　　　　　　　　D.8 001~10 000 元

    E.大于 10 001 元　　　　　　　　F.没有电脑

三、学生家庭情况

23.您家庭收入的主要来源为(　　)。

    A.打工收入　　　　　　　　　　B.务农收入

    C.个体收入　　　　　　　　　　D.政府补贴收入　　E.其他

24.(填空题)请问您的家庭总人口为(　　)人,其中就业人数为(　　)人,非就业人数为(　　)人。

25.家庭人均纯年收入为(　　)。

    A.小于等于 2 000 元　　　　　　B.2 001~5 000 元

    C.5 001~10 000 元　　　　　　　D.10 001~20 000 元

    E.20 001~50 000 元　　　　　　　F.大于 50 000 元

26.(可多选)家庭是否属于以下特殊情况? (　　)

    A.多子女家庭　　　　　　　　　B.有老人需要赡养

    C.家庭成员有重大疾病　　　　　D.家庭来自国家贫困地区

    E.其他(请注明)

27.(可多选)是否属于以下特殊情况,并能提供佐证材料? (　　)

    A.建卡贫困户　　B.低保　　　　　C.伤残　　　　　　D.烈士子女

    E.单亲　　　　　F.孤儿　　　　　G.农村五保户

    H.不属于以上任何贫困类型　　　I.其他

28.(可多选)家庭是否遭遇以下意外? (　　)

    A.家庭成员遭遇重大意外事故　　B.家庭遭遇重大自然灾害

    C.其他(请注明)

29.请问您的家庭是否欠债? (　　)

    A.是　　　　　　　　　　　　　B.否

四、学生学习态度

30.您平均每天课后的娱乐时间大概有多少? (　　)

    A.小于 1 小时　　　　　　　　　B.1 到 2 小时

    C.2 到 4 小时　　　　　　　　　D.大于 4 小时

31.您是否接受过国家、社会及学校的其他资助? (　　)

    A.是,金额大于 10 000 元　　　　B.是,金额为 5 001~10 000 元

    C.是,金额为 2 001~5 000 元　　　D.是,金额为 2 000 元及以下

    E.从未受过任何社会资助

五、评议过程

32.您所在班级民主评议小组是否接受过资助工作岗前培训?(　　)

　　A.是　　　　　　　　　　　　　B.否

33.您所在班级民主评议小组成员选举方式主要是(　　)。

　　A.班级民主选举　　　　　　　　B.辅导员或者班主任内定

　　C.学生自愿组合　　　　　　　　D.班委或室长

　　E.其他

34.您认为班级民主评议小组对我校的学生资助政策了解吗?(　　)

　　A.很了解,仔细研究过　　　　　　B.一般了解,听别人说过

　　C.不关注,从没了解过

35.班级家庭经济困难学生认定办法主要是(　　)。

　　A.贫困证明法　　　　　　　　　　B.学生消费水平对比法

　　C.民主评议法　　　　　　　　　　D.家庭经济困难学生认定量化测评表

　　E.自我陈述法　　　　　　　　　　F.其他(请注明)

36.对申请资助的学生,有没有在认定过程中因关系好而偏颇的现象?(　　)

　　A.有,很多　　　B.有,不多　　　C.没有　　　　　D.不清楚

37.在认定工作结束后,院校有没有进行追踪复查?(　　)

　　A.有　　　　　　　　　　　　　　B.没有

六、总体评价

38.您认为身边被评定为家庭经济困难学生的同学符合其真实情况吗?(　　)

　　A.完全符合,按照统一标准和流程评定的结果可靠

　　B.基本符合,只有个别同学伪造贫困证明等

　　C.一般,无所谓

　　D.不太符合,有许多被评定为家庭经济困难学生的同学与实际不符

　　E.不清楚,无法判断同学的真实情况

39.您认为身边获得奖助学金的同学的资助金使用合理吗?(　　)

　　A.合理,没有高消费,基本用在学费和生活费上

　　B.基本合理,只有极个别人用于不合理消费

　　C.不合理,有较多人用于超额消费,如奢侈品等

40.您对各类奖助学金的评比结果满意吗?(　　)

　　A.十分满意　　　B.较为满意　　　C.一般满意　　　　D.不太满意

　　E.十分不满

41.您身边申请了贫困补助的同学有没有提供虚假证明?(　　)

　　A.有,大家都心知肚明

　　B.没有,同学都是按实际情况申报

C.不知道,没有关注过

42.您认为国家、社会和学校对家庭经济困难大学生的资助有没有达到预期的效果,真正帮助到家庭经济困难的大学生?(　　)

　　A.帮助很大　　　　B.有一点　　　　　C.或多或少　　　　　D.没有

　　E.不清楚,没有考虑过

调查问卷二:高职院校家庭经济困难学生资助的调查问卷

亲爱的同学:

您好! 为了更好地了解高职院校家庭经济困难学生资助工作的开展情况,进一步改进和完善家庭经济困难学生资助模式,我们特组织了此次问卷调查。本调查采取不记名方式,大约需要花费您5分钟时间。您的回答将有助于我们更好地分析学生资助工作的得失,对于我们今后的工作改善有着极其重要的意义,希望您能按照自己的实际情况和真实想法填写。

衷心感谢您的支持与合作!

一、基本情况

1.您的性别为(　　)。

　　A.女　　　　　　　　　　　　B.男

2.您的民族(　　)。

　　A.汉族　　　　　　　　　　　B.少数民族

3.您的专业属于(　　)。

　　A.文科类　　　　　　　　　　B.理科类

4.您的年级(　　)。

　　A.大学一年级　　B.大学二年级　　C.大学三年级

5.您的家庭居住在(　　)。

　　A.直辖市或省会城市　　　　　B.地级市

　　C.县级市或县城　　　　　　　D.乡镇　　　　　　E.农村

二、单选题

1.您对家庭经济困难学生资助政策体系的了解情况(　　)。

　　A.非常了解　　B.了解　　　　C.不了解

2.您目前的主要困难类型是(　　)。

　　A.生存型困难　　B.发展型困难　　C.没有困难

3.现行的资助政策是否已经解决了家庭经济困难学生的经济问题(　　)。

　　A.是　　　　B.部分解决　　　C.否　　　　　　D.不了解,说不上

4.您对本校的资助力度及措施的满意程度为(　　　)。

　　A.相对完善,很满意　　　　　　B.基本满意

　　C.不满意　　　　　　　　　　　D.非常不满意

5.除经济资助以外,您最希望获得的帮助是(　　　)。

　　A.思想援助　　　　　　　　　　B.身心扶助

　　C.技能辅助　　　　　　　　　　D.就业帮助　　　　E.其他

6.您是否参加过学校安排的勤工助学活动?(　　　)

　　A.是　　　　　　　　　　　　　B.否

7.您参加勤工助学活动,最希望获得(　　　)。

　　A.解决生活费　　　　　　　　　B.锻炼能力

　　C.结交更多的老师和同学　　　　D.拓宽视野　　　　E.其他

8.您认为成长过程中最重要的是(　　　)。

　　A.自强自立的性格　　　　　　　B.艰苦奋斗的精神

　　C.得到社会的帮助和关爱　　　　D.回馈社会、感恩社会

　　E.其他

9.您认为解决自身困难最重要的途径是(　　　)。

　　A.国家加大投入力度　　　　　　B.需要社会更多捐助

　　C.学校帮扶　　　　　　　　　　D.提高自身综合素质和能力

　　E.其他

10.你认为以下较为合理的资助方式是(　　　)。

　　A.直接经济资助为主,能够解决生活问题

　　B.有偿资助为主,能够照顾到困难生心理

　　C.经济资助和能力培养两者兼顾,能够提高个人发展能力

11.您对学校组织开展素质培养、技能培训的态度是(　　　)。

　　A.参加　　　　　　　　　　　　B.根据自身需求决定是否参加

　　C.不参加

12.资助的目的是更好地育人,您怎么看待资助和育人的关系?(　　　)

　　A.资助更重要　　　　　　　　　B.育人更重要

　　C.资助和育人同等重要　　　　　D.不清楚

13.您认为本校的家庭经济困难学生资助工作对于优秀人才的培养情况表现为(　　　)。

　　A.为国家培育大量建设人才,对国家建设、社会进步做出巨大贡献

　　B.为国家培养较多建设人才,对国家建设、社会进步做出较大贡献

　　C.为国家培养出部分建设人才,对国家建设、社会进步贡献一般

　　D.并未为国家培养出建设人才,对国家建设、社会进步缺乏贡献

　　E.根本没有为国家培养出建设人才,浪费纳税人资金,毫无贡献可言

14.您认为在本校家庭经济困难学生资助工作中,社会公众的满意度表现为(   )。

   A.社会公众对家庭经济困难学生资助工作非常满意

   B.社会公众对家庭经济困难学生资助工作比较满意

   C.社会公众对家庭经济困难学生资助工作一般满意

   D.社会公众对家庭经济困难学生资助工作比较不满意

   E.社会公众对家庭经济困难学生资助工作非常不满意

15.您认为本校的家庭经济困难学生资助工作对高职院校发展产生的影响表现为

(   )。

   A.家庭经济困难学生资助工作完全满足、非常适应高职院校的发展

   B.家庭经济困难学生资助工作比较好地满足、适应了高职院校的发展

   C.家庭经济困难学生资助工作只能基本满足、适应高职院校的发展,效果一般

   D.家庭经济困难学生资助工作满足、适应高职院校发展的结果比较差

   E.家庭经济困难学生资助工作根本无法满足、适应高职院校的发展,效果很差

16.您认为本校的家庭经济困难学生资助工作的赞成度表现为(   )。

   A.家庭经济困难学生对资助体系非常赞成

   B.家庭经济困难学生对资助体系基本赞成,希望政策更加完善

   C.家庭经济困难学生对资助体系反映一般,认为政策需要调整

   D.家庭经济困难学生对资助体系基本否定,认为政策需要大幅改变

   E.家庭经济困难学生对资助体系完全否定,认为需要重新制定政策

三、多选题

1.您对本校家庭经济困难学生资助政策体系的了解渠道是(   )。

   A.新闻媒体   B.宣传资料

   C.老师讲解   D.同学朋友   E.其他

2.您接受过的资助方式或途径有(   )。

   A.绿色通道   B.国家助学贷款

   C.生源地助学贷款   D.奖助学金

   E.勤工俭学   F.减免学费

   G.临时困难补助   H.社会捐助

   I.没有接受过资助   J.其他

3.你觉得国家、社会和学校对学生进行资助的目的是(   )。

   A.物质帮助   B.道德浸润   C.精神激励   D.能力拓展

   E.就业提升

4.您觉得现在困扰您的是(   )。

   A.经济问题   B.学习问题   C.身心问题   D.思想问题

   E.就业发展问题   F.其他

5.对于以下新的资助探索,您喜欢哪种方式?（   ）

    A.设立专项奖助学金,切实解决生活学习需要

    B.创建学习交流平台,促进其相互学习和勉励

    C.拓展资助方式,支持他们实践锻炼、提高综合能力

    D.关注家庭经济困难学生的心理健康,为他们提供健康咨询服务

    E.拓展勤工俭学渠道,为更多的学生提供受助的机会

    F.定期举行感恩、诚信、励志报告,帮他们树立自信

    G.定期组织出游活动,让他们享受大学生活

6.您认为资助工作还存在哪些方面的不足?（   ）

    A.家庭经济困难学生的界定模糊   B.助学金评定发放

    C.不够透明公正   D.学生贷款手续复杂

    E."物质资助"和"精神资助"不对称   F.勤工助学岗位过少   G.其他

对于您花费宝贵的时间填写完本问卷,我们表示诚挚的感谢! 为了保证资料的完整和翔实,请您再花几秒钟检查一下已填的问卷,看是否存在错填、漏填的地方。

再次谢谢您!

第二节 相关数据

调查问卷一数据:高校家庭经济困难学生认定工作调查问卷

题号 选项号	题 目	人 数
	个人信息	
1	性别	
A（1）	男	148
B（2）	女	356
2	民族	
A（1）	汉族	480
B（2）	少数民族	24
3	您的年级	

续表

题号 选项号	题　目	人　数
A(1)	大学一年级	56
B(2)	大学二年级	224
C(3)	大学三年级	224
4	所学专业类别	
A(1)	自然科学（理工类）	84
B(2)	社会科学（文史类）	420
5	是否为独生子女	
A(1)	是	140
B(2)	否	364
6	您的户口	
A(1)	农村户口	344
B(2)	城镇户口	160
	个人消费特征	
7	请问您每月的生活费是多少	
A(1)	小于等于 500 元	28
B(2)	501~1 000 元	276
C(3)	1 001~1 500 元	136
D(4)	1 501~2 000 元	52
E(5)	大于 2 001 元	12
8	请问您每月的平均开销是多少	
A(1)	小于等于 500 元	40
B(2)	501~1 000 元	264

续表

题号 选项号	题　目	人　数
C(3)	1 001~1 500 元	140
D(4)	1 501~2 000 元	32
E(5)	大于 2 001 元	28
9	请问您最愿意通过什么方式来减轻学业经济压力	
A(1)	奖助学金	292
B(2)	助学贷款	140
C(3)	勤工助学	268
D(4)	校外兼职	368
E(5)	其他	100
10	请问您是否申请了助学贷款	
A(1)	是	168
B(2)	否	336
11	请问助学贷款在多大程度上满足您学习上的费用需求	
A(　)	极大程度上	52
B(　)	很大程度上	60
C(　)	较大程度上	32
D(　)	一般程度上	12
E(　)	基本没有帮助	12
12	请问您不申请助学贷款的原因是什么呢	
A(　)	程序太复杂,花费时间长	88
B(　)	成绩不达标	0
C(　)	还款压力太大	92
D(　)	家庭不同意	52

续表

题号 选项号	题 目	人 数
E( )	其他	104
13	请问您是否申请过助学金	
A(1)	是	288
B(2)	否	216
14	请问您是否获得过助学金	
A(1)	是	236
B(2)	否	268
15	您获得助学金后,请问助学金在多大程度上帮助您顺利完成学业	
A( )	极大程度上	20
B( )	很大程度上	24
C( )	较大程度上	48
D( )	一般程度上	4
E( )	基本没有帮助	0
16	请问您没有获得助学金的原因是什么呢	
A( )	申请了但名额不够,没有评上	36
B( )	感觉评选过程丢脸	8
C( )	成绩不达标	44
D( )	其他	148
17	您获得助学金后,请问助学金主要使用在以下哪些方面呢	
A(1)	生活费	408
B(2)	学费	180
C(3)	课外兴趣爱好提升班	60

题号 选项号	题　目	人　数
D（4）	娱乐	112
E（5）	其他	80
18	略	
19	您出行一般选择的交通方式是	
A（1）	自驾	28
B（2）	打车	104
C（3）	乘火车	48
D（4）	乘飞机	12
E（5）	乘公交车或大巴	476
F（6）	其他	92
20	您是否经常出入高档消费场所	
A（1）	是	0
B（2）	否	504
21	您的手机价格为多少	
A（1）	小于等于 1 000 元	72
B（2）	1 001~2 000 元	284
C（3）	2 001~5 000 元	124
D（4）	5 001~8 000 元	16
E（5）	大于 8 001 元	8
22	您的电脑价格是多少	
A（1）	小于等于 3 000 元	124
B（2）	3 001~5 000 元	216

续表

题号 选项号	题 目	人 数
C(3)	5 001~8 000 元	40
D(4)	8 001~10 000 元	0
E(5)	大于 10 001 元	0
F(6)	没有电脑	124
	学生家庭情况	
23	您家庭收入的主要来源为	
A(1)	打工收入	364
B(2)	务农收入	160
C(3)	个体收入	108
D(4)	政府补贴收入	44
E(5)	其他	40
24	请问您的家庭总人口为	
	2	12
	3	124
	4	156
	5	148
	6	52
	7	12
	其中就业人数为	
	0	44
	1	136
	2	260
	3	48
	4	16
	非就业人数为	

续表

题号 选项号	题　目	人　数
	1	100
	2	160
	3	140
	4	88
	5	12
	6	4
25	家庭人均纯年收入为	
A（1）	小于等于 2 000 元	76
B（2）	2 001～5 000 元	136
C（3）	5 001～10 000 元	128
D（4）	10 001～20 000 元	88
E（5）	20 001～50 000 元	44
F（6）	大于 50 000 元	32
26	家庭是否属于以下特殊情况	
A（1）	多子女家庭	88
B（2）	有老人需要赡养	288
C（3）	家庭成员有重大疾病	152
D（4）	家庭来自国家贫困地区	112
E（5）	其他	156
27	是否属于以下特殊情况，并能提供佐证材料	
A（1）	建卡贫困户	64
B（2）	低保	44
C（3）	伤残	20
D（4）	烈士子女	0

续表

题号 选项号	题　目	人　数
E(5)	单亲	52
F(6)	孤儿	0
G(7)	农村五保户	8
H(8)	不属于以上任何贫困类型	300
I(9)	其他	76
28	家庭是否遭遇以下意外	
A(1)	家庭成员遭遇重大意外事故	124
B(2)	家庭遭遇重大自然灾害	32
C(3)	没有遭遇任何意外	296
D(4)	其他	100
29	请问您的家庭是否欠债	
A(1)	是	248
B(2)	否	256
	学生学习态度	
30	您平均每天课后的娱乐时间大概有多少	
A(1)	小于1小时	56
B(2)	1~2小时	272
C(3)	2~4小时	140
D(4)	大于4小时	36
31	您是否接受过国家、社会及学校的其他资助	
A(1)	是,金额大于10 000元	16
B(2)	是,金额为5 001~10 000元	28
C(3)	是,金额为2 001~5 000元	100

题号选项号	题 目	人 数
D(4)	是,金额为2 000元及以下	108
E(5)	从未受过任何社会资助	252
	评议过程	
32	您所在班级民主评议小组是否接受过资助工作岗前培训	
A(1)	是	240
B(2)	否	264
33	您所在班级民主评议小组成员选举方式主要是	
A(1)	班级民主选举	272
B(2)	辅导员或者班主任内定	32
C(3)	学生自愿组合	76
D(4)	班委或室长	72
E(5)	其他	52
34	您认为班级民主评议小组对我校的学生资助政策了解吗	
A(1)	很了解,仔细研究过	124
B(2)	一般了解,听别人说过	280
C(3)	不关注,从没了解过	100
35	班级家庭经济困难学生认定办法主要是	
A(1)	贫困证明法	404
B(2)	学生消费水平对比法	292
C(3)	民主评议法	324
D(4)	家庭经济困难学生认定量化测评表	260
E(5)	自我陈述法	144
F(6)	其他	60

续表

题号 选项号	题目	人数
36	对申请资助的学生,有没有在认定过程中因关系好而偏颇的现象	
A(1)	有,很多	32
B(2)	有,不多	124
C(3)	没有	196
D(4)	不清楚	152
37	在认定工作结束后,院校有没有进行追踪复查	
A(1)	有	356
B(2)	没有	148
	总体评价	
38	您认为身边被评定为家庭经济困难学生的同学符合其真实情况吗	
A(1)	完全符合,按照统一标准和流程评定的结果可靠	188
B(2)	基本符合,只有个别同学伪造贫困证明等	120
C(3)	一般,无所谓	44
D(4)	不太符合,有许多被评定为家庭经济困难学生的同学与实际不符	56
E(5)	不清楚,无法判断同学的真实情况	96
39	您认为身边获得奖助学金的同学的资助金使用合理吗	
A(1)	合理,没有高消费,基本用在学费和生活费上	204
B(2)	基本合理,只有极个别人用于不合理消费	264
C(3)	不合理,有较多人用于超额消费,如奢侈品等	36
40	您对各类奖助学金的评比结果满意吗	
A(1)	十分满意	116
B(2)	较为满意	216
C(3)	一般满意	132

题号 选项号	题　目	人　数
D（4）	不太满意	28
E（5）	十分不满	12
41	您身边申请了贫困补助的同学有没有提供虚假证明	
A（1）	有,大家都心知肚明	52
B（2）	没有,同学都是按实际情况申报	256
C（3）	不知道,没有关注过	196
42	您认为国家、社会和学校对家庭经济困难大学生的资助有没有达到预期的效果,真正帮助到家庭经济困难的大学生	
A（1）	帮助很大	208
B（2）	有一点	132
C（3）	或多或少	108
D（4）	没有	4
E（5）	不清楚,没有考虑过	52

调查问卷二数据：高职院校家庭经济困难学生资助的调查问卷

题号 选项号	题　目	人　数	比　例
基本情况			
1	您的性别为		
A（1）	女	400	63.09%
B（2）	男	234	36.91%
2	您的民族		
A（1）	汉族	590	93.06%
B（2）	少数民族	44	6.94%
3	您的专业属于		
A（1）	文科类	454	71.61%
B（2）	理科类	180	28.39%
4	您的年级		
A（1）	大学一年级	268	42.27%
B（2）	大学二年级	294	46.37%
C（3）	大学三年级	72	11.36%
5	您的家庭居住在		
A（1）	直辖市或省会城市	96	15.14%
B（2）	地级市	20	3.15%
C（3）	县级市或县城	82	12.93%
D（4）	乡镇	132	20.82%
E（5）	农村	304	47.95%

续表

题号 选项号	题 目	人 数	比 例
	单选题		
1	您对家庭经济困难学生资助政策体系的 了解情况		
A（1）	非常了解	50	7.89%
B（2）	了解	440	69.40%
C（3）	不了解	144	22.71%
2	您目前的主要困难类型是		
A（1）	生存型困难	126	19.87%
B（2）	发展型困难	456	71.92%
C（3）	没有困难	52	8.20%
3	现行的资助政策是否已经解决了家庭 经济困难学生的经济问题		
A（1）	是	90	14.20%
B（2）	部分解决	376	59.31%
C（3）	否	38	5.99%
D（4）	不了解,说不上	130	20.50%
4	您对本校的资助力度及措施的满意程度为		
A（1）	相对完善,很满意	228	35.96%
B（2）	基本满意	370	58.36%
C（3）	不满意	30	4.73%
D（4）	非常不满意	6	0.95%

续表

题号 选项号	题　目	人　数	比　例
5	除经济资助以外,您最希望获得的帮助是		
A(1)	思想援助	22	3.47%
B(2)	身心扶助	18	2.84%
C(3)	技能辅助	202	31.86%
D(4)	就业帮助	350	55.21%
E(5)	其他	42	6.62%
6	您是否参加过学校安排的勤工助学活动		
A(1)	是	132	20.82%
B(2)	否	502	79.18%
7	您参加勤工助学活动,最希望获得		
A(1)	解决生活费	190	29.97%
B(2)	锻炼能力	306	48.26%
C(3)	结交更多的老师和同学	26	4.10%
D(4)	拓宽视野	82	12.93%
E(5)	其他	30	4.73%
8	您认为成长过程中最重要的是		
A(1)	自立自强的性格	344	54.26%
B(2)	艰苦奋斗的精神	236	37.22%
C(3)	得到社会的帮助和关爱	6	0.95%
D(4)	回馈社会、感恩社会	38	5.99%
E(5)	其他	10	1.58%

续表

题号 选项号	题　目	人　数	比　例
9	您认为解决自身困难最重要的途径是		
A（1）	国家加大投入力度	22	3.47%
B（2）	需要社会更多捐助	6	0.95%
C（3）	学校帮扶	12	1.89%
D（4）	提高自身综合素质和能力	580	91.48%
E（5）	其他	14	2.21%
10	你认为以下较为合理的资助方式是		
A（1）	直接经济资助为主,能够解决生活问题	36	5.68%
B（2）	有偿资助为主,能够照顾到困难生心理	52	8.20%
C（3）	经济资助和能力培养两者兼顾,能够提高 个人发展能力	546	86.12%
11	您对学校组织开展素质培养、技能 培训的态度是		
A（1）	参加	218	34.38%
B（2）	根据自身需求决定是否参加	414	65.30%
C（3）	不参加	2	0.32%
12	资助的目的是更好地育人,您怎么看待 资助和育人的关系		
A（1）	资助更重要	10	1.58%
B（2）	育人更重要	192	30.28%
C（3）	资助和育人同等重要	420	66.25%
D（4）	不清楚	12	1.89%

续表

题号 选项号	题 目	人 数	比 例
13	您认为本校的家庭经济困难学生资助工作 对于优秀人才的培养情况表现为		
A（1）	为国家培育大量建设人才,对国家建设、 社会进步做出巨大贡献	292	46.06%
B（2）	为国家培养较多建设人才,对国家建设、 社会进步做出较大贡献	246	38.80%
C（3）	为国家培养出部分建设人才,对国家建设、 社会进步贡献一般	82	12.93%
D（4）	并未为国家培养出建设人才,对国家建设、 社会进步缺乏贡献	10	1.58%
E（5）	根本没有为国家培养出建设人才,浪费 纳税人资金,毫无贡献可言	4	0.63%
14	您认为在本校家庭经济困难学生资助工作中, 社会公众的满意度表现为		
A（1）	社会公众对家庭经济困难学生资助工作 非常满意	228	35.96%
B（2）	社会公众对家庭经济困难学生资助工作 比较满意	314	49.53%
C（3）	社会公众对家庭经济困难学生资助工作 一般满意	84	13.25%
D（4）	社会公众对家庭经济困难学生资助工作 比较不满意	6	0.95%
E（5）	社会公众对家庭经济困难学生资助工作 非常不满意	2	0.32%
15	您认为本校的家庭经济困难学生资助工作对 高职院校发展产生的影响表现为		
A（1）	家庭经济困难学生资助工作完全满足、非常适应 高职院校的发展	216	34.07%

题号 选项号	题　目	人　数	比　例
B(2)	家庭经济困难学生资助工作比较好地满足、适应了高职院校的发展	342	53.94%
C(3)	家庭经济困难学生资助工作只能基本满足、适应高职院校的发展,效果一般	72	11.36%
D(4)	家庭经济困难学生资助工作满足、适应高职院校发展的结果比较差	0	
E(5)	家庭经济困难学生资助工作根本无法满足、适应高职院校的发展,效果很差	4	0.63%
16	您认为本校的家庭经济困难学生资助工作的赞成度表现为		
A(1)	家庭经济困难学生对资助体系非常赞成	238	37.54%
B(2)	家庭经济困难学生对资助体系基本赞成,希望政策更加完善	334	52.68%
C(3)	家庭经济困难学生对资助体系反映一般,认为政策需要调整	54	8.52%
D(4)	家庭经济困难学生对资助体系基本否定,认为政策需要大幅改变	4	0.63%
E(5)	家庭经济困难学生对资助体系完全否定,认为需要重新制定政策	4	0.63%
多选题			
1	您对本校家庭经济困难学生资助政策体系的了解渠道是		
A(1)	新闻媒体	194	30.60%
B(2)	宣传资料	368	58.04%
C(3)	老师讲解	568	89.59%
D(4)	同学朋友	320	50.47%
E(5)	其他	112	17.67%

续表

题号 选项号	题　目	人　数	比　例
2	您接受过的资助方式或途径有		
A（1）	绿色通道	54	8.52%
B（2）	国家助学贷款	166	26.18%
C（3）	生源地助学贷款	226	35.65%
D（4）	奖助学金	308	48.58%
E（5）	勤工俭学	110	17.35%
F（6）	减免学费	100	15.77%
G（7）	临时困难补助	42	6.62%
H（8）	社会捐助	12	1.89%
I（9）	没有接受过资助	116	18.30%
J（10）	其他	68	10.73%
3	你觉得国家、社会和学校对学生进行资助的目的是什么		
A（1）	物质帮助	496	78.23%
B（2）	道德浸润	320	50.47%
C（3）	精神激励	512	80.76%
D（4）	能力拓展	368	58.04%
E（5）	就业提升	264	41.64%
4	您觉得现在困扰您的是		
A（1）	经济问题	402	63.41%
B（2）	学习问题	298	47.00%
C（3）	身心问题	66	10.41%
D（4）	思想问题	76	11.99%

题号选项号	题 目	人 数	比 例
E(5)	就业发展问题	512	80.76%
F(6)	其他	92	14.51%
5	对于以下新的资助探索,您喜欢哪种方式		
A(1)	设立专项奖助学金,切实解决生活学习需要	432	68.14%
B(2)	创建学习交流平台,促进其相互学习和勉励	402	63.41%
C(3)	拓展资助方式,支持他们实践锻炼、提高综合能力	488	76.97%
D(4)	关注家庭经济困难学生的心理健康,为他们提供健康咨询服务	318	50.16%
E(5)	拓展勤工俭学渠道,为更多的学生提供受助的机会	460	72.56%
F(6)	定期举行感恩、诚信、励志报告,帮他们树立自信	226	35.65%
G(7)	定期组织出游活动,让他们享受大学生活	248	39.12%
6	您认为资助工作还存在哪些方面的不足		
A(1)	家庭经济困难学生的界定模糊	374	58.99%
B(2)	助学金评定发放	180	28.39%
C(3)	不够透明公正	128	20.19%
D(4)	学生贷款手续复杂	58	9.15%
E(5)	"物质资助"和"精神资助"不对称	170	26.81%
F(6)	勤工助学岗位过少	344	54.26%
G(7)	其他	158	24.92%

参考文献

［1］ HILTY D M, BENJAMIN S, BRISCOE W G, et al. APA summit on medical student education task force on informatics and technology: steps to enhance the use of technology in education through faculty development, funding and change management［J］. Academic Psychiatry, 2006,30(6):444-450.

［2］ WHIFFIN C J, CLARKE H, BRUNDRETT H, et al. Collaborative development of an accelerated graduate entry nursing programme outside of traditional funding mechanisms ［J］. Nurse Education in Practice, 2018,28:314-317.

［3］ GRINSTEIN-WEISS M. Funding opportunities for social work doctoral students through the U.S. department of housing and urban development ［J］. Research on Social Work Practice, 2006,16(6):632-637.

［4］ APPLEWHITE A S. Funding staff development for school improvement and student achievement［J］. NASSP Bulletin, 1999,83(610):49-54.

［5］ HYDEN C, ESCOFFERY C, KENZIG M. Identifying and applying for professional development funding.［J］. Health promotion practice, 2015,16(4):476-479.

［6］ 罗媛. S省高校精准资助政策实施困境与对策研究［D］. 西安:西北大学, 2019.

［7］ 孙会芳. 沧州医专发展型学生资助体系研究［D］. 天津:天津师范大学, 2016.

［8］ 丁绍家. 从"扶困"到"扶智""扶志":高校贫困生发展性资助创新实践研究——双YZ校为例［D］. 郑州:郑州大学, 2018.

［9］ 杜坤林. 从保障型资助到发展型资助:高校助学工作范式转换及其实践［J］. 中国高教研究, 2012(5): 85-88.

［10］ 张耀方. 大数据背景下高校资助对象精准认定研究［D］. 太原:山西财经大学, 2018.

［11］ 李云. 大数据分析技术及其在贫困生帮扶工作中的应用研究［D］. 贵阳:贵州大学, 2018.

［12］ 吴朝文, 代劲, 孙延楠. 大数据环境下高校贫困生精准资助模式初探［J］. 黑龙江高教研究, 2016(12): 41-44.

［13］ 孟国忠, 农春仕. 大数据时代高校资助育人的转型与适应［J］. 学校党建与思想教育, 2018(18): 74-76.

［14］ 王荣. 大数据时代思想政治教育的个性化特征研究［D］. 武汉:华中师范大学, 2019.

［15］ 罗丽琳. 大数据视域下高校精准资助模式构建研究［J］. 重庆大学学报(社会科学版), 2018,24(2): 197-204.

［16］马彦周. 大学生发展型资助体系构建研究［D］. 武汉:华中农业大学,2012.

［17］马彦周,高艳丽,江广长. 大学生发展型资助体系构建研究［J］. 学校党建与思想教育,2013(15):41-43.

［18］舒能. 大学生发展性资助研究［D］. 杭州:中国计量大学,2016.

［19］祝永良. 大学生勤工助学育人功能的实现研究［D］. 南昌:南昌航空大学,2017.

［20］段玉青. 大学生资助的思想政治教育功能研究［D］. 武汉:湖北大学,2017.

［21］姚臻. 大学生资助工作视域下育人体系构建探析［J］. 黑龙江高教研究,2014(2):106-108.

［22］塔娜·教勒德. 发展型救助视角下高校贫困大学生教育救助研究［D］. 广州:华南理工大学,2015.

［23］汪霏. 发展型救助视角下贫困大学生教育救助问题研究［D］. 合肥:安徽大学,2017.

［24］余鸣娇,谌青,何立. 发展型社会政策视角下我国高校学生资助的经验及演进［J］. 高教探索,2018(2):31-34,83.

［25］周明晶. 发展型资助理念下高校贫困生心理扶贫探析［D］. 杭州:浙江大学,2019.

［26］白华,徐英. 扶贫攻坚视角下高校建档立卡生精准资助探析［J］. 国家教育行政学院学报,2017(3):16-21.

［27］晋景琳. 改革开放以来我国高等教育学生资助政策变迁研究［D］. 上海:华东师范大学,2019.

［28］顾鑫. 高校"三全育人"资助育人模式及其运行机制研究［D］. 长春:东北师范大学,2016.

［29］王敏. 高校发展型学生工作模式构建研究［D］. 哈尔滨:东北林业大学,2020.

［30］索文斌,闻羽. 高校发展型学生资助工作刍议［J］. 思想教育研究,2014(11):90-93.

［31］闻羽. 高校发展型资助助力校园文化建设［J］. 中国高等教育,2018(22):59-60.

［32］马彦周,高复阳. 高校构建发展型资助的必要性研究［J］. 湖北社会科学,2011(1):180-182.

［33］尹洪多. 高校贫困生的扶困与育人工作的研究［D］. 长春:吉林农业大学,2013.

［34］王成红,张国茹. 高校贫困生精准化资助路径探析［J］. 高校辅导员,2016(6):58-61.

［35］李洁. 高校贫困生精准资助对策研究［D］. 衡阳:南华大学,2020.

［36］杜长冲. 高校贫困生心理困境的成因及干预机制研究［J］. 教育探索,2014(12):138-139.

［37］欧嘉烟. 高校贫困生资助管理的问题与对策［D］. 福州:福建师范大学,2017.

［38］李思思. 高校贫困生资助育人体系研究［D］. 温州:温州大学,2019.

［39］张梦菲. 高校贫困生资助政策实效性研究:以吉林省高校为例［D］. 长春:长春理工大学,2014.

［40］罗瑞娟.高校经济困难学生思想政治工作创新研究［D］.长沙:湖南大学,2009.

［41］单惠.高校经济困难学生资助工作问题研究［D］.天津:天津工业大学,2015.

［42］刘风萍.高校精准资助的制度育人研究:以浙江省部分院校为例［D］.西安:长安大学,2016.

［43］姚敦泽.高校精准资助中的思想政治教育研究:评《中国高校资助政策与学生行为选择研究》［J］.新闻战线,2017(20):157.

［44］刘璇.高校贫困生发展型资助的管理对策研究［D］.西安:长安大学,2019.

［45］冯骏.高校贫困生精准资助工作问题研究:以浙江省部分院校为例［D］.南昌:南昌大学,2018.

［46］邓蓉蓉.高校贫困生认定工作的问题与对策［D］.南京:南京师范大学,2019.

［47］靳京阳.高校贫困生认定和资助问题研究［D］.石家庄:河北师范大学,2013.

［48］李文俊,王廷中.高校贫困生思想政治教育工作探析［J］.继续教育研究,2015(4):84-85.

［49］白华,徐英.高校贫困生资助绩效评价指标体系设计［J］.黑龙江高教研究,2016(6):116-120.

［50］李剑富,韩岳丰.高校贫困生资助政策的历史回顾、演进逻辑及未来走势［J］.黑龙江高教研究,2019(10):79-84.

［51］王晓霞.高校思想政治工作育人体系建设及其作用发挥:基于2014—2017年全国35所高校的调查分析［J］.思想政治教育研究,2019,35(2):98-103.

［52］李明智.高校新资助政策及其实施的育人功能研究［D］.大连:大连理工大学,2010.

［53］高艳丽,马彦周,高源.高校学生发展型资助模式构建探究［J］.湖北社会科学,2012(6):162-164.

［54］吕坤,路海玲,徐嘉.高校学生精准资助实现路径及绩效评估指标体系研究［J］.学校党建与思想教育,2019(13):73-75.

［55］王欣.高校学生资助工作的思想政治教育研究［D］.沈阳:沈阳航空航天大学,2018.

［56］杜德省.高校学生资助工作中的问题研究［D］.上海:华东师范大学,2010.

［57］朱松节.高校学生资助工作中思想政治教育研究［D］.南昌:江西农业大学,2014.

［58］徐惠忠,程显毅.高校学生资助提升育人绩效的理论依据和实践［J］.中国成人教育,2015(1):54-57.

［59］张琳.高校学生资助体系的思想政治教育功能及其实现研究［D］.徐州:中国矿业大学,2020.

［60］徐子欣.高校学生资助育人功能研究［D］.成都:四川师范大学,2016.

［61］凌月莲.高校助困育人体系建设的反思与完善［D］.上海:华东师范大学,2015.

［62］夏博艺.高校资助工作的德育功能研究［D］.武汉:华中师范大学,2015.

［63］张远航.高校资助育人的价值意蕴与实现路径［J］.思想理论教育,2018(6):106-109.

［64］赵雨. 高校资助育人的质量提升研究［D］. 焦作:河南理工大学,2019.

［65］夏书珍,姜玉荣. 高校资助育人工作探索［J］. 中国成人教育,2015(5）:54-56.

［66］谭亚男. 高校资助育人精准化研究［D］. 桂林:广西师范大学,2017.

［67］侯昀晨. 高校资助育人体系的现状、问题及对策研究［J］. 教育理论与实践,2019
（33):3-5.

［68］庞怡. 高职贫困生心理扶贫工作研究:以 B 职院为例［D］. 南宁:广西大学,2019.

［69］鹿光耀,张永红,王志发. 高职院校多维资助模式创新构建思考［J］. 职教论坛,
2018(12）:143-146.

［70］梁莉莉. 高职院校实施建档立卡学生精准资助的问题与对策研究:以广西工商职业
技术学院为例［D］. 桂林:广西师范大学,2018.

［71］曾燕玲. 高职院校资助机制建构问题与对策研究［D］. 广州:广东技术师范大
学,2017.

［72］孙晓景. 高职院校资助育人功能的实证研究:以郑州财税金融职业学院为例［D］. 武
汉:湖北工业大学,2016.

［73］朱春梅. 公平视角下加强高校资助育人工作的研究:基于对天津市 20 所高校的调查
［D］. 天津:天津医科大学,2015.

［74］邓云涛,何瑾. 构建以提升大学生就业力为核心的高校"发展型"奖助体系的若干思
考［J］. 学校党建与思想教育（高教版）,2012(5）:82-83.

［75］孙彦利,郭琳,陈俊洁,等. 基于"大数据"的大学生精准资助现状分析［J］. 管理观
察,2018(1）:131-133.

［76］倪丹. 基于"五位一体"的博士研究生发展型资助模式研究:以南京工业大学为例
［J］. 黑龙江畜牧兽医,2019(23）:151-153.

［77］杨胜志. 基于大数据的大学生精准资助贫困等级研究［D］. 长春:东北师范大
学,2018.

［78］黄立,戴航. 基于大数据的高职院校贫困生精准资助［J］. 教育与职业,2019(15）:
53-60.

［79］邹松涛,薛建龙,魏东,等. 基于大数据的学校精准资助工作研究［J］. 中国教育学
刊,2018(S1）:25-27.

［80］欧阳铁磊,叶玲肖. 基于大数据分析的高校贫困生精准资助策略研究［J］. 计算机应
用与软件,2020,37(8）:45-47,129.

［81］马浚锋. 基于发展性视角的高校学生资助体系研究［D］. 昆明:云南大学,2019.

［82］董晓蕾,刘冀萍,王瑞敏,等. 基于心理资本视角的高校贫困生心理健康状况调查
与对策研究［J］. 思想教育研究,2016(10）:122-126.

［83］廖述平,张丽红. 基于学生发展的高校资助绩效评价研究［J］. 高教探索,2016(4）:
20-25,53.

［84］肖霖予. 家庭经济困难大学生思想政治教育研究［D］. 长沙:湖南农业大学,2015.

［85］吴丽仙. 建立精准学生资助工作机制研究［J］. 教育评论,2015(9)：46-49.

［86］周金恋,郝鑫鑫. 教育扶贫与高等院校建档立卡贫困生精准资助实践研究［J］. 郑州大学学报(哲学社会科学版),2019,52(6)：61-64.

［87］纪维维. 教育公平视域下高校资助育人研究［D］. 无锡:江南大学,2018.

［88］陈孝友. 精准扶贫视角下高职院校学生资助工作的问题及对策［J］. 教育与职业,2020(3)：47-51.

［89］侯莲梅,米华全. 利用大数据推进高校精准资助工作创新［J］. 思想理论教育上半月综合版,2017(8)：107-111.

［90］王婷. 论大数据在高校精准资助工作中的运用［J］. 学校党建与思想教育,2018(14)：64-66.

［91］侯其锋. 论高校资助体系的完善与育人功能的强化［J］. 内蒙古师范大学学报(教育科学版),2014(3)：74-77.

［92］吴薇,崔亚楠. 美国联邦政府大学生税收资助政策的成效分析［J］. 江苏高教,2017(9)：95-99.

［93］吴长锦. 贫困大学生思想政治教育存在的问题及对策［D］. 武汉:华中师范大学,2014.

［94］张玄. 普通高中贫困生资助体系研究［D］. 长沙:湖南师范大学,2015.

［95］张岩. 强化高校精准资助育人功能研究［D］. 郑州:河南农业大学,2018.

［96］王明月. 山东省高校贫困生资助体系研究［D］. 济南:山东财经大学,2019.

［97］孟国忠. 社会支持视域下贫困大学生发展型资助体系的构建［J］. 中国成人教育,2017(15)：65-68.

［98］胜献利. 深度学习下大学生资助管理模式创新研究［J］. 重庆理工大学学报(自然科学),2019,33(7)：167-171.

［99］许翠梅. 我国大学生发展型资助体系构建研究［J］. 学校党建与思想教育,2016(9)：57-59.

［100］赵贵臣. 我国大学生资助体系的德育功能研究［D］. 长春:东北师范大学,2011.

［101］梁楚. 我国大学生资助体系及其思想政治教育功能研究［D］. 成都:西南财经大学,2011.

［102］曹璇. 我国高等院校本科阶段贫困学生资助模式研究［D］. 合肥:中国科学技术大学,2018.

［103］段莹. 我国高校贫困学生资助体系研究:以淮安高职院校为例［D］. 南京:东南大学,2015.

［104］康岳. 我国高校资助育人实效性研究［D］. 西安:陕西师范大学,2018.

［105］韦鸣. 我国高校资助育人研究:以南京高校为例［D］. 南京:南京师范大学,2017.

［106］郭昕. 我国普通高校贫困生资助问题研究［D］. 武汉:华中师范大学,2013.

［107］曲绍卫,纪效珲,范晓婷,等. 我国省级高校大学生资助工作绩效评价研究:基于

全国 36 个省级参评单位的实证分析[J]. 中国高等教育, 2015(1)：38-42.

[108] 李义波. 新时代高校发展型资助育人工作体系探析[J]. 学校党建与思想教育, 2019(4)：68-70.

[109] 孙莉玲. 以"育志、育智"为目标的高校精准资助育人体系构建[J]. 江苏高教, 2019(12)：120-123.

[110] 任海华. 中观视角下高职生资助绩效评价目标管理的路径研究[J]. 职业技术教育, 2014,35(20)：43-46.

[111] 谢泳雯. 中英高等教育学生资助政策比较研究[D]. 桂林:广西师范大学, 2019.

[112] 涂德祥. 资助体系下受助大学生的感恩缺失与教育重构[J]. 内蒙古师范大学学报(教育科学版), 2013,26(1)：31-35.